传统儒家思想
与现代企业薪酬激励

耿丽萍 著

知识产权出版社
全国百佳图书出版单位

图书在版编目（CIP）数据

传统儒家思想与现代企业薪酬激励 / 耿丽萍著 . —北京：知识产权出版社，2019.9
ISBN 978-7-5130-6423-1

Ⅰ . ①传… Ⅱ . ①耿… Ⅲ . ①家族—私营企业—企业管理—工资管理 Ⅳ . ① F276.5

中国版本图书馆 CIP 数据核字（2019）第 188579 号

内容提要

本书介绍了我国传统儒家思想精神内涵，阐述了儒家的管理思想对现代企业薪酬激励的借鉴意义。在此基础上，针对当前企业的薪酬激励状况做出了全面深入的分析，对企业如何建立科学有效的薪酬激励机制做了总体方法的探讨。本书研究角度新颖，说理透彻，并针对不同企业类型、企业不同岗位，设计了多种薪酬激励方案，实用性较强，适合企业管理者参考学习。

责任编辑：于晓菲　李　娟　　　　　责任印制：孙婷婷

传统儒家思想与现代企业薪酬激励
CHUANTONG RUJIA SIXIANG YU XIANDAI QIYE XINCHOU JILI

耿丽萍　著

出版发行：知识产权出版社 有限责任公司	网址：http : // www.ipph.cn
电话：010–82004826	http : // www.laichushu.com
社址：北京市海淀区气象路 50 号院	邮编：100081
责编电话：010–82000860 转 8363	责编邮箱：laichushu@cnipr.com
发行电话：010–82000860 转 8101	发行传真：010–82000893
印刷：北京九州迅驰传媒文化有限公司	经销：各大网上书店、新华书店及相关专业书店
开本：787mm×1092mm 1/16	印张：19.75
版次：2019 年 9 月第 1 版	印次：2019 年 9 月第 1 次印刷
字数：245 千字	定价：80.00 元
ISBN 978–7–5130–6423–1	

出版权专有　侵权必究
如有印装质量问题，本社负责调换。

前　　言

现代企业之间竞争的核心是人才的竞争，人才的竞争首先就是薪酬制度的竞争。可以说，薪酬制度的建设已成为决定企业能否吸引人才、留住人才、培养人才、激励人才的关键所在。面对激烈的市场竞争，企业如何设计出合理的薪酬激励体系，促使员工主动提升自身价值，实现企业目标和个人利益的双赢，这是国内外企业界普遍关注的问题。

笔者认为，我国企业薪酬激励机制的建立和完善，既要借鉴其他国家的先进经验，参考其薪酬激励办法，又要汲取我国传统文化中的优秀思想，将其应用到薪酬激励体系的设计中，建立具有本国特色的企业薪酬激励体系，以期在市场竞争中拥有核心人才、取得核心竞争力、立于不败之地。

只有民族的才是世界的。当前我国的企业正在不断壮大，员工的利益与企业发展紧密相关，这就需要加强对员工利益的关注，尤其是对薪酬管理的关注。在进行薪酬体系的设计时，既要学习国外先进的企业薪酬管理机制，又要立足于本国、本民族优秀的传统文化，把"仁""义""礼""智""信"等儒家思想中的精华运用到现代企业管理中，既注重制度约束和经济性报酬，更注重人性化管理和非经济性报酬。

本书借鉴我国传统儒家思想精神内涵，对不同企业类型及企业不同岗位的薪酬激励机制进行了深入探究，主要内容归纳如下。

首先，详细论述了儒家思想和薪酬激励的相关理论，在此基础上引出了企业薪酬激励机制的内涵，并进一步分析儒家思想中蕴含的管理精髓，探讨其对现代企业薪酬激励的借鉴意义。

其次，分析了我国企业薪酬激励的现状，并将其与其他国家企业、世界知名企业、我国知名企业成功的薪酬激励机制作了深入的比较，从而为薪酬激励体系的建立提供借鉴。书中对现行企业普遍采用的几种典型的薪酬模式进行了详细的分析阐述，并对我国现行薪酬体系进行了诊断，提出基于儒家思想的企业薪酬激励的基本原则，结合儒家思想的奖惩方式、激励方式，分析设计了适用于不同企业、企业不同群体的薪酬激励方案。之后，书中介绍了企业薪酬激励制度的战略匹配性检验、薪酬结构完整性分析、薪酬公平性检验、薪酬激励的效果检验、薪酬成本控制等薪酬体系检验方式，以确保企业薪酬体系实施的可行性。

再次，本书从薪酬体系的实施保障角度，对基于儒家思想的企业薪酬激励体系的实施、反馈和调整进行了探讨，对薪酬策略、薪酬水平、薪酬结构、薪酬构成等方面进行了调整分析，使薪酬激励体系形成一种动态调整机制，保证薪酬激励的科学性、有效性。

最后，笔者总结了本书的研究结论，指出了研究局限以及未来的研究方向。

笔者在编写本书的过程中，参考了许多国内外学者的著作，在此表示衷心感谢。另外，由于时间仓促，加之作者水平有限，书中难免存在疏漏，恳请专家、读者批评指正。

目 录

第1章 绪 论 ·· 1
    1.1 理论背景及意义 ··· 1
    1.2 国内外研究现状 ··· 5
    1.3 研究内容和研究方法 ·· 18
    1.4 基本思路与研究框架 ·· 19
    1.5 本书主要工作 ··· 20

第2章 儒家思想与企业薪酬激励理论综述 ·· 22
    2.1 儒家思想概述 ··· 22
    2.2 企业薪酬激励概述 ··· 34
    2.3 儒家的管理思想对现代企业薪酬激励的借鉴意义 ···················· 48

第3章 我国企业薪酬激励现状及相关分析 ·· 54
    3.1 我国企业的薪酬激励现状 ·· 54
    3.2 其他国家和地区的企业薪酬激励 ······································· 65

3.3 世界知名企业的薪酬激励···69

3.4 我国企业成功的薪酬激励···84

3.5 启示···92

第 4 章 几种薪酬激励模式的比较分析···97

4.1 以技能和业绩为基础的薪酬模式···97

4.2 宽带薪酬模式···102

4.3 收益分享激励模式···104

4.4 股票期权激励模式···106

4.5 KSF 全绩效薪酬激励模式···109

4.6 相关比较分析···112

第 5 章 基于儒家思想的企业薪酬激励的设计···116

5.1 企业薪酬体系的诊断···116

5.2 基于儒家思想的企业薪酬激励的基本原则···································124

5.3 基于儒家思想的企业薪酬激励体系的设计···································129

第 6 章 基于儒家思想的企业薪酬激励体系的检验···································192

6.1 薪酬战略与企业战略的匹配性检验···192

6.2 薪酬结构的完整性分析···201

6.3 薪酬体系的公平性检验···205

6.4 薪酬激励效果验证···215

第 7 章 基于儒家思想的企业薪酬成本控制···230

7.1 人工成本及薪酬成本···231

7.2 薪酬预算···232

	7.3	薪酬控制···238
	7.4	现实中的薪酬成本增长及应对·······························248
第8章	基于儒家思想的企业薪酬激励体系的实施、反馈、调整···············251
	8.1	基于儒家思想的企业薪酬激励体系实施的配套措施············251
	8.2	基于儒家思想的企业薪酬激励体系的反馈与沟通···············256
	8.3	基于儒家思想的企业薪酬激励体系的调整·······················261
第9章	基于儒家思想的企业薪酬激励研究的未来展望·······················269
	9.1	研究结论···269
	9.2	研究的局限性···271
	9.3	研究的未来展望···272

参考文献···274

附录1：某国企薪酬管理制度···280

附录2：某外企薪酬管理制度···287

附录3：某互联网公司薪酬管理制度···293

致　谢···305

第 1 章 绪 论

1.1 理论背景及意义

1.1.1 理论背景

美国著名管理大师彼得·德鲁克（Peter F. Drucker）认为，"所谓企业管理最终就是对人的管理……人的管理就是企业管理的代名词"。随着经济的不断深入发展，人作为一种生产要素在企业乃至整个国家经济运行中的地位已经越来越显著，人力资源管理作为企业内部的重要职能，在企业中的作用也越来越明显，而作为现代企业人力资源管理核心内容的薪酬管理，其重要性不言而喻。一整套科学合理的薪酬激励制度不但能有效激发员工的积极性与主动性，促使员工努力实现组织的目标、提高组织的效益，而且能使企业在日益激烈的人才竞争中吸引和留住一支素质良好的员工队伍，提高企业的核心竞争能力。

改革开放以来，我国许多企业在薪酬激励机制的建设方面进行了改革，在改善薪酬的构成、充分发挥其激励作用等方面进行了有益的尝试。但薪酬激励机制建设复杂的历史原因和现实原因造成了企业普遍存在原有薪酬激励机制作用不明显、改革后的薪酬激励机制又引发诸多矛盾等问题，在相当程度上阻碍了员工积极性的发挥，影响了企业生产经营的效果，已严重的直接影响了企业的生存、稳定和发展。

中国传统儒学博大精深、源远流长，是我国传统文化的核心与基础，其在长期发展中沉淀下来的管理思想，对我国社会发展和企业的经营管理起着重要作用。儒家十分重视人在生产过程中的地位，可以说人的管理和施行管理的人是儒家理论的核心。有了人才有管理，所谓"天地之性人为贵"。这种"以人为贵"的思想是儒家的根本观念。在儒家看来，天地之间只有人是最宝贵的，是万物之灵，所以一切的管理活动都是围绕着"治人"而展开的。

随着全球化时代的到来，尤其是日本、韩国、新加坡等一批受儒家思想影响较大的东南亚国家战后经济快速、稳定的发展，引发了人们对于儒家思想独有价值的重新审视。其中，对儒家管理思想在当代企业管理中，尤其是在人力资源激励中的作用的研究也日臻完善。因此，如何基于我国传统的儒家思想，建立有效的薪酬激励机制是我国企业管理中备受关注的问题之一。

1.1.2 理论和现实意义

1. 儒家的管理思想

以儒家思想为代表的中国传统领导哲学从阐释世界与人生最本源的规律出发，得到了对领导理论最精辟的阐述和分析，并且对领导的内涵做出了最为本质和精准的界定。"不考其源流，莫能通古今之变；不明其得失，无以获从入之途。"当代发展儒学思想主要用于企业的管理，如何应用儒学思想延伸出的领导力智慧已成为当代企业领导者的必修课。

自从有了人类的劳动，就产生了人力资源和人力资源管理的问题。在传统的经济学中，人被作为一种社会生产和经营活动的要素条件之一，"人、财、物"被并称为企业管理的三要素。其实两千多年前儒家"人为本，和为贵"的人本论管理思想中对人价值的尊重、对人的开发培养就已经体现出对人的主体地位的认可与重视。正如《礼记·大学》中所言："有德此有人，有人此有土，有土此有财，有财此有用。"即人力资本要远胜于物质资本。当时的这种理念可以说已远远超越了当今的某些人力管理理论。

儒家对人本性的认识是做好人力资源管理的基础。儒家思想中有许多关于如何做人、如何识人、如何用人、如何培养人的观点，更是对我国人力资源管理具有直接的影响。在实际运用中应借鉴以下四点思想：一是借鉴儒家"以人为本"的思想，充分认识人的重要性，将管理对象定位到主体的地位，摒弃目前人力资源管理中存在的单向"管人"观，转向强调自我管理。二是要借鉴儒家"修身为本"的思想。主张管理者与被管理者都要修身立德，管人者也要先做好人，解决好做人与管人、管理者与被管理者之间的矛盾。三是要借鉴儒家的人才观和教育思想，并具体运用到"识人、选人、用人、育人、留人"等各个环节。四是要借鉴儒家"和谐"和"中庸"的思想，实现整个部门和组织的持续、和谐发展。

最大限度地满足人的某种需要，从而有效地激发人的工作热情，是现代激励机制理论研究的重点。然而，在两千多年前的儒家思想宝库中就蕴藏着丰富的激励思想。例如,"惠则足以使人"的物质激励,"修己安人"的表率激励,"爱而用之"的情感激励,"天下归仁"的目标激励,"尊贤使能"的成就激励,"无功不赏,无罪不罚"的赏罚激励,等等。这些通过满足人的物质、精神的需要,激发人的工作热情的激励思想虽然没有西方激励理论那么系统、科学、完整,但在许多方面,其认识之深刻、表达之准确、作用之巨大,确实让两千多年以后的人敬佩不已。因此,学习、研究、借鉴儒家的激励思想,总结历史文化遗产,为现代企业管理服务,具有重大的现实意义和理论意义。

2. 研究薪酬激励的现实意义

百年以来,人力资源管理中的薪酬问题一直是经济学家和管理学界关注的热点问题。从古典经济学发展到现代经济学,经济学领域对工资问题(经济学家更习惯把薪酬称为"工资",以体现劳动力价格的含义)的研究已相当系统化。综观所有工资理论,我们可以发现,这些理论的基本前提假设都是:接受工资的主体是"理性"的经济人。但是,从管理学角度出发,现实中的个体并非完全是"理性"的经济人,管理现实中的环境因素也是复杂多变的,传统意义上仅仅用工资、福利等单一的物质回报员工,根本无法全面满足现代人的需要。

在计划经济体制下,我国企业由于缺乏市场经济的竞争机制,对薪酬激励作用认识不足,挫伤了员工的工作积极性,影响了企业的发展。目前,我国企业现有的薪酬激励的理论和实践大都是在西方发达国家的市场经济体制基础上创建与发展起来的,有些做法对企业具有指导作用,而有些做法就未必适合中国企业的实际情况,所以完全照搬国外的做法是不符合我国国情的,必须结合我国企业的现实情况，研究出适合中国国情的薪酬激励方法，这对于提高企业管理水平，充分调动员工的工作积极性，增强企业的市场竞争能力，实现企业持续、稳定发展，具有十分重要的现实意义和深远的历史意义。

1.2 国内外研究现状

1.2.1 国外研究现状

1. 关于薪酬激励的研究

19世纪初期，西方工业化大生产导致了专业化分工与协作，由此产生了激励问题。1916年，法国矿业工程师法约尔（Henri Fayol）在《工业管理和一般管理》一书中，提出了按照员工的工作绩效给予合理报酬的理论，这是较早将报酬作为激励因素引入管理的理论。1966年美国行为科学家弗雷德里克·赫茨伯格（Fredrick Herzberg）提出双因素理论，系统地分析了影响员工工作积极性的各种因素，并将工资、福利列为激励的保健因素，认为当这些因素恶化到员工可以接受的水平以下时，他们就会对工作产生不满，从而降低工作效率。斯达西·亚当斯（J. Stacey Adams）的公平理论侧重研究了工资报酬的合理性、公平性对个人积极性的影响。经过近百年的发展，西方资本主义国家在薪酬激励方面已经形成较为完善的理论体系，并将这些理论成功应用到薪酬制度设计中。起源于20世纪50年代的股票期权计划和员工持股计划在西方发达国家得到了迅猛发展，并收到了良好的效果。

美国是最早研究人力资源管理的国家，同时也是目前世界上激励机制构建最为成功的国家。20世纪80年代以后，美国企业在国际市场上迅速取代日本企业，这与美国有效的激励机制有直接密切的关系。经过长期的理论研究和实践探索，目前，在企业薪酬激励制度方面，美国企业已经形成了一套完整的体系。在关于企业薪酬激励机制的各种国外研究文献中，薪酬激励机制的研究主要包括三个方面：一是建立合理的薪酬结构。二是有效的长期激励形式。三是建立灵活的福利政策。每一部分都有其特定的重要意义，对于建立一套可实施的薪酬方案都是不可或缺的。

目前，关于薪酬激励的相关论述较多，内容庞杂，研究较为分散。对薪酬结构的设计也有不同的方案，如自助式薪酬结构、宽带薪酬等。在具体实践中，针对企业不同人员，又有不同的激励制度，如针对企业经营者的薪酬激励、针对知识型员工的薪酬激励以及针对普通员工的薪酬激励。西方关于薪酬激励的理论研究，主要有以下几方面。

（1）共享经济论。

1984年，美国麻省理工学院经济学教授马丁·魏茨曼（Martin Lawreve Weitzman）在《共享经济》一书中，提出了一种新的经济理论——共享经济理论。该理论认为，传统的资本主义经济是工资经济。在这种经济体系中，企业支付给员工的报酬与企业的经营目标没有联系，从而导致了工资的固定化。由于企业经营的目标是为了实现利润的最大化，因此，当整个经济处于不健康状况，如总需求下降时，企业必然要维持既定的产品价格而缩减生产规模，这势必造成大量员工失业。另外，政府为此采取防止经济衰退的措施又会引起通货膨胀，结果导致失业和通货膨胀并存，即滞胀。魏茨曼建议实行共享经济制度。

在这种经济制度下,工人的工资与某一种能恰当地反映企业经营的指数(如企业的收入或利润)相联系。这样,工人的劳动收入除了传统的固定工资外,还包括利润分享部分,突破了"工资经济"的局限性。

(2)代理理论。

代理(agency)是人类社会政治经济活动中的一种普遍现象。所谓代理,顾名思义就是指代表他人处理事务。在代理过程中,代理人很可能根据自身的利益或价值判断行事,而不是根据委托人的愿望或利益行事。代理人不按契约要求尽心尽力的行为,称为败德行为(moral hazard),如偷懒、"搭便车"等。另外,代理人可能利用信息的不对称性欺骗委托人,给委托人带来不利后果,而委托人又不能够证实代理人行为的不正确性,此类代理人行为称为逆向选择(adverse selection)。

委托人为了保护自己的利益,就必须对代理人进行有效的激励和监督。代理理论研究的目的在于通过合理设计代理契约让代理人承担一部分或全部因其职务怠慢行为、机会主义行为和逆向选择造成的损失,引入竞争机制,让众多代理人在竞争的同时实现自我约束和自我监督。从管理角度看,企业中存在着复杂的委托代理关系。薪酬制度设计必须考虑到代理的复杂性和多层次性,从降低代理成本、克服机会主义和保证委托人利益出发,综合权衡和研究。

(3)二元经济论。

20世纪50年代,美国人路易斯·凯尔索等人提出了"二元经济"理论。所谓二元经济,指市场是建立在个人通过使用或让别人使用其私人拥有的劳动权利或拥有的资本,大多数情况下,两种能力同时使用,且在参与生产、获取收入基础上运行。该理论认为：现代经济已不是劳动创造价值的一元经济，而是资本与劳动共同创造财富的二元经济，随着科技进步和生产要素密集度由劳动向技术、资本的转移，要消除社会分配不公，就必须将富有生产性的资本拥有关系像劳动力一样广泛分配。也就是说，使每个公民都有权获得两种收入，即劳动收入和资本收入。员工出卖劳动力可以获得劳动收入，持有股票（或期权）等可以获得资本收入及衍生收入。

2. 儒家思想对国外的影响

儒家学说不仅在古代中国被奉为正统，在东亚世界也占有重要地位。儒学和汉字、律令一样，很早就传播到周围国家，并对那里的思想和文化产生了深远的影响。在韩国和日本，伦理和礼仪都受到了儒家仁、义、礼等观点的影响，至今还很显著。

在韩国，信奉各种宗教的人很多，但是在伦理道德上却以儒家为主。西方文明侵入韩国社会后，各种社会问题有所增加，韩国政府即以儒家思想的伦理道德作为维护社会稳定的制约力量，在教育中深化儒家思想。

中国儒家思想对日本的影响最为深远。早在8世纪时，日本就以行政手段推行儒教，提倡孝道，倡导国民诵读《孝经》。进入16世纪，儒教被定为日本官方哲学，日本兴起了以儒家思想为主的中国古典思想的全面研究。中世纪的日本在引入儒家思想和制度方面，几乎进入了狂热阶段。直至今日，儒家思想的痕迹，依然显著地存在于日本人身上。日本法律法规中"冠位十二阶"和"十七条宪法"中都体现了儒家思想，甚至其中所用的词汇和资料亦大多取自儒家典籍。日本政府于公元701年制定的基本法典《大宝律令》规定：中央设太学，地方设国学，各置博士、助教，招贵族子弟，授以儒家经典，其中《论语》和《孝经》为必修科目。

儒学在越南文化中也产生了很大影响。早在三国时期越南人就受到了儒学教育。10世纪，越南独立以后，各王朝的典章制度大都取法于中国，政府选拔人才也采取科举制度，以诗、赋、经义等为考试内容。15世纪初，明成祖曾下诏，以礼敦致越南各方面的人才到中国来，其中就包括明经博学的儒学者，可见儒学在越南的影响之深。

中国古代文化对于世界文明的贡献，不是只有"四大发明"，以"四书""五经"为代表的政治文化，对于人类近代文明也有过积极的贡献。在欧洲曾经形成过100年的中国文化热，儒家思想与意大利文艺复兴以来所形成的欧洲新思想相结合，成为欧洲近代历史发展的主导精神——启蒙思想的一个重要思想渊源。

3. 国外有关儒家思想的研究

随着中国传统文化在世界范围内的影响逐渐扩大，目前国外学者对儒家思想的研究逐渐深入，正如美国波士顿大学教授约翰·白诗朗（John Berthrong）所说，越来越多的国外文献提供了对文化的、哲学的、历史的、经济的和宗教的儒家思想要素的洞察。

在美国，对儒家思想的研究主要集中在波士顿儒学和夏威夷儒学两家机构，一些高校研究院和学术机构也研究儒家思想对现代社会发展中的作用。2000年，南乐山的著作《波士顿儒学》的出版，宣告波士顿儒学这一学派的确立。哥伦比亚大学教授狄百瑞（William Theodorede Bary）的一系列的儒学研究及其相关著作，如《心学与通学》《东亚文明》等，推动了儒家思想在美国现代人力资源管理中的深层渗透。哈佛大学杜维明教授致力通过转化儒家传统实现中国文化的复兴，他的著作《儒家发展与现代化》《现代精神与儒家传统》等，主张充分体现"沟通理性"的既利己又利人的思想。

日本对儒家思想的研究早在5世纪就已开始。中国儒家思想传入日本后，逐渐形成了日本版儒学。日本的现代管理思想家伊藤肇曾说过："日本企业家只要稍有水准的，无不熟读《论语》和《道德经》，孔子和老子的教训给他们的激励和影响之巨，实例多得不胜枚举。""经营四圣"之一的稻盛和夫，从博大精深的中国文化中汲取精华，将儒家思想与现代企业经营管理理念融合在一起，形成了独特的"利他经营""阿米巴经营"等经营哲学，这些都体现在他的著作《活法》中。

韩国学习儒学的氛围很浓厚，对儒教传统保留得比较完整，各种儒学研究机构如孔子学会、东洋思想研究会、艮斋学会等很受欢迎。韩国中央大学的梁承武教授强调儒家思想的现代化发展需要与时代相结合，指出"在现代社会中想要履行儒家本然的道德创造、文化创造的功能，首先必得寻求儒家本身的现代化"。在韩国也有不少企业关注儒家思想对现代企业管理的影响，创办了如"退溪学研究院""栗谷研究会""栗谷文化院""圃隐思想研究院""茶山思想研究院""阳邨思想研究院"等以著名儒家学者命名的研究所，在儒家思想中寻求经营管理之道。

此外，对于《论语》的学习与研究在法国乃至欧洲也很盛行。据统计，中方已在欧盟国家建立131所孔子学院和251个孔子课堂。很多学者也关注着儒家思想现代价值的研究,并致力将儒家思想运用于企业管理实践。正如澳大利亚汉学家雷吉·利特尔和沃伦·里德在《儒学的复兴》中所说:"儒学的复兴已经明确地指出它将在世界文明的核心中占有一席之地。"

1.2.2 国内研究现状

1. 我国薪酬激励现状

自 1992 年工资改革以后,国内的理论界和企业界对于激励机制都进行了许多有益的探索,如责任承包制、利润留成、风险抵押、员工持股、股票期权等方法。尤其是 20 世纪 90 年代后期,特别是党的十三届四中全会提出国有企业可以"试行经理年薪制、持有股权分配方式"之后,一些企业就开始积极探索股票期权制度。近年来,我国企业在薪酬激励方面进行了大量的研究和探索,建立了灵活多样的薪酬分配模式,如经营者年薪制和经营者风险抵押金制度,加大工资中"活"的部分的比重等分配形式。这些薪酬分配方式的变革,对激发员工的工作积极性、促进企业经济效益的提高无疑起到了一定的积极作用。

虽然目前在企业激励机制,尤其是经理人的长期激励机制形式方面,我国理论界做了大量的探索,实业界也在理论的指导下进行了有益的尝试,但是大都由于外在环境的客观制约而流于形式,不能真正在企业中得以实施。另外,由于我国企业在人力资源管理方面经验积累的时间短,管理基础薄弱,因此在薪酬激励方面的改革仍显得不够深入,具体表现在:薪酬激励的研究多数还集中在对现有分配制度的局部的调整，企业的薪酬制度依然是基于身份、职位，是典型的资历导向而非能力和绩效导向型等。以上问题导致的结果就是中高级人才的收入明显低于市场工资水平，而普通员工的报酬却高于市场工资水平，企业薪酬矛盾越来越突出，造成企业人才的大量流失。此外，对薪酬激励的研究不深，缺乏全面薪酬的概念，研究薪酬激励仅限于工资奖金的激励，缺乏对长期激励因素，如股票期权等深层次理论的研究和探索，这些都在一定程度上制约了我国企业薪酬制度改革的进程，影响了薪酬激励职能的发挥。

2. 儒家思想的研究现状

儒家思想在我国传统文化中长期占据主流地位，影响深远。其形成与发展主要可划分为四个历史阶段：春秋末期，孔子创立儒家学派，提出"仁"的核心思想；汉武帝时开始推行"罢黜百家，独尊儒术"，确立了儒学的正统地位；宋明时期，程朱理学体系建立，儒学发展进入新阶段；明清之际，一些被视为"异端"的进步思想家提出要批判地继承传统儒学，形成了具有时代特色的新思想。

进入20世纪之后，面对西方文化的强烈冲击，许多学者通过反思中西文化的差异，对儒家思想进行了新的诠释和发展，试图将中国传统与西方文化联系起来，并从理论和实践上进行了尝试。如新儒家代表梁漱溟先生的心学及乡村建设实践、冯友兰先生的新理学、贺麟的新心学等都是复兴儒家思想的代表。中华人民共和国成立后，由于我国社会和历史的多种原因，在中国大陆儒学成了贬义之词，几乎没有学者称自己是"儒家"。相当长的一段时期内，大陆儒家思想发展几乎停滞，面临极大的危机，中国香港和台湾地区及其他一些亚洲国家的新儒学反而是一枝独秀。

随着全球化时代的来临，尤其是深受儒家思想影响的日本、韩国、新加坡等国家战后经济快速、稳定的发展，引发了人们对于儒家思想独有价值的重新审视。大陆对儒家思想的研究也从20世纪80年代再次兴起，儒学研究的复兴使得儒家思想的价值重新为人们所认识和重视。这主要表现在以下几个方面：其一，成立了众多的儒学研究机构。其二，创办了一些专门的儒学研究刊物。其三，召开了大量的国内国际儒学研讨会。其四，发表、出版了数量可观的儒学研究学术论著。

当今，习近平总书记也非常重视继承和发扬以儒家思想为代表的中国传统文化。习近平总书记在讲话中引用的名言很多都源自儒学经典，其中，《论语》被引用的次数最多，其次是《礼记》《孟子》《荀子》《尚书》《二程集》等。有关习近平总书记的书籍《习近平用典》《平易近人——习近平的语言力量》等出版物中也多次引用儒家经典论述。2014年9月24日，习近平总书记在以"儒学：世界和平与发展"为主题的纪念孔子诞辰2565周年，国际学术研讨会暨国际儒学联合会第五届会员大会开幕会上讲到，孔子创立的儒家学说以及在此基础上发展起来的儒家思想，对中华文明产生了深刻影响，是中国传统文化的重要组成部分。希望中国和各国学者相互交流、相互切磋，把传统文化这个课题研究好，让中国优秀传统文化同世界各国优秀文化一道造福人类。

1.2.3 儒家思想与企业管理的融合

1. 儒家思想与企业管理的融合情况

关于儒家思想和中国企业管理的融合问题，自20世纪30年代以来，众多专家学者已在逐渐关注和加强对这一课题的研究，几十年来，研究取得了丰硕的成果，并在实践中得到了应用。但是，由于受"左"的思想的影响，作为维系中国几千年文明的儒家思想在近一个世纪中屡次被打倒，遭遇了严重的挫折，儒家被指责为封建主义的代言人，儒家思想中许多闪烁着智慧的观点长期以来遭到抨击和误解。改革开放后，儒家思想虽然重新焕发了生机，但要想实现更广泛的传播和应用，还需要研究者们付出很多努力。

现代企业管理过程中，儒家文化的人本主义、重视人际关系的伦理观念注入其中，使社会伦常关系融合在企业的管理模式之中，在企业外部塑造了相对安定的经营环境，在企业内部形成了比较和谐的人际关系，从而淡化了劳资对立，促进了生产力的发展，是现代企业管理思想和实践的丰富资源。具体来说，儒家思想的核心思想即仁政管理、义利观和诚信观影响了中国企业的发展。作为经济的重要载体，企业管理文化的发展尤其需要弘扬儒家管理思想的精髓，丰富企业管理文化的内涵，促进现代企业的长足发展。

2. 儒家思想与企业管理的相关研究

目前国内对传统儒家思想应用于现代企业管理的研究已有不少，儒家思想与现代企业文化建设、儒家思想与现代企业社会责任、儒家思想与现代企业商业伦理等方面的研究已取得一定成绩，研究也趋于深入和成熟。

第 1 章 绪 论

欧阳斌（2018）从企业管理之道的探索着手，以中华老字号同仁堂为例，研究了中国儒家思想的核心主张与卓越企业的管理之道的一致性，指出做企业的基本追求。石晶（2018）通过阐述儒家思想、现代企业管理的基本内涵，对儒家思想在企业管理中的应用策略进行了探讨。李文君（2017）从先秦儒家领导管理思想的角度，分析了领导的道德素质与领导才能，并从"选贤任能"的现代企业领导人才观、"义利之辩"的现代企业领导价值观、"天人合一"的现代企业领导生态观等六个方面论证了先秦儒家领导思想对现代企业管理具有的启示作用。解冬冬（2016）从企业文化的塑造角度，以山东省三家优秀的儒家管理文化企业作为案例进行实例分析，总结了三家企业在文化建设方面取得的成果，为今后的企业文化构建提供了启示。主张将儒家思想理论运用于企业管理实践的研究，张浩帆（2008）的《儒家思想与现代日本企业管理的融合》、谢福连（2007）的《儒家思想与企业管理——日本企业中的儒家思想应用》等侧重于从企业管理实践中寻求其蕴含的儒家思想因素。杨光辉（2008）的《传统与现代：儒家思想在企业管理中的运用》、郭福才（2008）的《儒家人性化管理思想及其在企业管理中的应用》等侧重于探讨儒家思想运用于企业管理实践的可行性。

关于儒家思想与企业管理方面的研究，除了相关学术论文外，不少学术著作也对其做出了更加深入的探讨。孔祥安、刘晓霞、宋振中（2016）的《儒家文化与企业管理》从儒家思想中蕴含的现代企业的经营宗旨、价值取向、团队精神、用人智慧、忧患意识等十个方面对儒家思想的现代价值进行了系统论述。倪世和（2016）的《〈论语〉货殖思想与企业创新》以《论语》中的货殖思想为主导，融通儒家思想为理论依据，并借鉴国内外企业成败之经验，探求了我国企业家们创业创新、求财求富、利国利民的经营之路。刘军和黄少英（2010）的《儒家伦理思想与现代企业管理伦理》，将儒家文化的特性与现代企业管理的共性相结合，研究如何将儒家伦理思想转化为现代企业竞争优势，进而规避企业管理的伦理风险。陈德述（2008）在《儒家管理思想论》一书中，从以人为本、道之以德、忠恕之道、中道和合等方面，详细阐释了儒家的管理思想及其对中国现代管理思想塑造的意义。李晓蕊的（2006）《儒家经典与中国式管理》选择了 16 部中国儒家经典，对其中的修身、齐家、仁爱、整体主义等伦理精髓进行了梳理与研究，同时选取了每部经典中对现代企业管理有借鉴意义的重要观点、名言警句进行了阐释，力求从博大精深的儒家思想中挖掘现代企业管理所需要的商战谋略与管理技巧。

3. 儒家思想与企业薪酬激励的相关研究

纵观有关儒家思想与企业管理的现有研究，大多集中于儒家思想对企业管理的整体思想的影响，注重理论范围内的论述和分析，聚焦于将儒家思想贯彻于企业管理实践的研究还较少，在人力资源管理领域的研究也停留在思想理念的创新，精确到薪酬激励的学术研究更是鲜见。

刘思维和吴照云（2018）在硕士论文《我国企业薪酬激励新探索——基于儒家文化新视角》中，从儒家文化的视角，运用 STRAUSS 扎根理论，建立扎根理论模型，通过收集资料、开放性编码、主轴性编码、选择性编码与理论饱和度检验进行数据分析，对我国企业薪酬激励进行了探索，认为儒家思想中的管理精髓能够起到有效激励作用，激发员工的潜力和积极性，提高企业活力。

刘婵婵和马秋丽（2014）在硕士论文《儒家思想在企业人力资源管理中的

运用研究——以×企业为例》中，研究了儒家思想应用于企业人力资源管理中的可行性，探索现代企业人力资源管理与传统文化的融合，并将理论和实践相结合，对企业进行了实地调查，从领导观念、用人模式、培训理念、激励机制、企业文化五个方面提出儒家思想在企业人力资源管理中的具体策略。

王楠（2014）在《先秦儒家人本思想在员工激励上的现实意义》中，阐述了先秦时期的儒家人本思想在现代人力资源管理员工激励中的借鉴和应用价值，揭示了儒家人本思想与现代企业人力资源管理相结合的实践意义。

叶青（2008）在《儒家文化对团队激励的启示》中认为，儒家文化中比较典型的中庸思想、不患寡而患不均的思想和重义轻利的思想对激励理论在人性假设、具体的激励措施上有重要的影响。

霍小军和王华（2006）在《中国古代激励思想的思考》中提到，中国古代积累了丰富的激励思想和管理方法，如在选拔任用人才方面的"选贤任能"，以及"用人如器，各取所长"的思想；"民贵君轻""身先士卒""上下同欲者胜"的激励思想；"赏必行，罚必当"和"礼法相济"的有效管理办法，等等。这些都是祖先给我们留下的宝贵管理财富。现在看来，这些思想都对现代组织选人、用人以及增强凝聚力具有很强的借鉴意义。

吕巧凤（2004）在《儒家人力资源的激励思想》中指出，中国古代思想宝库中蕴藏着丰富的可供现代管理科学借鉴的内容。

当然，随着社会的变迁，儒家思想亦需要进行重新整合提升，这是时代赋予我们的新课题。应当说，中国企业界借鉴儒家思想管理企业的探索还是初步的，继承和发扬儒家思想的精髓、研究儒家思想和中国企业管理的融合依然任重道远。

1.3 研究内容和研究方法

1.3.1 研究内容

本书首先概述了相关研究背景及国内外研究状况，并对本书的研究方法、基本思路、基本框架做了简单的阐述。

第二部分在对儒家思想和薪酬激励的相关理论进行详细论述的基础上，引出了企业薪酬激励机制的内涵，并进一步分析儒家的管理思想对现代企业薪酬激励的借鉴意义。

第三部分分析了我国企业薪酬激励机制的状况，并将其与其他国家、国内外知名企业的薪酬激励机制做了深入的比较，从而为薪酬激励体系的建立提供借鉴。

第四部分对几种典型的薪酬模式做了比较。

第五部分在对我国现行薪酬体系做诊断的基础上，提出基于儒家思想的薪酬激励的基本原则，分析设计了适用于不同企业、企业不同岗位群体的薪酬激励体系。

第六、七部分阐述了企业薪酬激励制度的战略匹配性检验、薪酬结构完整性分析、薪酬公平性检验、薪酬激励的效果检验、薪酬成本控制等薪酬体系检验方式，以确保企业薪酬体系实施的可行性。

第八部分从薪酬体系的实施保障角度，对基于儒家思想的企业薪酬激励体系的实施、反馈和调整进行了探讨，对薪酬策略、薪酬水平、薪酬结构、薪酬构成进行了调整分析，使薪酬激励体系形成一种动态调整机制，从而保证薪酬激励的科学性、有效性。

第九部分通过以上对儒家思想及薪酬激励体系的研究，最后得出研究结论，并指出本书研究的局限性以及对未来研究的展望。

1.3.2 研究方法

本书综合经济学和管理学的理论与方法，结合理论研究与实证研究，紧密联系我国应用儒家思想和企业薪酬激励实践中的具体问题，对企业薪酬激励机制展开研究。

第一，本书在研究当中运用了经济学、管理学（尤其是人力资源管理）的相关理论，运用了比较研究法、案例分析法，多视角地研究了现代企业的薪酬激励问题，力求将分析层层推进，使研究更加深入。

第二，定量分析与定性分析相结合的方法。本书并不局限于对薪酬做定性的分析，通过大量公式、图表和模型运用，使分析更为透彻、更易于理解。

第三，规范研究和实证分析相结合的方法。首先提出要研究解决的问题和研究重点，对于激励机制的内容和模式进行分析；在资料的收集上，全面广泛地查阅期刊、年鉴，利用网络资源，及时准确地获取国内外的历史数据和最新数据。

1.4 基本思路与研究框架

1.4.1 研究思路

本书在总体研究计划的指导下有序展开，其研究路线如图1.1所示。

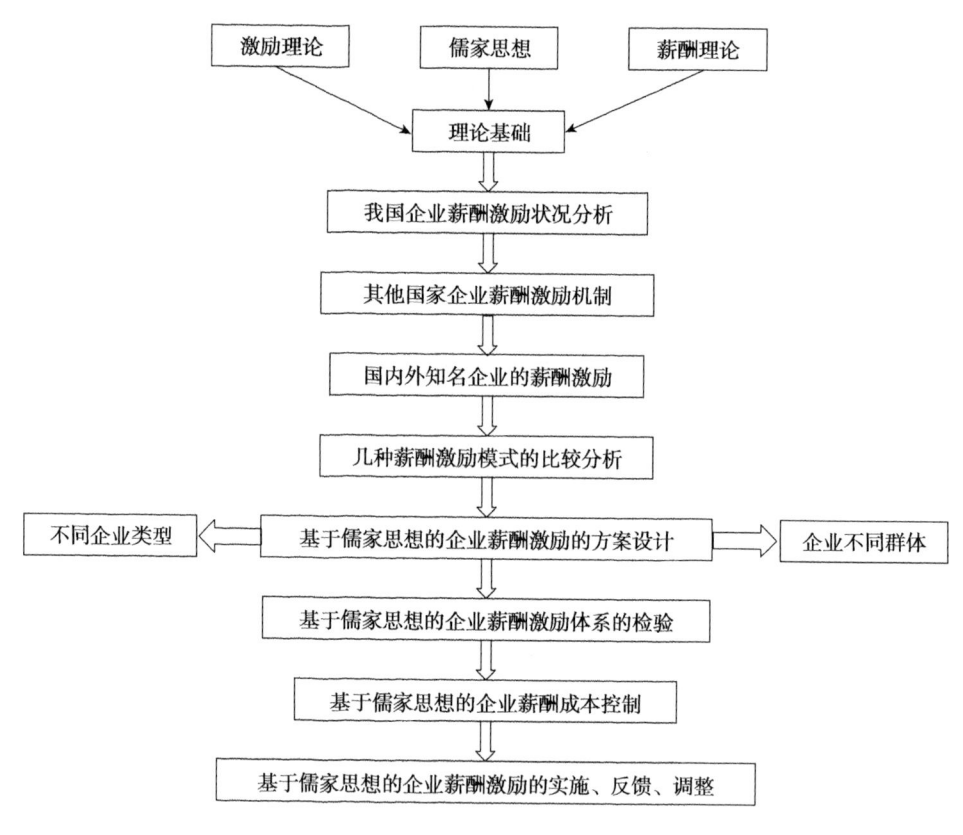

图 1.1 研究路线图

第一，理论研究与实践相结合，在探索研究对象基本规律的同时，注意研究方法体系的形成。

第二，在研究内容安排的顺序上，拟先研究各问题的内在要素，然后分析要素的内在联系，逐步加入外部制约因素并逼近研究形态，得出科学结论。

1.4.2 研究框架

企业薪酬激励体系的设计是一个系统的工程，不但要注重理论的研究，更要注重与现实相结合，保证所设计的薪酬体系在实践中的可行性。本书的研究路线如图 1.1 所示。

1.5 本书主要工作

首先，将传统儒家思想与现代企业的人力资源管理理论结合起来，继承和发扬儒家思想的精髓，汲取我国博大精深的传统儒学的精神内涵。

其次，在对我国企业薪酬激励机制状况进行分析的基础上，进一步做相关比较，以此来设计企业的薪酬激励体系。

最后，借鉴儒家管理思想，探讨我国企业薪酬激励的构建问题，并对所设计的薪酬体系的实施、反馈、调整做出相关阐述，真正为企业的用人、留人提供理论依据。

第 2 章 儒家思想与企业薪酬激励理论综述

2.1 儒家思想概述

儒家思想是古代中国社会中关于伦理与政治学说的一种思想文化体系，是先秦诸子百家学说之一。儒家思想也称为儒教或儒学，由孔子创立，最初指的是从事丧葬行业的司仪，后来以此为基础逐渐形成完整的儒家思想体系，成为中国传统文化的主流，影响深远。它是中国影响最大的思想流派，也是中国古代的主流意识。儒学创始人孔子，在对其前传统文化特别是西周礼乐文化的损益更新中，以"仁"为核心，以"礼"为规范，以"修己安人"的价值取向为追求，创立了儒家学说的思想体系。孔子去世之后儒学分为众多流派。战国时期，最有成就的为孟、荀两家。孟子和荀子在与诸子百家的学术论争中，丰富并发展了孔子创立的儒家学说。

2.1.1 儒家思想的基本内容

儒家思想的基本内容包括五个部分，即"仁、义、礼、智、信"。"仁、义、礼、智、信"为儒家"五常"，是做人的原则。仁义礼智信的提出，离不开三位圣贤：孔子提出"仁、义、礼"，孟子延伸为"仁、义、礼、智"，董仲舒扩充为"仁、义、礼、智、信"，后称"五常"。这"五常"贯穿于中华伦理的发展中，成为中国价值体系中的核心因素。

孔子曾将"智仁勇"称为"三达德"，又将"仁义礼"组成一个系统，曰："仁者人也，亲亲为大；义者，宜也，尊贤为大；亲亲之杀，尊贤之等，礼所生也。"仁以爱人为核心，义以尊贤为核心，礼就是对仁和义的具体规定。仁学讲求尊人、敬人、爱人和安人之道；义学讲求经权变通之道；礼学是规矩之学，讲求行为规范之道。孟子在仁义礼之外加入了"智"，构成四德或四端，曰："仁之实，事亲（亲亲）是也；义之实，从兄（尊长）是也；智之实，知斯二者弗去（背离）是也；礼之实，节文斯二者是也……"董仲舒又加入"信"，并将仁义礼智信说成是与天地长久的经常法则"常道"，号"正常"。曰："夫仁义礼智信五常之道……"（《贤良对策》）

1. 仁学是儒学的核心思想

注重"人"与"人际关系"，抬高人的地位，强调人的作用，从一定意义上讲，仁学就是人学，是一种关于人与人相互关系的学说，是一种以人为本的学说。儒家仁学的核心是"修己"与"安人"，即安人必先修己，诚以待人，和以待人，关心、爱护、尊敬人，以德服人等。《说文解字》说人是"天地之生，最贵者也"。还说，凡是属于人的都从人。二，是会意字，古文作"丄"，就是上字。"二、丄"都是高的意思。《说文解字》说，二是地之数。那么，结合起来看，仁就是专属于世上的人的高尚情怀。儒家讲"仁义礼智信"，仁是仅次于德的，人类所特有的一种美好的情操。《说文解字》说："仁，亲也。"人与人相互亲切关爱。《礼记》说："上下相亲谓之仁。""温良者，仁之本也。""仁者可以观其爱焉。"《春初·元命苞》说："仁者，情志好生爱人，故立字二人为仁。"仁者是对有仁德者的称呼。有时候，用仁来指有恩于万物生育的事物。古代历来推崇仁政，认为尊德行仁的才可以叫作王。现在称果实的核为"仁"，其实古代称其实为"人"，果人、核桃人。明代后才改作"仁"。

2. 儒家义学，讲求权宜之变

《易经》里的"穷则变，变则通"即为此理。"先义后利"思想出自中国古代思想家荀子所著的《荣辱篇》。荀子曰："荣辱之大分，安危利害之常体。先义后利者荣，先利后义者辱；荣者常通，辱者常穷；通者常制人，穷者常制于人，是荣辱之大分也。"义的繁体字是"義"，是会意字，从我，从羊。我是会意字，从戈。戈是兵器。象形字羊表祭牲。这个金属的戈使得义字充满了铿锵的阳刚气氛，因为要承担风险和责任；而献祭的羊又表明了义是富含自我牺牲精神的。古人讲：义不杀生，义不杀少。义的本意是，合于道德的行为或道理。舍生取义是因为古人笃信义不容辞。

3. 儒家礼学思想，主张在等级秩序之下协调人们的行为

即孔子说的君君、臣臣、父父、子子。意思是说，如果一个国家治理的最好状态是君、臣、父、子都能各安其分、各尽本职，这种状态就是一种最佳的社会秩序，也即儒家所提倡的"和"的状态。这里，君、臣、父、子各安其分、各尽本职，既是"和"的因，也是"和"的果。礼的繁体字是"禮"。《说文解字》中说："礼，履也。所以事神致福也。"最初始的意思是举行仪礼，祭神求福。儒家历来重礼，这个礼字内涵相当深厚。"禮"是会意字，从示，从豊。豊字从豆象形，是古代祭祀用的器，如果用于事神就叫礼。示是会意字，小篆字形，示字上面的"二"是古文"上"字，下面的"小"字本是三竖，三竖代表日月星。《周易》中说："天垂象，见吉凶。"只有观察上天的天文，才能洞察世间的变化，这是因为天象是神用来垂示人类的手段。示作为一个汉字部首，其字多与祭祀神明有关，如：祝，祭主的赞词；福，天神佑护才叫福；禅，帝王祭天；社，是土地之神。那么结合起来看，礼的意思就明白了，过去讲的礼，主要是对神灵的祭祀、表达敬意和尊重，这就是儒家文化的重要内容之一。引申到日常生活，那就是对别人的尊重。《左传》说："夫礼，天之经也，地之义也，民之行也。"

4. 智，同"知"，孔子的认识论和伦理学的基本范畴

智指知道、了解、见解、知识、聪明、智慧等。内涵主要涉及知的性质、知的来源、知的内容、知的效果等几方面。关于知的性质，孔子认为，知是一个道德范畴，是一种人的行为规范知识。智，会意兼形声，是"知"的后起字。从日，从知。知，会意字，从矢从口。矢是象形字，象镝括羽之形，本意是箭，引申为正直、端正，再引申为出口无悔的誓言。知是智的古字，通晓天地之道、深明人世之理的才能叫智，也就是知。而且，真正的知、智，一定是真理，一定是真相，也一定不会偏离道德仁义。

5. 信，指待人处事诚实不欺、言行一致的态度

信为儒家的"五常"之一。孔子将"信"作为"仁"的重要体现，是贤者必备的品德，凡在言论和行为上做到真实无妄，便能取得他人的信任，当权者讲信用，百姓也会以真情相待而不欺上。信是会意字，从人，从言。信的本意是真心诚意、专一不移。人的言论应当是诚实的、真实的、不虚伪的。言是指事字，甲骨文字形下面是舌字，下面一横表示言从舌出，是张口伸舌讲话的象形。以"言"作偏旁部首的字，都与说话或道德有关。《说文解字》中说："直言曰言，论难曰语。"就是说，心里有什么直接表白才叫言，而推理辩论诘问的话应该叫语了。因此《法言义疏·问神》曰："言，心声也。"如果一个人言不由衷、说假话，肯定不会有信誉。

2.1.2　儒家的管理思想

儒家一贯倡导的"修身、齐家、治国、平天下"理论包含着丰富的管理思想。从人性假设到追求群体的最大价值，从德性的思想到崇尚群体的和谐等，对人性的管理和提倡德治、追求和谐的尺度管理具有重要的意义。通俗来讲，儒家思想以人为出发点，以天下之治为归宿，从而将个人的价值与社会的理论结合到一起，可以说从其建立之初，就是一种管理思想。出于研究主题的需要，本节中所讲的有关儒家管理的思想，主要是指儒家思想中有利于管理发展的部分。儒家管理思想的核心要义主要体现在"仁政""义利观""诚信观"。

第 2 章　儒家思想与企业薪酬激励理论综述

1. 儒家思想的"仁"政管理

"仁"是儒家学说的核心，对中华政治、经济、文化影响较大。仁指好的道德。孔子把"仁"作为儒家社会政治和伦理道德的最高理想和规范。仁的内容包涵"仁、义、礼、智、信、恕、忠、孝、悌"，核心是"仁"。仁字从人从二，也就是人们互存、互助、互爱的意思，故其基本含义是指对他人的尊重和友爱，这表明孔子所说的"人"并不是孤立的、单个的人，而是一种人际关系，孔子正是把人和人际关系作为自己理论的立足点。

在管理活动中，这一思想最集中地体现在追求"修己以安人"的"内圣外王之道"，它首先要求企业管理者按"仁学"体系的要求进行自我修养、陶冶性情，然后又用"仁"的原则去管理企业。管理者只有具备良好的道德理性素质，才能管理好别人，也即孔子提倡的"己欲立而立人，己欲达而达人"的境界。

2. 儒家思想的"义利观"

孔子提出了"见利思义""取之有义""先义后利""重义轻利"等思想，构成了儒家"义利观"的基本内容。"君子义以为质、礼以行之""见利思义，义然后取"，明确了以义作为谋利的准则，是社会责任和法律法规。"放于利而行，多怨""见小利，则大事不成"，辩证地分析了义利的主从地位，如果利字当头，难免会夺利争权，导致矛盾激化，积怨积仇，不利于解决全局问题和大局问题。

从现代企业经营管理的观点看，儒家义利观对构建我国现代企业新型义利观具有很高的理论价值和现实意义。儒家义利观是企业活动的企业伦理价值论，是企业经营活动的指导思想和根本原则。企业的经营者对义利的理解、经营取向，不同的企业文化有不同的表述，但总是紧紧围绕企业的经营理念去判断、处理经济事务。可以说，"利"是经济，"义"是规则。义利的价值评判决定了企业的主要方向，是企业营造核心竞争力的基本遵循。

3. 儒家思想的"诚信观"

对于"信"，孔子有许多精辟的论断。例如，"足食，足兵，民信之矣"，"民无信不立""道千乘之国，敬事而信，节用而爱民，使民以时"。此"信"是"信任"之意，由此可见，在人与人的交往中，信任是基础或前提。

"诚"，儒家中的另一位大家孟子将"信"进一步升华，上升至"诚"的层面。《孟子·离娄上》中说："是故诚者，天之道也；思诚者，人之道也。"明确提出诚实是天道的法则，做到诚实是人道的法则。

"诚信"是儒家所一贯提倡并力求践履的道德原则和行为规范，市场经济条件下对于企业的有序正常发展和繁荣必不可少。作为市场经济条件下的企业领导学习儒家思想，成为"儒商"，需重视"诚信"。在市场竞争日趋激烈的今天，企业的信誉至关重要，没有诚信的企业就没有未来可言。

2.1.3　儒家的用人思想

儒家推崇"德才兼备"的人才，强调"以德为先"，重视君子概念，意在培养君子型的人才。总的来说，儒家所强调的君子型人才需要具备仁义礼智信五常。

以五常作为基本的道德素质要求基础的伦理道德准绳。

1. "仁",既是儒家也是中国传统文化的核心概念

儒家认为,仁是君子型人才应该具备的最基本的品格。"君子而不仁者有矣夫,未有小人而仁者也。"(《论语·宪问》)"君子去仁,恶乎成名。"(《论语·里仁》)这些都是在强调君子应当志于仁,将仁作为基本的价值取向、人生的理想目标。

2. "义",是儒家所强调的君子型人才应该具备的又一重要品格

"君子喻于义,小人喻于利。"(《论语·里仁》)"君子义以为上,君子有勇而无义为乱。"(《论语·阳货》)"君子之求利也略。"(《荀子·修身》)这些都是在强调义是君子的本质,君子应当以义为上,重义轻利,不要贪图物质利益。孔子"重义轻利"、孟子"贵义贱利"的伦理道德思想具有普遍的价值意义。

3. "礼",是儒家所强调的君子型人才应该具备的另一品格

以孔子为代表的儒家非常重视礼。孔子教导弟子要做到"非礼勿视,非礼勿听,非礼勿言,非礼勿动"(《论语·颜渊》),即不合于礼的事不要看,不和于礼的话不要听,不和于礼的话不要说,不和于礼的事不要做,要以礼作为处理君子处理社会关系的基本规范。礼是君子行事的行为准则。

4."智",是指君子型人才应该具备的综合能力

孔子认为:"君子不器。"(《论语·为政》)也就是说,君子应该博学多才,而不应该只具备某一方面的知识才能。从周代贵族教育的科目礼、乐、射、御、书、数来看,贵族社会培养君子的原则也倾向于多种才能的培养。孔子本人之所以被贵族社会所接纳、认可,也正是因为他具备多项才能并且识礼、懂礼。可以说,孔子不仅在道德方面,而且在智慧方面都是崇高的君子典范。因此,孔子也强调智在君子人格中的重要性,并且与仁、义并提。

5."信",就是如实地按照自己所说的去做,也是君子型人才不可或缺的品格

信的基本含义是讲信用、诚实不欺。孔子说:"人而无信,不知其可也。"(《论语·为政》)一个人如果不讲信誉,真不知道怎么能行。儒家要求人们在日常生活中做到"谨而信","与朋友交,言而有信"(《论语·学而》),将诚信作为为人处世的基本原则;同时,信也是"进德修业之本""立人之道""立政之本"。诚信待人是儒家君子型人才的重要修养。

2.1.4 儒家的激励思想

儒家"民本思想"的一个重要组成部分就是"富民"。孟子提出"制民之产",是对孔子"藏富于民"思想的具体化。可见孔孟都认识到要想真正以民为本,稳定民心,必须要满足人民的物质需求,正所谓"口中有粮,心里不慌"。儒家思想成为正统思想后,各朝代都重视与民休养生息,所谓民富则天下太平,

民穷则天下大乱。在激励理论方面，儒家思想中最值得一提的是儒家的需要理论，虽然儒家没有提出一个明确的"需要层次理论"，却并不等于没有自己的需要理论。古代儒家"义与利""理与欲"的精彩论述中，明显包含了对人的合理需要与不合理需要的思考。

1. 肯定合理的低层次需要

儒家承认"欲"的存在，把它看作人的天性，总的说来，都属于低层次的需要。在这类低层次需要中，有一部分是合理的需要。孟子说："天下之士悦之，人之所欲也，而不足以解忧。好色，人之所欲，妻帝之二女，而不足以解忧。富，人之所欲，富有天下，而不足以解忧。贵，人之所欲，贵为天子，而不足以解忧。"（《孟子·万章上》）他认为人都有"好色""富""贵"的欲望，也就是肯定了人都有基本的欲望。荀子说："夫人之情，目欲綦色，耳欲綦声，口欲綦味，鼻欲綦臭，心欲綦佚。此五綦者，人情之所必不免也。"提出了五种人"必不免"的欲望。在荀子的眼里，欲望是人的本能，是自然的需求。"人生而有欲"（《荀子·礼论》），不管"圣人"和"小人"，都是"饥而欲食，寒而欲暖，劳而欲息，好利而恶害"（《荀子·荣辱篇》），为此，人们必然去孜孜追求欲望的满足。"故虽为守门，欲不可去，性之具也。虽为天子，欲不可尽也。"（《荀子·正名》）即便是朱熹也承认："盖钟鼓、苑囿、游观之乐，与夫好勇、好货、好色之心，皆天理之所有，而人情之所不能无者。"（《孟子集注》）肯定了这些欲望也是"天理"，也是合理的需要。王夫之继承和发展他的这一观点，在《读四书大全说·论语·里仁篇》中说："饥则食，寒则衣，天也。""饥则食"之类的欲之所以是天理，是由于它们是维持人的生存所必需的（此种欲若不能得到满足，人就会被饿死或冻死），因而也是合理的。

2. 提倡合理的高层次需要

儒家在肯定合理的低层次需要的同时，更看中也更提倡追求合理的高层次需要，从而实现"君子"的社会理想，达到自我实现。儒家提倡的合理的高层次需要主要指"仁""义"等道德追求。整部《论语》可看作是孔子对"仁"这一高层次需要的全方位追求。他说："志士仁人，无求生以害仁，有杀身以成仁。"（《论语·卫灵公》）"志士仁人"将"成仁"作为自己人生的最高追求，并义无反顾地随时准备为这一最高追求的实现献出自己的生命。孟子认为："仁，人心也；义，人路也。"（《孟子·告子上》）具备了"仁"与"义"，才能真正称之为"人"，这种高层次的道德追求也是人与动物的本质区别，因此孟子提出著名的"舍生而取义者也"。（《孟子·告子上》）把"义"置于"生"之前，这种对高层次需要的极端追求可以说塑造了儒家甚至整个中国的理想人格。荀子同样认为："先义而后利者荣……"（《荀子·荣辱》）提倡把对"义"的追求放在首位。后世宋明理学提倡"理"，甚至提出"存天理，灭人欲"把"理"放在至高的地位，实质上也就是对符合礼教的，也就是他们眼中"好的欲"，合理的高层次需要的追求，是一种对心理上的道德品质或善心的追求。儒家整体反映出的对"仁""义""礼"的重视与提倡，是一种企望达到圣贤之理想人格来完成自我价值的思想。

3. 反对不合理的需要

儒家认为还存在一些不合理的欲望，正是这些欲望阻碍了人的自我实现，因而应当予以节制甚至消灭。孔子说："君子喻于义，小人喻于利。"（《论语·里仁》）这里所指的"利"显然是私利，而非"国民所利而利之"的"利"。可见，孔子反对"见利忘义"，认为为私利所驱动的是"小人"，而这种"私利"显然就是他所反对的不合理的需要。孟子提出："养心莫善于寡欲。其为人也寡欲，虽有不存焉者，寡矣；其为人也多欲，虽有存焉者，寡矣。"（《孟子·尽心下》）认为不应"多欲"，而这些多出的欲望正是不合理的需要，而"寡欲"所保留下的就是合理的需要。荀子则明确指出："先利而后义者辱。"（《荀子·荣辱》）认为把追求"利"放在首位是可耻的。关于"义利"，汉代董仲舒也主张："正其谊不谋其利，明其道不计其功。"（《汉书·董仲舒传》）不应计较"利"与"功"。《朱子语类》中载："问：'饥食渴饮，此人心否？'曰：'然。须是食其所当食，饮其所当饮，乃不失所谓道心。若饮盗泉水，食嗟来之食，则人心胜而道心亡矣！'问：'人心可得无否？'曰：'如何无得！但以道心为主，而人心每听命焉耳。'"可见，在朱熹看来，低层次需要并非都是不合理的需要，而那些靠不正当方式来满足的欲望才是不合理的。他又说："饮食者，天理也；要求美食，人欲也。"（《朱子语录》）可见，他也承认基本的生存需要是合理的，而过度的欲望追求就是不合理的了。因此，朱熹提出"存天理，灭人欲"，认为"学者须是革尽人欲，复尽天理，方始是学"（《朱子语录》）。他实际上是要求消灭不合理的需要，而保留合理的需要。

2.2 企业薪酬激励概述

2.2.1 企业薪酬激励的概念界定

1. 薪酬的概念

薪酬，由薪和酬组成。在企业管理环境中，往往将两者融合在一起运用。薪，指薪水，又称薪金、薪资，所有可以用现金、物质来衡量的个人回报都可以称之为薪，即薪是可以量化的，企业发给员工的工资、保险、实物福利、奖金、提成等都是薪。算工资、人工成本预算时企业预计的数额都是"薪"。酬，报酬、报答、酬谢，是一种着眼于精神层面的酬劳。有不少的企业，给员工的工资不低，福利不错，员工却还对企业诸多不满；而有些企业，给的工资并不高，工作量不小，员工很辛苦，但却很快乐，这是为什么呢？究其源头，还是在付"酬"上出了问题。当企业没有精神，没有情感时，员工感觉没有梦想，没有前途，没有安全感，就只能跟企业谈钱，员工与企业间变成单纯的交换关系，这种单纯的"薪"给付关系是无法让员工产生归属感的。总体来说，薪和酬就像硬币的两面，必须同时存在，同时考虑。关于薪酬的概念，学术界和企业界所运用的词汇大致经历了以下演变过程。

Wage（工资）—— Salary（薪金）—— Compensation（薪酬）—— Total Rewards（整体薪酬）。

不同国家对薪酬概念的认识往往不同，社会、股东、管理者和员工等不同利益群体对薪酬概念的界定也往往存在较大差异。我们可以从雇佣关系的角度出发，将薪酬定义为：雇员作为雇佣关系中的一方所得到的各种货币收入，以及各种具体的服务和福利之和，其实质是一种价值交换，是雇员向雇主让渡其劳动或劳动使用权后获得的报偿。

从现代企业薪酬管理的薪酬形式来看，薪酬已发生了较大变化，现代意义上的薪酬不仅包括传统的工资或薪水等货币形式的直接的有形报酬，还包括了精神层面的无形报酬，即企业的薪酬体系存在外在报酬和内在报酬之分。

从薪酬所包含的范畴变化来看，存在传统意义上的薪酬和整体薪酬之分。传统意义上的薪酬是指员工因对企业提供劳动或劳务而得到的报偿，它包括工资和奖金、福利、津贴、股份等具体形式，属于经济类的报酬。但整体薪酬不但包括经济类的报酬以及有形服务和福利，还包括晋升机会、发展机会、心理收入、生活质量、私人因素等，以及工作的荣誉感、成就感、责任感。也就是说，传统的薪酬激励主要是指物质激励，而整体薪酬方案则不仅包含物质激励，还包含精神激励。本书所研究的企业薪酬激励，主要指的是基于总体薪酬的薪酬激励，同时也兼顾传统薪酬的重要性，力求使企业的薪酬激励更为有效，从而提高企业薪酬的竞争力。

也即，本书研究的薪酬是一个宽泛的企业报酬概念，包括以下三部分。

第一，直接货币报酬：工资、薪水、奖金、佣金和红利等；

第二，间接非货币报酬：以福利、保险等间接、非货币形式支付的物质报酬；

第三，非物质形式报酬：工作晋升、表扬等精神薪酬。

2. 薪酬管理的概念

薪酬管理，就是企业管理人员对企业员工薪酬的支付标准、要素结构进行分配、确定和调整的过程。在此过程中，企业需要就薪酬水平、薪酬体系、薪酬结构等作出决策，同时，还需要根据企业战略的调整，持续不间断地对企业的薪酬战略进行调整，制定符合企业发展需要的、能够在稳定核心人才和激励员工方面起到关键作用的薪酬体系是薪酬管理所追求的目标。通常来讲，薪酬管理需要遵循以下原则：一是公平原则，包括外部公平、内部公平、机会公平。二是竞争原则，强调高于竞争对手的薪酬水平。三是激励原则，是指薪酬管理应该在最大限度上激励员工，并有利于企业实现既定经营目标。即通过影响员工物质需求的实现，促使其提高工作积极性，引导他们在企业经营中的行为。

3. 激励的概念

激励，简而言之就是调动人的工作积极性，促使其充分发挥潜在的能力。从组织的角度来说，管理者激励下属，就是要激发和鼓励下属朝着组织所期望的目标表现出积极主动的、符合要求的工作行为。激励原本是心理学的概念，表示某种动机如何产生以及产生的原因是什么，人们朝向既定的目标前行所产生的心理活动是怎样的。因此，激励可以理解为一种起到推动、促进作用的精神力量，在某种程度上可以发挥行为导向的作用。一些专家学者认为，激励是主体通过运用一些手段或方式来刺激客体以达到预期的目标。在一些大中型企业中，激励的目标就是调动各个岗位员工的工作积极性、创造性，达到企业盈利的目的。

美国管理学家贝雷尔森（Berelson）和斯坦尼尔（Steiner）给激励下了如下定义："一切内心要争取的条件、希望、愿望、动力等都构成了对人的激励，它是人类活动的一种内心状态。"

佐德克（Zedeck）和布拉德（Blood）则认为，激励是朝某一特定目标行动的倾向。爱金森（Atchinson）认为，激励就是对方向、活力和行为持久性的直接影响。盖勒曼（Gellerman）认为激励是引导人们朝着某些目标行动，并花费一些精力去实现这些目标的驱动力。沙托（Shartle）认为激励是"被人们所感知的从而导致人们朝着某个特定的方向前进或为完成某个目标而采取行动的驱动力和紧张状态"。

综上所述，激励就是单位或组织通过适当的奖酬形式和工作环境，以一定的行为规范和措施，借助信息沟通，来激发、引导、保持和规范组织成员的行为，以有效地实现组织及其个人目标的过程。我们还可以再列出一些定义，但多数定义似乎都基本上强调了同样的内容，即一种驱动力或者诱发力。显然，这些驱动力或诱发力都是基于未满足的需要。因此可以说，激励的核心就是满足员工的个人需求。是激励的心理过程，如图2.1所示。

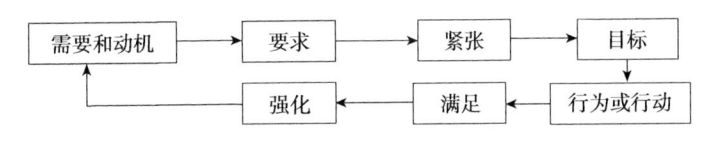

图 2.1 激励的心理过程

2.2.2　企业薪酬激励的理论基础

马斯洛的需要层次理论和赫茨伯格的双因素理论是薪酬激励的理论基础。需要激励理论是对激励的原因和激励作用因素进行具体研究的结果。

1. 马斯洛的需要层次理论（Hierarchy of Need Theory）

马斯洛（A.maslow）在1943年出版的《调动人的积极性理论》一书中明确指出，人类是有"需要的动物"，人类不但有经济上的需要，更有社会等方面的需要。他把人类的需要按其重要性从低到高依次分为生理需要、安全需要、归属需要、受人尊重的需要和自我实现需要五大类。

马斯洛认为，人类的需要是以层次出现并呈阶梯形逐层上升的。当较低层次的需要得到满足时，它就失去了对行为的激励作用，而追求更高一层次的需要满足就成为激励人类行为的驱动力。马斯洛还认为，并非所有的人都具有从低层到高层的五种需要。许多人的需要只停留在低层次阶段，层次越高需要的人就越少。

2. 赫茨伯格的双因素理论（Dual-Incentive-Factor Theory）

美国心理学家赫茨伯格在进行了大量调查研究后发现，影响员工绩效的因素有直接因素和非直接因素。因而他在20世纪50年代提出了"保健因素—激励因素理论"，又称双因素理论。

赫茨伯格所谓的激励因素，就是能够激发员工的积极性，提高其工作效率的因素。他认为激励因素是工作的一部分，即与员工职务或工作本身有关的因素，它对员工的工作起着直接激励的作用。激励因素包括：工作成绩得到承认、工作本身具有挑战性、责任感、个人发展和提升等。他认为保健因素包括：企业组织的政策和行政管理、基层管理人员的质量、与主管人员的关系、工作的环境与条件、薪金、与同级下级的关系和安全感等。赫茨伯格认为这些都属于外部因素，只能维护职工心理健全、保障其不受挫折，不能起到直接的激励作用，但没有它们会导致员工的不满。

赫茨伯格的双因素理论与马斯洛的需要层次理论大体上是相符的，他的保健因素相当于马斯洛的低层次需要，而激励因素则相当于高层次的需要。但赫茨伯格更强调激励因素中以工作为中心的有关因素的重要性。

双因素理论告诉我们，满足各种需要所引起的激励深度和效果是不一样的。物质需求的满足是必要的，没有它会导致不满，但是即使获得满足，它的作用也是很有限的、不能持久的。要调动人的积极性，不仅要注意物质利益和工作条件等外部因素，更重要的是要注意工作的安排、量才使用、个人成长与能力提升等，注意对人进行精神鼓励，给予表扬和认可，注意给人以成长、发展、晋升的机会。因为随着人们物质"小康"的实现，人们对精神"小康"的需求也越来越迫切，所以精神激励比物质激励更能体现对人的关注，也更具持久性。

3. 斯达西·亚当斯的公平理论（Equity Theory）

根据斯达西·亚当斯（J.Stacey Adams）的公平理论，一个员工通常会估计自己的收益与投入的比率并和别人的收益与投入的比率做比较，还会将自己现在的收益和投入的比率和过去收益与投入的比率做比较，以此来确定自己是否被公平地对待。所有员工都希望自己在企业中被公平地对待，企业员工的公平感往往来自于薪酬方面。公平理论用公式描述如图 2.2 所示。

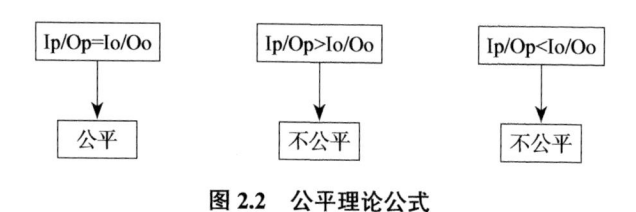

```
Ip/Op=Io/Oo        Ip/Op>Io/Oo        Ip/Op<Io/Oo
    ↓                  ↓                  ↓
  公平               不公平              不公平
```

图 2.2　公平理论公式

Op —— 个体对自己所得到报酬的主观感觉；

Ip —— 个体对自己所做投入的主观感觉；

Oo —— 个体对与之比较的他人所得报酬的主观感觉；

Io —— 个体对与之比较的他人所做投入的主观感觉。

有关调查发现，通常情况下，人们总是过高地估计自己的投入和别人的收入，即大多数人都认为自己受到了不平等的待遇。实际上也存在员工感到自己被过度补偿的情况，但这种情况下员工一般不做反应，当然也可能更加努力地工作，或无偿地去承担自己任务以外的工作。

如果员工感到不公平，他们通常会通过以下几种方法修正这种不公平感：试图提高自己的收入，降低自己的投入，改变自己的观念；试图增加别人的投入，选择新的比较对象，辞职另觅高就。员工最常用的两种方法就是降低自己的投入和辞职。公平理论可以很好地解释我国部分企业中员工工作积极性不高以及人员流失严重的现象。

4. 弗罗姆的期望理论（Expectancy Theory）

弗罗姆（Victor Vroom）认为，人们之所以采取某种行为是因为他觉得这种行为可以帮助自己达到某种结果，并且这种结果对他有足够的价值。用公式表示期望理论就是：

动机激励水平 = 效价（效果的可能性）× 期望（效果的价值）❶

以奖酬为例，虽然公司规定达成某一工作指标可以得到丰厚的奖励，但是如果员工认为达到这一指标的可能性很小，则不会付出较大的努力。动机和绩效的关系并不是绝对化的，能力和机遇对于绩效也有非常重要的作用。因此可以认为员工的工作绩效是能力、动机和机遇三者相结合作用的结果。

期望理论也就是推动人们去实现目标的力量，是两个变量的乘积，如果其中一个变量为零，激励的效用就等于零。效价是企业和团队的目标达到后，对个人有什么好处或价值，及其价值大小的主观估计。期望值是达到企业目标的可能性的大小，以及企业目标达到后兑现个人要求可能性大小的主观估计。这两种估计在实践过程中会不断修正和变化，发生所谓"感情调整"。如，当某员工认为自己有能力完成这项任务，完成任务后估计老板肯定会兑现加薪的诺言，而增加工资正是他的最大期望，所以，他工作的积极性肯定很高。任何一个变量的变化，都会影响到工作的积极性。管理者的任务就是要使这种调整有利于达到最大的激发力量。因此，期望理论是过程型激励理论。

---

❶ 托马斯·B.威尔逊，2001.薪酬框架——美国39家一流企业的薪酬驱动战略和秘密体系[M].陈红斌，等，译.北京：华夏出版社：114-119.

5. 斯金纳的强化理论（Reinforcement Theory）

斯金纳的强化理论是美国的心理学家和行为科学家斯金纳、赫西、布兰查德等人提出的一种理论，是以学习的强化原则为基础的关于理解和修正人的行为的一种学说。主要观点如下。

所谓强化，从其最基本的形式来讲，指的是对一种行为的肯定或否定的后果（报酬或惩罚），它至少在一定程度上会决定这种行为在今后是否会重复发生。斯金纳提出了一种"操作条件反射"理论，认为人或动物为了达到某种目的，会采取一定的行为作用于环境。当行为的后果对实施者有利时，这种行为就会在以后重复出现；不利时，这种行为就减弱或消失。人们可以用这种正强化或负强化的办法来影响行为的后果，从而修正其行为，这就是强化理论，也叫作行为修正理论。管理者通过各种强化手段，能够起到有效激励员工的作用。

在管理实践中，常用的强化包括正强化、负强化和自然消退三种类型。

第一，正强化，又称积极强化。是指对人的某种行为给予肯定和奖赏，以使其重复这种行为。当人们采取某种行为时，如果能从他人那里得到某种令其感到愉快的结果，那么这种结果反过来就会成为推进人们趋向或重复此种行为的力量。例如，企业用某种具有吸引力的结果（如奖金、休假、晋级、认可、表扬等），以表示对员工努力进行安全生产的行为的肯定，从而增强员工进一步遵守安全规程进行安全生产的行为。

第二，负强化，又称消极强化。是指对人的某种行为给予否定或惩罚，以防类似行为再次发生。如果员工某种不符合要求的行为引起了不愉快的后果，企业管理者就会对该行为予以否定。若职工能按企业要求的方式行动，就可减少或避免不愉快情况的发生，从而也增大了职工符合要求的行为重复出现的可能性。例如，企业安全管理人员告知工人，不遵守安全规程就要受到批评，甚至得不到安全奖励，工人为了避免此种不期望的结果，就会认真按操作规程进行安全作业。

第三，自然消退，又称衰减。它是指对某种不良行为不予理睬，采取视而不见的态度，是对原先可接受的某种行为强化的撤销。由于在一定时间内不予强化，此行为将自然下降并逐渐消退。例如，企业曾对职工加班加点完成生产定额给予奖酬，后经研究认为这样不利于职工的身体健康和企业的长远利益，因此通过取消奖酬，使加班加点的职工逐渐减少。

强化的主要功能，就是按照人的心理过程和行为的规律，对人的行为予以导向，并加以规范、修正、限制和改造。它对人的行为的影响，是通过行为的后果反馈给行为主体这种间接方式来实现的。人们可根据反馈的信息，主动适应环境刺激，不断地调整自己的行为。

6. 利姆·波特—劳勒的综合激励理论（Synthesis Inspirit Theory）

美国心理学家、管理学家利姆·W. 波特（Lyman W.Potter）和爱德华·E. 劳勒（Edward E.Lawler）在期望理论的基础上提出了一个实际上更为完善的激励模式❶，如图 2.3 所示。

---

❶ MBA 必修核心课程编译组，1997. 人力资源、组织与人事 [M]. 北京：中国国际广播出版社：358.

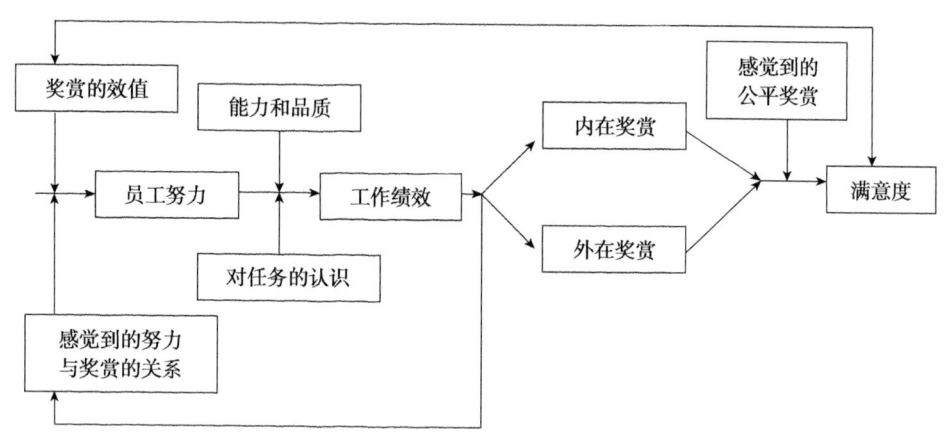

图 2.3 综合激励模型

波特与劳勒认为：个人是否努力以及努力的程度不仅仅取决于奖励的价值，而且还受到个人觉察出来的努力和受奖励的概率的影响；个人实际能达到的绩效不仅仅取决于努力的程度，还受到个人能力大小以及对任务了解和理解程度的影响；个人所应得的奖励应当以其实际达到的工作绩效为价值标准，尽量剔除主观评估因素；个人对所得到的奖励是否满意以及满意的程度，取决于受激励者对于获得报酬公平性的感觉；个人是否满意以及满意的程度将会反馈到其完成下一个任务的努力过程中。

通过对波特与劳勒激励模型的分析，我们发现激励和绩效之间并不是简单的因果关系，要想使激励产生预期的效果，必须考虑到奖金的内容、薪酬制度、组织分工、目标设置、公平考核等一系列综合因素，并注意个人满意程度在努力中的反馈。

2.2.3 企业薪酬激励的含义及在儒家思想中的体现

薪酬激励就是有效地提高员工工作的积极性，在此基础上促进效率的提高，最终能够促进企业的发展。在企业盈利的同时，员工的能力也能得到很好的提升，实现自我价值。激励是管理的核心，而薪酬激励又是企业激励中最重要的也是最有效的激励手段。薪酬激励的目的之一是有效地提高员工工作的积极性，在此基础上促进效率的提高，最终促进企业的发展。在企业盈利的同时，员工的能力也能得到很好的提升，实现自我价值。

企业薪酬激励是企业薪酬体系和激励相结合的产物，是激励在企业薪酬体系中的充分体现。建立合理的企业薪酬激励机制就是要在企业的薪酬设计中充分考虑到激励这一因素，使企业的薪酬尽可能地发挥作用，激发员工的积极性和创造性。

我们知道，就目前情况而言，与西方发达国家相比，我国人民的生活水平还比较低，绝大多数人仍停留在满足生理需要这一层次，薪酬对他们来说具有绝对重要的意义，薪酬的提高暂时不会出现像西方发达国家劳动者那样用闲暇来替代收入的现象。无论是马斯洛的需要层次理论，还是赫茨伯格的双因素理论，都告诉我们：企业的最迫切的需要是激励员工的行为动机。正因为如此，我们才可以通过建立现代企业薪酬体系，有效利用薪酬这个杠杆，来激励劳动者的生产积极性行为，从而实现企业的盈利目标。

另外，每个人的需要是不一样的。我们说目前绝大多数人仍停留在满足生理需要这一层次，但并不排除某些人有自我实现的需要。事实上，随着我国经济的发展，不少人的生理需要已经得到了满足，对自我实现的需要越来越看重。

而且，那些处于需要层次底层的人，在追求生理需要满足的同时，也渴望自身价值的实现。这样，我们在建立现代企业薪酬体系时，必须提供一种能够满足自我实现需要的机会，要达到这一点，就要求现代企业薪酬体系能充分调动人们发挥能力、提高技术、发掘自身潜力的积极性，允许他们发展和使用具有创造性和革新精神的方法，而这恰恰是赫茨伯格的双因素理论中的激励因素。薪酬激励理论对现代企业薪酬体系建立有以下启示。

第一，企业支付的基本薪酬必须发挥对员工的保障功能，即确保员工能够获得满足基本生活所必需的经济来源，但这只能使员工没有不满意，并不会产生较高的激励作用。

当今，有些企业家认为，只要多发奖金，增加福利，就能刺激员工拼命工作。这种认识是片面的，也是有害的。金钱固然能够激励人的积极性，但这种激励作用是有限的，不可能持久。人有多层次的需要，除了基本的生存需要、安全需要外，还有更高层次的诸如人际交往、自尊与自我实现的需要。金钱只能满足人们基本的需要，一旦基本的需要得到满足后，人们就会追求更高层次需要的满足，在更高层次上，留给金钱的立足之地就不多了。人与人之间的关心、同情、尊重、支持、鼓励和理解，是人们高层次需要得到满足的土壤，企业家关怀员工，正是为企业员工高层次需要的满足创造最佳的环境，其对员工积极性的激励力量，较之金钱更持久有力。重视人与人之间的关系，富于道德精神，这正是我们今天的许多企业所缺少的，同时也是进行薪酬体系建设所致力于追求的重要方面。

第二，薪酬必须准确反映出员工个人的努力程度，要恰当把握好不同员工之间的薪酬水平。薪酬差距涉及不同劳动者之间的关系，差距的大小会改变劳动者对薪酬的评价。而薪酬的激励动力与薪酬的公平性是密不可分的,把握薪酬差距是建立薪酬体系过程中必须要注意的问题。只有这样,才能提高劳动者个人的期望值,从而发挥出薪酬的杠杆作用。孔子曰:"丘也闻有国有家者,不患寡而患不均,不患贫而患不安。盖均无贫,和无寡,安无倾。"其中"不患寡而患不均"的治理国家的方略同样适用于对企业薪酬的管理。试想:如果干多干少一个样、干好干坏一个样,怎么能调动劳动者个人的生产积极性?而这恰恰是我国企业当前薪酬分配需要克服的问题。

第三,要有效地发挥薪酬的激励作用,还需要与其他激励手段相结合,思考将货币性激励和非货币性激励相结合的方法。当今社会,员工的个性化需求不断受到关注,对员工的激励不能仅依赖于对员工经济需要的满足,员工在认可、责任、成就等方面的需要也必须得到重视。成就需要理论的创始人麦克利兰认为,成就需要是一个人追求卓越、争取成功的内驱力。

儒家高度重视人的成就需要,确定了"尊贤使能""俊杰在位"的用人标准,体现了尊重知识、尊重人才的激励思想,倡导通过满足贤能者的成就需要,实现其个人价值和社会价值的统一。孟子在《孟子·公孙丑》中指出:"……贵德而尊士,贤者在位,能者在职;国家闲暇,及是时,明其政刑。虽大国,必畏之矣。"认为统治者只有以德为贵,以士为尊,使有德行的人居于相当的高官,有才能的人担任一定的职务,才能满足贤能者的成就需要,才能激发其工作热情,使"天下之士皆悦,而愿立于其朝矣"。

第四,薪酬形式必须与劳动者个人的愿望相符合。激励的起点是满足员工的需要,但员工的需要因人而异、因时而异,并且只有满足最迫切需要(主导需要)的措施,其效价才高,其激励强度才大。因此,领导者必须深入地进行调查研究，不断了解员工需要层次和需要结构的变化趋势，有针对性地采取激励措施，才能收到实效。

不同层次需求的人，对从工作中得到薪酬的期望是不一样的，也就是说，人们对其获得的薪酬的效应是不同的。因此，为了提高薪酬的期望值，从而提高薪酬的激励力，对不同层次的员工实行不同形式的薪酬措施就成为必然。《论语·述而》中说："富而可求也，虽执鞭之士，吾亦为之。"认为财富如果是可以求得的，那么即便是执鞭这样的低级职务，我也愿意担任。

第五，企业内部的薪酬水平应与整个劳动力市场劳动力价格相适应。员工对薪酬的权衡比较，不仅会在企业内部进行，还会在企业外部进行，即会将自己的薪酬与市场上的同类薪酬相比较。如果员工获得的薪酬与市场同类薪酬差距很大，那么，他要么会消极怠工、要么会离企业而去。

2.3 儒家的管理思想对现代企业薪酬激励的借鉴意义

2.3.1 "惠则足以使人"的物质激励

"惠"，好处，给人财物。"惠则足以使人"即给人恩惠，就足以使用人了。孔子认为只有满足人的物质利益需要，才能调动人的工作积极性。

第一，充分肯定"民"之"利"。传统观点认为儒家重义轻利，片面认为儒家只重视义，对利完全轻视。这是对儒家义利观的错误认识。儒家不是完全否定利,而是一再强调要在义的前提下追求利,要追求大利、公利,反对的是违背义的原则获得的小利、私利。儒家对利的前提界定就是:求之有道。在《论语·里仁》中,孔子说,"富与贵,人之所欲也"。这肯定了人追求利的合理性。在《论语·述而》中,孔子明确表示,"富而可求也,虽执鞭之士,吾亦为之"。可以看出,孔子不但肯定了利存在的必要性,而且非常重视利。儒家义利观在对民众(下属)的管理上的价值取向是充分肯定"民"之"利",而且主张先利后义,义利结合,孔子所说的"博施于民而济众"就是对"民"之"利"的充分肯定。

第二,"惠则足以使人"(《论语·阳货》)。既然"利"是正当的,是激发人的劳动热情的物质手段,那么,管理者就应该给民以"利",使民得"惠"。让民众有物质生活的保障,才能发挥其劳动积极性。孟子发扬了孔子的这一思想,提出了"恒产"说,即"是故明君制民之产,必使仰足以事父母,俯足以畜妻子,乐岁终身饱,凶年免于死亡。"(《孟子·梁惠王上》)明智的君主一定要让百姓富裕起来,拥有自己的房产(产业),使其上能赡养父母,下能养育妻子儿女。只有使民众丰衣足食,才能保证他们有稳定的情绪、健康的思想、积极的工作态度。

第三,"因民之所利而利之"。作为物质激励的"利"不是管理者主观想象的结果,而是根据民众的实际需要来确定的。这里体现了激励手段的多样性,即根据不同人的不同需要,采取不同的激励方式。

第四,"惠而不费"。给民以惠不是无原则的,而是有严格的要求的。既是使百姓感到自己得到了"惠",从而调动了工作积极性,又使管理者为此付出的代价是"无所耗费"。这实际上是主张兴办功在国、利在民,国家投入少,社会效益大的事业,坚持以尽可能少的代价取得尽可能多的成果的经济原则。

2.3.2 "修己安人""为政以德"的精神激励

第一,"修己安人"的表率激励。孔子一贯重视管理者的表率作用,提出了一系列的激励思想。孔子曰:"政者,正也。子帅以正,孰敢不正?"(《论语·颜渊》)又曰:"其身正,不令而行;其身不正,虽令不从。"(《论语·子路》)"修己以安人,修己以安百姓。"(《论语·宪问》)孔子强调管理者的表率激励作用,认为只有使管理者自身不断完善,才可以治国,使国家长治久安。"古之欲明德于天下者,先治其国;欲治其国者,先齐其家;欲齐其家者,先修其身。"(《大学》)只有管理者个人的道德修养提高了,才能使社会安定、天下太平。孔子还把管理者自身的品质和行为对群众的影响比喻为风和草的关系,认为"君子之德风,小人之德草。草上之风,必偃。"(《论语·颜渊》)。其意为:风往东吹,草必东倒;风往西吹,草必西倒;下面风气不正,原因是从上面来的。因此,管理者必须先正己,为政以德,以自己的表率作用激励民众上行下效,实现共同的管理目标。

第二,"爱而用之"的情感激励。儒家一贯主张"爱民""利民"。"爱民"是对民众施以仁政,"利民",又称裕民,即施民以惠。荀子认为"爱民""利民"都有激励的作用。但是爱民绝不是讨老百姓的欢心,向民众施小恩小惠,该用民力而不用,该兴办的事业而不兴办,而是要"审劳逸",既要使百姓努力从事各项事业,又要使他们能够得到休息,做到劳逸结合,不能使百姓劳而不息。使用民力要选择合适的时间,尽量减轻人民的负担,"使民夏不宛喝,冬不冻寒,急不伤力,缓不后时"(《荀子·富国》)。对百姓要坚持"爱而用之"的原则,"不爱而用之,不如爱而后用之之功也"(《荀子·富国》)。只有爱民、利民,才能达到"爱民而安,好士而荣……"的激励效果。

第三,"天下归仁"的目标激励。目标管理理论的代表人洛克提出,目标是人类行为最直接的调节或决定因素,管理者要善于利用目标来激励和调整人的行为。儒家在两千多年以前就高度重视目标对人的激励作用,确定了"天下归仁"这一政治原则、道德准则,亦即管理目标。"仁"是孔子思想的核心,孔子在《论语》中先后109次使用"仁"这个概念。"仁"的含义按《说文解字》解释是"仁,亲也,从人从二"。孔子解释为"爱人",孟子释为"仁者,爱人"。儒家认为,有了爱人的道德品质,对民众来说,才能处理好人与人之间的关系,忠于君主,孝顺父母;对于管理者来说,只有"惟仁者宜在高位",才能"仁则荣,不仁则辱",才能"率天下为仁"。孔子的"无求生以害仁,有杀生以成仁"的思想曾激励了无数仁人志士,成为中华民族自强不息、奋发向上的精神动力。

第四,"尊贤使能"的成就激励。成就需要理论的创始人麦克利兰认为,成就需要是一个人追求卓越、争取成功的内驱力。儒家高度重视人的成就需要,确定了"尊贤使能""俊杰在位"的用人标准,体现了尊重知识、尊重人才的激励思想,倡导通过满足贤能者的成就需要,实现个人价值和社会价值的统一。孟子在《孟子·公孙丑》中指出:"……贵德而尊士,贤者在位,能者在职;国家闲暇,及是时,明则政刑。虽国大,必畏之矣。"统治者如果真的打算实行仁政,那就必须以德为贵,以士为尊,使有德行的人居于相当的高官,有才能的人担任一定的职务。只有这样,才能满足贤能者的成就需要,才能激发其工作热情,同时通过示范作用和心理疏导,使"天下之士皆悦,而愿立于其朝矣"。

2.3.3 "无功不赏，无罪不罚"的正负激励

奖惩、赏罚是鉴于古今、行之中外的激励手段。美国心理学家斯金纳的强化理论把强化（激励）分为两个方面，即正强化（正激励）和负强化（负激励）。正强化是对员工符合组织目标期望的行为进行奖励，使这种行为更多地出现，更好地调动员工的积极性；负强化就是对员工违背组织目标的非期望的行为进行惩罚，以使这种行为不再出现，使犯错误的员工朝正确的方向转移。一正一反，一奖一惩，树立了正反两方面的典型，从而产生无形的压力，在组织内形成一种好风气，使群体和组织的行为更积极、更富有生气。儒家的"无功不赏，无罪不罚"的思想与强化理论的正负激励不谋而合。荀子认为，赏罚是"一人之本也，善善恶恶之应也，治必由之，古今一也"。"一人"即"一民"，亦即统一和治理人民。其意为赏罚是治理人民的根本。人们因为竞赏，所以进取；人们为了惧罚，所以也进取。因此，赏罚具有激励作用。

荀子认为赏罚要坚持以下三个原则：第一，无功不赏，无罪不罚。即"王者之论，无德不贵，无能不官，无功不赏，无罪不罚……百姓晓然皆知，夫为善于家而取赏于朝也，为不善于幽而蒙刑于显也"（《荀子·王制》）。第二，"赏不欲僭，刑不欲滥"。僭，逾越法度。即奖赏不能逾越法度，刑罚不能滥用。第三，刑不过罪，爵不逾德。荀子说："刑罚不怒罪，爵赏不逾德，分然以其诚通。是以为善者劝，为不善者沮；刑罚綦省而威行如流，政令致明而化易如神。"总之，荀子认为赏罚作为激励的手段，必须行之有效，赏罚不行就会使国家失去

激励、控制的作用，就会"万物失宜，事变失应，上失天时，下失地利，中失人和，天下敖然，若烧若焦"。这样带来的直接后果是使天下贫穷，无益于国家的富足，所以要"赏以兴功，罚以禁奸"。

第3章　我国企业薪酬激励现状及相关分析

3.1　我国企业的薪酬激励现状

3.1.1　我国企业薪酬体系的演变

在我国,"工资"是薪酬最重要的组成部分。在计划经济体制下,薪酬体系实质上是通过立法和行政手段来确定工资分配制度和分配方式,而且即使在现阶段,国有企业仍然占有很大比重,所以我国薪酬体系的演变过程在很大程度上就是我国国有企业工资制度的改革历程。中华人民共和国成立以后我国企业工资制度经历了以下五个发展阶段。

1. 新旧体制并存阶段（1949—1952年）

中华人民共和国成立伊始,我国一些企业中供给制和旧工资制度并存。因为当时我国正在进行社会主义改造，所以对于一些国家派往企业的接管干部实行供给制，对于企业中的留用人员和工人则仍保留原来的旧工资制度。按照当时的政策，原有企业人员按中华人民共和国成立前三个月平均工资额来确定工资标准。

2. 统一实行"工资分"制度（1952—1955年）

1952—1955年，我国实行了第一次工资改革。这次改革以各大行政区为单位进行，主要是以统一的、合理的、科学的制度代替国民党遗留下来的不合理的制度，因此，提出以"工资分"为全国统一的工资计算单位。每一工资分的分值均以统一规定的实物，而不是以货币计算。这有点类似于现在的"自助式福利"中的福利点数。例如，当时每一工资分含粮食0.8斤（1斤=500克）、植物油0.05斤（1斤=500克）、白布0.2尺（1尺=33.3厘米）。实行工资分制度主要是因为当时各地物价水平和消费水平差距太大，不利于统一全国的工资水平。工资分制不是一种独立工资制度，只是中华人民共和国成立初期由供给制向货币工资转变的一种过渡形式。

3. 高度集权的工资等级制度（1956—1978年）

随着物价稳定和职工生活的改善，工资分制度已失去保障的意义，而且矛盾也越来越多，因此，1955年国务院发布了《关于国家机关工作人员全部实行工资制和改行货币工资制的命令》。1956年，国务院又做出了关于工资改革的决定，这次改革取消了工资分制，实行统一按货币规定工资标准的工资制度，在实行货币工资制的同时建立了等级工资制。企业等级工资制的具体内容是：

企业内部根据职工职务高低、责任大小、工作繁简及技术复杂程度实行有差别的职务工资制，在企业工人中推行 8 级工资制，并将全国划分为 11 个工资区，各类工资区分别确定不同的工资标准。第 II 类地区工作人员的工资比第 I 类地区同一级别人员高 30%，每一类之间的差距为 2.8%。这次改革在全国范围内统一了工资标准，为我国现行工资制度奠定了基础。

4. 改革开放后实行有部分自主权限的工资等级制度（1978—1994 年）

随着国家经济体制改革的深入，国有企业内部工资制度改革也随着放权让利、承包经营责任制的实行而逐步推进。如通过放权让利，国家允许企业按盈利的一定比例提取奖金，通过承包经营责任制，企业工资和调控中引入了计划与市场结合的机制。1986 年，国家提出了企业"自主经营、自负盈亏、自主分配、国家征税"的工资体制，使企业内部获得更大的自主空间。1988 年国家在全国范围内推行工效挂钩；1990 年，提出国家宏观调控分级分类管理、企业自主分配的工资体制，使企业有权在国家规定的工资总额和有关工资政策的范围内，自主决定内部分配的方式和办法。这期间大部分企业开始实行工资等级制度，有部分企业开始对传统的等级工资制进行了改革，探索实行新的基本薪酬制度——岗位技能工资制。

5. 现代企业制度由岗位技能工资制向岗位工资制转变（1994 年以后）

随着现代企业制度目标的确立，企业工资分配制度改革进入了目标明确、全方位推进的新阶段。1994 年提出"市场机制决定、企业自主分配、政府监督调控"的工资改革目标体制；1999 年又提出"市场机制决定、企业自主分配、职工民主参与、政府监控指导"的目标模式。这些政策的出台使国有企业真正拥有了自主分配的权限,但这期间国有企业实行的基本薪酬制度仍是岗位技能工资制,考虑到岗位技能工资制的弊端,2000年,国家经济贸易委员会(以下简称经贸委)下发了《国有大中型企业建立现代企业制度和加强管理的基本规范(试行)》以下简称《基本规范》;与此同时,劳动和社会保障部也发布了《进一步深化企业内部分配制度改革的指导意见》,要求建立以岗位工资制为主要形式的工资制度,明确岗位职责和技能,实行以岗定薪,岗变薪变。至此国有企业内部工资分配制度又开始转向岗位工资制。

企业工资制度变迁的历史表明:随着经济体制改革的进行,企业工资制度的改革也逐渐深入。在工资分配制度涉及的四个方面中,基本薪酬制度发生了巨大的变化,它经历了从"工资分"等级工资制度、岗位技能工资制到岗位工资制的变革,每次改革都适应了当时的实际需要,总体上符合市场化取向的要求。但是我们也应当看到,每次工资制度改革都只完成了阶段性的任务,始终没有走出计划经济的范畴,即便是2000年下发的《基本规范》,也是全国企业一个模式,因此还没有完全按现代企业制度要求,由企业自行决定内部分配;对于不同企业价值取向、生产特征的差异,同一企业在不同生命周期阶段的战略差异,以及企业内部员工之间的差异,都没有做全面充分的考虑。

3.1.2 不同所有制企业薪酬激励的特点分析

企业在激烈的市场竞争中制胜的关键是拥有核心竞争力,而核心竞争力的关键在于留住核心人才,薪酬激励作为最主要的激励手段,直接关系到人才的去留，关系到企业的竞争力和整体实力。然而，由于我国经济体制及工资制度的改革，薪酬体系受多种因素的影响，不同所有制类型的企业薪酬激励也有所不同。

1. 国有企业薪酬激励的特点

近年来国有企业的改革获得了巨大的成功，也得到了长足的发展，留住和吸引了大量的优秀人才，但国有企业薪酬激励理念仍相对落后，由于受计划经济体制影响较深，导致在薪酬激励管理机制上仍存在思想僵化问题。一些国企也进行了一些变革，如学习国外的先进管理理念，但是很多机制与我国实际情况不相符，未能有效发挥作用，具体表现在以下几方面。

（1）平均主义导致的不公平现象还广泛存在。

受传统计划经济"不患寡而患不均"观念的影响，"大锅饭"的分配原则仍旧是国有企业薪酬激励中存在的问题，也是薪酬体制改革的"瓶颈"。平均分配主义表现在同级员工间的收入差别不大，同一岗位无论工作绩效如何，收入基本稳定；如果有差距基本上是因为资历方面的因素，如工龄不同。这种不体现岗位的价值差别，不区分岗位责任大小、劳动强度的薪酬体系，对员工是不公平的，更不存在激励作用。平均主义导致的不公平现象给企业造成严重的负面影响，企业人才流失、企业缺乏活力等严重制约了企业的发展。同时，大部分国有企业内部并未设立薪酬绩效评估岗位，导致了薪酬分配不均的情况，如一些辅助、后勤及行政岗位的薪酬很难去评价；还有一些国有企业又过于平均，有失公平。

（2）物质激励多于精神激励。

物质激励是通过物质因素刺激员工的激励手段，让员工工作更加勤奋，其形式主要有增加工资、补贴、奖金等方式。精神激励是内在的，往往都是无形激励，包括员工工作上的成就感、自我价值的实现等。许多国有企业在实行物质激励机制的过程中，往往只着重于用金钱的形式表现对员工的激励，只重视直接给予员工的物质激励，而忽视了间接给予员工的物质激励。许多国有企业建立的薪酬体系相当不完善，主要表现为员工的社会福利缺失，有些员工竟然没有任何保险。

（3）薪酬激励缺少规范化、定量化。

当前形势下国有企业薪酬管理普遍缺少考核体系，存在领导拿的多、员工拿的少的现象。工资体系不是按照业绩建立，而是论资历、凭关系，论资排辈现象严重，以致考核大多凭经验进行，而不是将职工的劳动环境、劳动技能、劳动强度、劳动责任等因素考虑到规范化评价体系中去，考核结果不足以充分体现不同劳动价值，致使企业薪酬激励缺乏公平性和针对性。国有企业通过参与市场改革，取得了一定的进步，但真正的业绩导向型薪酬体系还没有建立。能者上庸者下，业绩优异者得到激励和晋升机会，业绩低下者受到惩罚甚至是降职处理等机制在某些国有企业中还没有真正建立起来，薪酬管理制度普遍缺少规范化、定量化。很多国企高管的薪酬并未和企业的绩效挂钩，都是采用"一刀切"的方式。如果国企高管薪酬过高，就失去了公益法人的本质；然而，如果国企高管薪酬太低又会造成高管人才的流失。

（4）薪酬激励形式单一。

激励机制的出发点是满足员工的需求，而员工的需求也存在差异性和动态性，所以，企业的激励机制也应适时地变化。例如，对普通员工要提供相应的技术培训；对技术人员和管理人员，除了提供培训机会之外，还应该提供一系列的较高待遇。许多国有企业对全部员工采用同样的激励机制，没考虑员工需求的差异性，所以企业管理者应联系企业实际情况与员工需求，发展出一套具有多样性和差异性的激励机制。当前，我国许多国有企业大多都采用员工持股、隐形福利等激励手段，薪酬激励的效果不太明显。很多国有企业的激励手段相对单一，缺少精神激励和物质激励，如果单纯地依靠股票激励手段，还需要有一个完善的金融市场。同时，薪酬激励的数额十分有限，这些收入远不如其他的灰色收入，这样势必会导致薪酬激励的效果不明显。

2. 民营企业薪酬激励的特点

民营企业作为我国社会主义市场经济的重要组成部分，逐渐成为我国市场经济发展的一支主力军。目前，民营经济在我国国民经济中的地位越来越重要，尤其是在一些竞争性行业中，民营机制灵活、管理高效的优势得到了充分发挥。据统计，我国民营企业的寿命较短，平均只有2.9年。从另一个角度看，民营企业的人才流动率接近50%，远高于优秀企业的人才流动率15%。民营企业能否在市场浪潮中站稳脚跟，一个极其重要的因素是这些企业能否留住各类人才。薪酬作为最具有激励作用的因素，对于提高民营企业员工积极性、促进民营经济快速发展起到了非常重要的作用。其薪酬激励特点如下。

（1）薪酬激励方式灵活，作用明显。

与国有企业相比，民营企业的股东多为自然人或私人企业，公司资产的所有权完全归少数"老板"所有。因此在决策管理时，只需对私人利益或少数投资者负责即可。民营企业一般通过绩效工资或奖金来对员工进行较强的激励，并能根据员工差异化需求随时调整激励政策，所以在一定时期内是比较适合员工需求的。另外，在民营企业中，业绩导向、利润至上的原则占据主流，决策效率高的特点使激励的方式和时机比较容易把握，因此能对业绩优秀者进行有效的激励。

（2）薪酬设计公平性、透明性差。

民营企业管理层往往只注意到薪酬设计结果的公平性，却忽视了薪酬等级、薪酬标准这些直接影响到企业员工最终利益所得的设计是否欠缺公平。由于民营企业产权相对集中，较多民营企业的薪酬发放程序不透明，发放过程也讳莫如深，不进行公示。部分民营企业在发展起步时无力顾及上述问题，但这种习惯一旦形成，将极大制约企业在今后发展过程中人才战略的实现。岗位晋升带来的正负激励在民营企业激励过程中产生了很大的作用，但在使用过程中，普遍存在晋升、降职比较随意的现象，这就使员工岗位的调整失去了可信度和认可度，影响了业务开展甚至降低激励的效果。无论是对岗位晋升的激励还是对岗位降职的处罚，员工都不会感到那么严重，激励效果大大降低。

（3）薪酬激励制度不健全。

众所周知，薪酬概念宽泛，目前，许多民营企业的管理层一般将"薪酬"理解为我们所说的"外在薪酬"，而忽视了"内在薪酬"。民营企业薪酬构成以及薪酬计算发放没有明确说明，缺乏与员工薪酬计量直接相关的绩效考核，没有对岗位进行科学、细致的工作分析，员工得到多少薪酬全凭老板一句话，普遍考核指标"定性"多，"定量"少。因此，企业在计量薪酬时就会缺乏可供参考的具体数据和指标。很多民营企业薪酬制度不健全，规章制度变化太快，很多情况下不是根据制度办事，而是根据老板的命令办事，存在制度与命令的冲突。

3. 上市公司薪酬激励的特点

在国有企业改革和民营企业迅速发展的过程中，必然伴随着现代产权制度的改革，也必然伴随着所有制形式上的变化，主要表现为股份制改造之后的国有控股或民营控股。随着企业的发展壮大，往往需要更多的资金投入，于是上市成为很多企业的发展战略目标。与一般公司相比，上市公司最大的特点在于可利用证券市场进行筹资，广泛地吸收社会上的闲散资金，从而迅速扩大企业规模，增强产品的竞争力和市场占有率。上市公司除了必须经过批准外，还必须符合《公司法》《证券法》规定的一些条件。通常来讲，上市公司往往有着较大的规模和规范的管理制度，在薪酬激励制度方面也相对科学。

（1）股权激励为重要激励工具。

德勤发布的《2017—2018中国A股上市公司高管薪酬与激励调研报告》显示，2017年内共有427份股权激励计划公告，超过三分之一的A股上市公司已落实执行股权激励方案。相比之下，上市公司在推出员工持股计划时则较为谨慎，这是因为近年来A股市场震荡，另外2018年出台的资管新规也进一步加强了员工持股计划的融资监管。报告还指出，在激励工具方面，限制性股票依然被86%的上市公司作为优选长期激励工具；激励范围与额度方面，重点关注核心人才，超过九成的企业激励人数不超过员工总数的30%，近八成企业激励额度占总股本比例在3%以内。

（2）薪酬管理规范，激励作用强。

上市公司薪酬管理比较规范，有一系列法律法规对上市公司薪酬管理有关问题做出了规定，包括《上市公司治理准则》《董事会薪酬与考核委员会实施细则指引》等文件。这些文件中，对薪酬与考核委员会的人员组成、决策机制、工作机制及职责权限等都做了明确规定。另外,上市公司的管理层能力素质及员工素质整体较高,因此薪酬管理水平比较高,薪酬的激励作用、公平目标基本能够实现。

(3)薪酬激励机制还需进一步完善。

我国早期对上市公司薪酬激励的探索主要针对高级管理人员,《公司法》《上市公司股权激励规范意见(试行)》颁布实施后,对激励对象、激励条件、实施程序等都做出了规定,之前股票激励和股权激励不科学的现象得到遏制。2006年,国资委和财政部联合下发《国有控股上市公司(境内)实施股权激励试行办法》,对国有控股上市公司股权激励问题做了进一步说明。这些文件对维护股东利益起到了重要作用,但由于行业、企业的差距很大,对于文件规定也不能做到照单全收,所以上市公司的薪酬激励机制存在进一步完善和改进的空间。

3.1.3　目前我国企业薪酬激励普遍存在的问题

我国的国有企业改革已进行了二十多年,其他所有制企业的改革也一直在推进,这些改革也包括企业薪酬激励体系的改革。但据现有的实际情况来看,企业实行的薪酬模式基本上没有太大变化,多数企业仍然沿用传统的基薪(岗位工资)+奖金的薪酬形式,我国现有企业薪酬激励主要存在以下问题。

1. 总体薪酬水平偏低,激励不足

长期以来,我国企业员工的收入与其贡献存在严重不相称的问题,薪酬水平普遍偏低。由于薪酬水平与实际贡献、为企业创造的丰厚利润严重背离,这就难

以有效地激励员工为企业的利益去努力工作,员工的积极性、主动性和创造性必然会受到极大影响。与欧美国家或者亚洲经济发展较好的国家相比,我国劳动者的收入水平明显偏低,我国经营者的收入水平也仅仅占到韩国、新加坡等国家经营者收入的一半左右,过低的薪酬水平使得薪酬激励制度的建立难上加难。

2. 薪酬结构不合理,长期激励要素在薪酬模式中的构成比例过低

我国大多数企业采用的薪酬激励形式主要以工资、奖金、年终奖等组成。工资和奖金作为最基本的报酬形式,激励力度较小,年终奖分配也需要兼顾公平,激励作用有限。因此,我国企业薪酬模式构成要素的单一性,使其无法达到应有的激励效果。这种单一性主要表现为长期激励因素的构成比例严重偏低,多数企业中甚至不包含长期激励因素。对于上市的企业来说,长期激励薪酬方案又恰好是实现股东价值增值战略目标的最有效的激励手段,构成比例不合理,势必无法达到激励效果。

3. 薪酬激励标准不科学,欠缺公平性

由于受传统计划经济体制的影响,我国企业薪酬模式远远不能体现员工对企业的贡献,员工对自己工作回报的满意度偏低。由于缺乏公平的激励机制,造成员工在选拔、晋升过程中存在冲突及不满,员工消极怠工现象广泛存在,人才流失不可避免。

4. 薪酬激励方式非市场化,员工没有真正参与企业收益分配

目前,我国企业薪酬激励的模式仍然很陈旧,计划经济色彩很浓,没有形

成员工以其人力资本形式参与企业收益分配的制度,更没有体现员工之间的差异性。虽然在一些城市的少数企业中设立了年薪制和股票期权制的试点,但效果不甚明显,改革的力度也不大,总体来说没有取得大的突破。

5. 员工业绩评价缺乏科学性,量化标准过少

就目前我国企业的薪酬激励标准来看,对于管理者和员工的考核中定性指标权重大于定量指标,尤其是很多岗位缺乏明确的定量考核指标,人为因素较多,尚未形成完善的体现员工对企业贡献的制度化的薪酬激励机制。科学的薪酬激励依赖于科学完备的员工业绩评价体系的建立,我国目前在这方面存在严重缺陷,使企业对员工长期激励效果不明显,这也是造成前面几个问题的一个重要原因。这种缺陷主要表现为评价指标中定性指标多、定量指标少,像"工作作风""基建工作"这样的指标难以定量,甚至还包括"解决社会就业"这样的社会性指标。

3.2 其他国家和地区的企业薪酬激励

3.2.1 美国企业的薪酬制度

美国属于消费导向型的市场经济模式,又称"自由主义"的市场经济,它十分强调市场力量对促进经济发展的作用,认为政府对经济发展只起次要作用。美国蓝领工人的薪酬制度,是以岗位工资为主,奖金、津贴为辅的模式,部分公司还实行员工持股计划。美国的领导层则一般实行薪金制,其中一般管理人员为月薪，高层管理人员为年薪。企业每半年或一年要根据预定的工作目标对员工进行考评，根据员工的工作绩效及贡献来调整工资水平。

美国企业薪酬制度的基本特点是：① 没有全国统一的薪酬制度和标准，薪酬主要通过雇主和工会组织集体议价商定，职工福利也因企业的不同而不同，但国家规定了最低薪酬水平；② 实行弹性的刺激性的薪酬制度；③ 薪酬级别多，级差小；④ 升级频繁，有的企业每年都会升级，升级时进行严格考核；⑤ 最高薪酬与最低薪酬的差别较大，前者是后者的十几倍乃至几十倍，且薪酬受种族、性别等影响。

在美国公司内，一般初级管理人员的平均薪金收入是蓝领工人的1.5倍，少数技术水平高的工人或特殊工种的报酬会超过初级管理人员的报酬。中级管理人员的年薪收入一般是蓝领工人收入的2.5倍以上，高级管理人员与一般员工的收入差距很大，并因公司规模大小和所在行业而不同。据调查，20世纪80年代美国大型公司（销售收入300亿美元以上）的总裁年收入为一般工人收入的109倍，20世纪90年代以后其差距还呈扩大趋势。

3.2.2 日本企业的薪酬制度

日本经济被称为行政导向型市场经济模式，也被称为"社团市场经济"。日本企业薪酬制度的形成和发展是与其经济发展速度和长期以来实行的终身雇佣制紧密联系的。在第一次世界大战后，经济高速增长时期，日本企业广泛采用年功序列等级工资制；20世纪70年代中期以后，大企业所倡导的职务职能工资制开始发展起来；而在1998年，日本国会审议通过了劳动基准法改革方案，确定了以工作成果为中心的工资体系。在日本，同一公司内高级管理人员的收入约为一般工人的 17 倍。

日本企业薪酬制度的基本特点是：① 重视分配对生产的促进作用和调节劳资矛盾的作用。日本在 20 世纪 60 年代提出高生产、高消费的口号和国民收入倍增计划，调动了员工积极性。1950—1970 年的 20 年中，生产增长了 20 倍，即每年递增 14.1%，而薪酬每年相应增长 5%~6%；② 以行为科学理论为基础，实行年功序列制，稳定职工队伍，协调劳资矛盾；③ 奖励以发明创造奖和年终奖为主，刺激职工学习技术，一般不实行经营性的生产奖；④ 职工升级按年头，并配合考核，减少了单纯论资排辈的副作用，企业若经营亏损，则领导干部带头降薪酬。

3.2.3 欧洲企业的薪酬制度

欧洲各国的薪酬模式各有不同，但同其他地区相比，其薪酬模式存在着共同的特点，主要表现在以下五个方面。❶

1. 劳资双方的薪酬谈判更为规范化和制度化，并由此确定薪酬制度

除了少数国家以外，欧洲各国企业一直以全国和行业范围的谈判为其制定薪酬方案的主要特征，这在管理层和操作员工的各层次中都一直在不断加强。但是，20 世纪 90 年代中期以来，北欧和英国都出现了谈判向员工和工厂一级发展的趋势。

---

❶ 刘军胜，2002.薪酬管理实务手册[M].北京：机械工业出版社：310-315.

2. 灵活性薪酬比重上升

与欧洲各国薪酬谈判结构分散化的趋势相对的是，薪酬政策向灵活性方面发展，在实践中表现为浮动薪酬在报酬中比重的上升以及多种其他形式薪酬、福利措施的应用。浮动薪酬的采用和劳动力市场是否短缺有着直接的关系。

3. 实施利润分享制度

欧洲许多国家的企业还采取利润分享制度，根据公司利润情况阶段性地给员工发奖金。欧共体委员会于 1991 年 6 月发布了一条建议，认为各成员国应采取法律和税收方法鼓励设置激励机制。利润分享一方面使得员工对雇主的关键决策多了一份参与、责任和影响，另一方面将员工和企业的经济实力联系在一起。

4. 建立不同的奖金激励机制

在个人奖金和集体奖金两种机制的选择上，德国和荷兰的企业以个人奖金机制为主，而挪威和英国则更多地使用集体奖金，且个人奖金机制的使用在呈下降趋势。

5. 推行绩效薪酬制度

在可变薪酬的实践中，绩效薪酬的使用最为广泛。绝大部分欧洲国家的企业已经将以个人绩效为基础的薪酬机制应用于经理和专业技术人员。葡萄牙是这种薪酬形式的拥戴者，不论员工是何种类别，都统一实行绩效薪酬。

3.3 世界知名企业的薪酬激励

3.3.1 IBM 的薪酬激励

IBM（国际商业机器公司或万国商业机器公司，全称为 International Business Machines Corporation），1911 年由托马斯·沃森在美国创立，是全球最大的信息技术和业务解决方案公司，拥有全球雇员三十多万人，业务遍及一百六十多个国家和地区。2018 年《财富》杂志发布世界 500 强排行榜，IBM 位列 92 位。

IBM 认为，员工所得到的薪酬既是对其过去工作努力的肯定和补偿，也是他们未来通过努力工作得到报酬的预期，激励其在未来继续努力工作。IBM 的薪酬管理非常独特和有效，能够通过薪酬管理达到奖励进步、督促平庸的效果。IBM 的工作水平在业内不是最高的，也不是最低的，但 IBM 有一个让所有员工坚信不疑的游戏规则：干得好加薪是必然的。因此，这成为激励员工努力工作的最大动力。

1. 薪酬构成

IBM 的薪酬构成很复杂，但里面不会有学历工资和工龄工资，IBM 员工的薪酬跟员工的岗位、职务、工作表现和工作业绩有直接关系，与工作时间长短和学历高低却无必然联系。

IBM 的工资与福利项目具体分类如下：①基本月薪：这是对员工基本价值、工作表现及贡献的认同；②综合补贴：对员工生活方面基本需要的现金支持；

③春节奖金：农历新年之前发放，使员工过一个富足的新年（在亚洲区的奖励项目）；④休假津贴：为员工报销休假期间的费用；⑤浮动奖金：当公司完成既定的效益目标时发出，以鼓励员工的贡献；⑥销售奖金：销售及技术支持人员在完成销任务后的奖励；⑦奖励计划：员工努力工作或有突出贡献时的奖励；⑧住房资助计划：公司提拨一定数额存入员工个人账户，以资助员工购房，使员工能在尽可能短的时间内凭自己的能力解决住房问题；⑨医疗保险计划：员工医疗及年度体检的费用由公司解决；⑩退休金计划：积极参加社会养老统筹计划，为员工提供晚年生活保障。此外，还有其他项目福利，如其他保险：包括人寿保险、人身意外保险、出差意外保险等多种项目，关心员工每时每刻的安全；休假制度：鼓励员工在工作之余充分休息，在法定假日之外，还有带薪年假、探亲假、婚假、丧假等；员工俱乐部：公司为员工组织各种集体活动，以加强团队精神，提高士气，营造大家庭气氛，包括各种文娱/体育活动、大型晚会、集体旅游等。IBM 给员工的报酬中，还包括股票期权，这也是与业绩相联系的，绩优的员工将得到更多的、价格更低的股票期权。

2. 开展个人业务承诺计划 PBC

在 IBM，每一位员工工资的涨幅，会有一个关键的参考指标，这就是个人业务承诺计划 PBC。PBC 从三个方面来考察员工工作的情况：第一是 Win，胜利，胜利是第一位的。员工首先必须完成自己在 PBC 里制订的计划。第二是 Executive，执行。执行的过程反映了员工的素质，执行能力是一个过程性的指标变量，是需要长久努力和持久修炼才能具备能力和素质。第三是 Team，团队。团队精神是工作中首先应该具备的合作能力，团队意识是做好工作的第一意识，这样才能做到部门之间的协调，掌握工作的重点，发挥团队的合力，实现自己的运作目标。只要你是 IBM 的员工，就会有个人业务承诺计划。制订承诺计划是一个互动的过程，员工和其直属经理坐下来共同商讨切合实际的计划，几经修改，最终制订的承诺计划其实是员工向老板立下的一年期的"军令状"。到了年终，直属经理会在员工的"军令状"上打分。直属经理当然也有个人业务承诺计划，他的上级也会给他打分，谁也不能特殊，都要遵守规则。PBC 不仅能决定员工工资的涨幅，还会影响员工的晋升，当然同时也将影响员工的收入。

IBM 将个人业务承诺计划贯穿在管理的各个环节，并且根据 PBC 的完成情况，决定员工所获得的物质和精神奖励。通过 PBC，有效地把物质激励和精神激励结合在一起，提高了激励的效果。

3. 定期进行调整

为了使自己的薪资有竞争力，IBM 专门委托咨询公司详细了解了整个人力市场的待遇，公司员工的工资涨幅会参考市场的情况有一个调整，使自己的工资保持良好的竞争力。IBM 公司认为，所谓一流公司，就应该让员工感觉名副其实，就应付给职工一流公司的薪资，这样才算一流公司，员工也自然会以身为一流公司的员工而骄傲自豪，更重要的是他们会将自豪感转化为对公司的热爱和对工作的热情。为确保比其他公司拥有更多的优秀人才，IBM 在确定薪资标准时，首先会就某些项目对其他企业进行薪酬调查，确切掌握同行业其他公司的标准，并注意对比同行业薪资水平，看自己是否在同行业中经常保持领先地位。总的来说，IBM 在选择薪酬调查对象及内容时主要考虑以下几点：第一，本公司工资标准、日常福利是否都优于其他企业；第二，与 IBM 从事相同工作的人员的待遇进行比较,是否选择了同样具有技术、制造、营业、服务部门的企业;第三,与同行业企业相比较,本企业是否有发展前途。

4. 打造成功的激励文化

如果说薪水是企业管理员工的一个有效硬件,那么激励文化则直接影响到员工的工作情绪,每一个公司都会在薪水的发放上做足文章,也不会轻易使用这个武器,因为使用不好会造成负面影响。毫无疑问,这是企业制定激励机制的共识。中国传统文化里一直有着"君子重义轻利"的价值取向,不过许多企业还是将薪酬管理作为管理员工的法宝,值得注意的是,在有些企业里有一种负向的薪水管理方式,就是扣薪水,即通过经济制裁来管理员工的方式,尤其是普遍存在将工作失误体现到薪酬体系中的现象,如迟到、旷工、所负责的岗位出现责任事故等,一般都会让员工受到惩罚。

激励文化,对员工基本上没有惩罚的方式,全是激励,工作干得好,在薪金上就有体现,否则就没有体现,这样就出现了一种规避惩罚的新制度。也就是说,如果员工没有涨工资或获得晋升,就相当于被惩罚。但是,这种激励文化是建立在高素质员工的基础上的,需要面对的员工的自我认同感很强。高淘汰率使大部分人都积极要求进步,如果员工认识到自己的工作一直没有得到激励,就意味着自己存在的价值受到高就,许多员工会在这种情况下主动调整自己,或者更加努力工作,或者另谋发展。如果激励机制能够得到大多数员工的认可,或者通过激励文化,能有效促进员工的工作行为,达到奖励优秀、督促平庸的目的,那就不失为一种成效明显的、成功的激励机制。

总体来说,IBM公司的薪酬在同行业中并不算高,也确实不是靠薪酬留住和吸引人才的，主要靠的是相对宽松和稳定的工作环境。IBM 认为工作和生活同等重要。以休假为例，如果员工放弃休假，上级会找员工谈话建议其休假，因为这会作为上级的考核指标。同样，加班要付给高额的加班费，所以也是不鼓励的。因此，IBM 的薪酬激励成功的核心原因在于对员工意愿的尊重和关注。这一套薪酬激励机制让员工对企业的薪酬制度有了极大的认同感，他们的努力付出通过薪酬制度得到了肯定和认可，薪酬体系充分实现了激励的作用。可以说，成功的薪酬造就了优秀的员工，优秀的员工成就了成功的企业。

3.3.2 沃尔玛的薪酬激励

沃尔玛公司（Wal-Mart Stores，Inc.）是一家美国的世界性连锁企业，以营业额计算为全球最大的公司。作为零售行业的老大，它成功的奥秘就是，懂得激励自己的员工。沃尔玛认为，客户固然非常重要，但是善待自己的员工也等同于善待顾客。你越是与员工共享利润，不管是以工资、奖金、红利方式，还是股票折让方式，源源不断流进公司的利润就会越多。因为员工们会以管理层对待他们的方式来对待顾客。公司善待员工，给员工以归属感，那么员工们就能够善待顾客，顾客们就会不断光顾，顾客多了，销售额上升，利润自然也会上升，这正是零售行业利润的真正源泉。

1. 薪酬构成

作为全球 500 强企业的"霸主"，沃尔玛实行着一种独特的合伙关系，即公司不把员工视为雇员，而是当作合伙人（Associate）。公司的一切人力资源制度都体现了这一理念。在沃尔玛,除了让员工参与决策外,公司还推行了一套独特的薪酬制度。

沃尔玛的薪酬结构包括固定工资、利润分享计划、员工购股计划、损耗奖励计划及其他福利。沃尔玛的固定工资处于行业较低的水平,其利润分享计划、员工购股计划、损耗奖励计划在整个报酬中占有举足轻重的地位。

第一,利润分享计划:只要加入公司的时间在一年以上,并且每年至少工作1000小时以上的员工都有资格分享公司当年的利润。公司根据利润情况按员工工薪的一定百分比提留,一般为6%。提留后用于购买公司股票。由于公司股票价值随着业绩的成长而提升,当员工离开公司或是退休时就可以得到一笔数目可观的现金或是公司股票。一位1972年加入沃尔玛的货车司机,20年后离开时得到了70.7万元的利润分享金。

第二,员工购股计划:员工可以自愿购买公司的股票,并享有比市价低15%的折扣,可以交现金,也可以用工资抵扣。目前,沃尔玛80%的员工都享有公司的股票,真正成为公司的股东,其中有些员工已成为百万或千万富翁。

第三,损耗奖励计划:因店铺减少损耗而获得的盈利,公司与员工一同分享。

第四,其他福利计划:建立员工疾病信托基金,设立员工子女奖学金。从1998年开始,沃尔玛每年资助100名员工的子女上大学,每人每年6000美元,连续资助4年。

沃尔玛通过利润分享计划和员工购股计划,建立起员工与企业的合伙关系,使员工感到公司是自己的,收入多少取决于自己的努力,因此会更加关心企业的发展,加倍努力地工作。

2. 晋升制度

沃尔玛在实现对员工的激励工作中，除了充分发挥薪酬制度的作用外，还发挥了晋升制度的优势，使员工充分能够发挥各自的才能和工作能力。

第一，沃尔玛公司有明确的晋升渠道。员工进入一家公司后的未来升迁发展，经常是员工最关注的问题，因此，沃尔玛将晋升路线制度化，并让员工充分知悉这一制度，使员工对其职业生涯发展有明确的依循方向。

第二，公平的评选方式。沃尔玛晋升的选拔完全取决于员工的个人业绩及努力程度，而非上级主管个人的喜好。

第三，晋升与训练相结合。在人员晋升的选拔过程中，沃尔玛还会组织员工在各阶层参加实训，完成相关的训练后，考试测验合格才能取得晋升资格。以上种种举措对人员素质的提升大有裨益。

3. 精神激励

沃尔玛公司还十分重视对员工的精神鼓励，总部和各个商店的橱窗中，都悬挂着先进员工的照片。各个商店都安排一些退休的老员工，身穿沃尔玛工作服，佩戴沃尔玛标志，站在店门口迎接顾客，不时有好奇的顾客会同其合影留念。这样不但起到了保安员的作用，而且也给予了老员工一种精神慰藉。对于特别优秀的管理人员，公司还会授予"山姆·沃尔顿企业家"的称号，目前此奖只授予了5个人，沃尔玛中国公司总裁就是其中的一个。

同时，为了激励员工们不断取得最佳的工作业绩，沃尔玛公司设想出许多不同的计划和方法。其中最核心的一条，是感激之情。山姆·沃尔顿相信所有人都喜欢得到别人的赞扬，得到别人的肯定。因此，公司应该积极寻找员工身上的闪光点，关注他们取得的业绩，并及时给予肯定，要让员工们知道自己的表现是多么出色，知道自己对公司而言有多么重要。

3.3.3 丰田汽车公司的薪酬激励

丰田汽车公司创立于 1933 年，是世界十大汽车工业公司之一，总部设在日本爱知县丰田市和东京都文京区。丰田汽车作为日系车中的王牌代表，凭借其价格优势及性能方面的出色表现，在全世界受到了广泛的欢迎，而且丰田公司自 2008 年开始已经取代美国通用汽车公司成为全球排行第一位的汽车生产厂商。丰田公司之所以能取得这样的成就，离不开高层管理者的运筹帷幄，更离开无数平凡的企业员工。丰田公司在员工管理上有其独到之处，在薪酬制度方面更是值得一提。

1. 信任激励

丰田公司认为，公司虽然不可能做到对每个员工完全公平的评价与激励，但会在薪酬制度上不断改进。丰田公司在肯定员工到公司就是取得经济收入的前提下，希望企业与员工的关系是一种长期的信任关系，即在没有监督的情况下员工也能够为公司尽心尽力。如果能够长期维持这种信任关系，公司不但能够获得更大的成功，员工也会因此从中受益。丰田公司对员工的信任还体现在重奖励、轻处罚。公司不是没有处罚规定，在《员工守则》中，有关处罚的条款有几十上百条，但真正落到实处的没有几条，制度规定只是摆设而已。这是由于员工素质普遍较高，不是有制度不执行，而是对违纪者给予无声的斥责即可见效。在丰田公司里，独特的奖励制度即使不处罚你，也能让你自惭形秽，进而自觉改正错误。

2. 丰田公司的薪酬构成

丰田工厂的员工工资包括三大部分：基本工资、绩效奖金、业绩红包。基本工资是丰田公司根据行业工资水平与当地条件制定的，坚持每半年调整一次，到三年的成长期结束，所有成员与小组领导的基本工资都是一样的。绩效奖金，即表示完成预定改进所获得的额外收入。这是一种将绩效与酬劳联系在一起的额外收入。业绩红包分为销售红包和管理红包，每半年发一次，销售人员的红包主要是由销售业绩决定，管理人员的红包是根据其制订的个人发展计划，而享受的业绩红包奖励。

除工资外，福利是一种保障员工稳定性的方式，可以进一步改善员工的生活，提高公司形象，扩大公司影响力和知名度。给员工持久的关爱是丰田公司对于福利制度的描述。丰田的基本工资中，工龄工资是重要的一部分，这样可以鼓励员工长期留下，但这样缓慢的工资增长过程也会使一部分优秀员工"跳槽"到其他公司。在这样的情况下，丰田选择了通过福利来留住员工。丰田公司的福利具体包括休假、带薪休假、短期与长期病假、退休计划、提供进修学费、提供灵活工作时间、提供购车折扣、提供无息贷款等，并且丰田每两年调整一次福利计划。

3. 制订薪酬目标

简单透明是丰田公司一贯执行的薪酬制度标准，目的是让员工懂得自己所处的位置。为此丰田提供了一个"薪酬文件团队信息库"给员工,这个信息库包括了薪酬系统相关问题的内部文件,丰田每两年回顾一次自己的薪酬在汽车行业的排名,并形象地体现在"薪酬文件库"中。丰田在美国建厂二十多年,目睹美国三大巨头在高工资上的痛苦,于是丰田选择了做员工喜欢的优秀雇主,而不是做最高工资雇主。丰田相信,长期来说,选择高工资对员工与对公司都不是最好的。

从丰田公司的薪酬制度不难看出,丰田公司的激励机制既体现了日本企业强调集体主义、注重长期雇佣的文化特征,又体现丰田公司劳资信任、注重实践和团队参与的企业价值观。丰田公司的薪酬激励制度坚持员工是企业发展的根本,对于企业管理者来说,只有足够重视员工的利益,才能让员工为企业创造更多的利益。这种薪酬管理思想彻底改变了员工工作积极性不高、人才流失频繁的问题。

3.3.4 微软公司的薪酬激励

微软(Microsoft Corporation)是美国的一家电脑科技公司,以研发、制造、授权和提供广泛的电脑软件服务业务为主。总部位于美国华盛顿州的雷德蒙德,目前是全球最大的电脑软件提供商。长期以来,以著名的 Microsoft Windows(操作系统)和 Microsoft Office(系列软件)畅销全球,占领绝对的市场份额。微软的薪酬构成中,薪金部分只处在同行业的中等水平,很多中、高级人员加入微软时的工资都低于原来所在公司的水平,主要是"持有微软股权"的分量足够吸引大部分人才。数据显示,微软员工 2017 年的薪酬中间值为 14.4 万美元

(约合92万元人民币)，在美国所有企业中排名第19位，落后于谷歌、Facebook和亚马逊。

1. 基于能力的绩效管理和工资激励体系

微软利用基于能力的工资体系为技术人员和管理人员提供了两条平行的工资晋升途径。微软在每个专业里设立了"技术级别"，这种级别用数字表示，既反映了员工在公司的表现和基本技能，也反映了其经验阅历，公司根据技术级别确定员工的工资水平。

企业要想激励鞭策收入不菲的员工自觉地努力工作，还必须有一套强有力的绩效管理体制。微软的绩效管理体制的核心是：形成内部竞争，保持员工对绩效评定的焦虑，驱使员工自觉地超越自己和超越他人。其主要成分有三个：个人任务目标计划、绩效评分曲线和与绩效评分直接挂钩的加薪、授权和奖金。个人任务目标计划由员工起草，由经理审议，再修改制订。制订计划有几个原则：具体、可衡量、明确时限、现实而必须具有较高难度。绩效评分曲线的形状和角度是硬性的，不允许改变。评分等级有：最佳、较好、及格、不及格。微软的绩效体制能不断地驱使本来优秀的人群更努力地进取竞争，置优秀的一群人于危机感的压力之下，使其自觉保持巅峰竞技状态。年度加薪、授权、奖金与绩效评分直接挂钩，不及格就什么都得不到，还要进入"绩效观察期"，一个进入观察期的人通常就会主动辞职了，也就自然失去了所有未到期归属的股票认购权，这是最严重的损失。

2. 以认股权为核心的薪酬激励体系

微软是全球第一家用股票期权来奖励员工的公司，也是全球因为持有股权而诞生百万富翁最多的公司。据统计，在微软公司靠股票期权跻身百万富翁行列的员工数以千计。2003年微软在薪酬改革中将期权激励方式从受限股票转变为股票期权，其目的依然在于更好地刺激员工的工作积极性，继续吸引和留住员工。与此同时这种改变对员工、股东以及公众而言都将更为有利。因此，"持有微软股权"的分量足够吸引大部分公司所需要的人才。它的设计是这样的：相当级别以上的员工被雇用时即得到一部分认股权，按当时市场最低价为授权价，所授认股份分期在几年内实现股权归属，员工可以按授权价认购已归属于自己的股权，实际支付的认购价与认购当时市场价的差价就是股权收益。被雇用后每年都可能得到新的持股权。奖励取决于个人的绩效和对于公司的长期价值。这实际上是公司在为员工投资而公司又不冒任何风险。

3. 独具特色的贴心福利保健体系

微软在贴心福利这一方面也有高招，例如，细心体贴的生日祝福、全家总动员的家人体验日、免费的体育锻炼卡等，都使员工感受到贴心的关怀。更具特色的是：在员工子女的幼儿园中安放了摄像设备，员工可以在线看到孩子，将因惦记孩子而分心的时间降至最少，同时规定男性员工也有一个月的产假，以便照顾妻子和婴儿。这些公司内部所特有的福利政策潜移默化地增强了员工的归属感及其对企业的忠诚度。

4. 非货币性薪酬体系

值得一提的是，微软还有别具一格的晋升机会。首先，他们会把技术贡献突出的老员工推向管理层岗位，打造一个既懂技术又善于经营的管理层。其次，他们有一个内部的技术培训环节，微软员工都有机会接触公司中对技术感兴趣的人，包括盖茨本人。再次，他们有一个很好的沟通氛围，微软公司有个出名的文化叫"开放式交流"，每个员工都能够畅所欲言。最后，微软的工作环境优美，每个人都有足够的自由按照自己的喜好来布置工作区域。

3.3.5 德国大众公司的薪酬激励

德国大众是当今世界排名第五的跨国大型汽车工业公司，在美国《财富》杂志按营业额评选的世界500强中排名前30位。它的总部设在德国沃尔夫斯堡，在我国的一汽大众和上海大众分别占有49%的股份。大众公司高层领导和人力资源管理层都非常重视人力资源的开发和管理，他们根据企业发展阶段以及经营状态，适时调整、改进、完善薪酬分配制度，形成一整套措施及办法，并落实到实践中，对公司的成功起到极其重要的推动作用。大众的人力资源管理的核心即两个成功。第一，指使每个员工获得成功，人尽其才，个人才能得以充分发挥；让员工提合理化建议，增强主人翁意识，参与企业管理。第二，指企业的成功，使企业创造出一流的业绩，使企业资本像雪球一样越滚越大。

1. 构建动态薪酬体系

德国大众认为，企业要建立动态的薪酬制度，以适应经济状况的变动，使企业成为市场经济海洋中"有呼吸的企业"。所谓动态薪酬体系，一是根据公司生产经营和发展情况，以及其他有关因素变动情况，对薪酬制度及时更新、调整和完善；二是根据调动各方面员工积极性的需要，如调动管理人员、科研开发人员和关键岗位员工积极性的需要，随时调整各种报酬在报酬总额中的比重，适时调整激励对象和激励重点，以增强激励的针对性和效果。这其中包括基本报酬、参与性退休金、奖金、时间有价证券、员工持股计划、企业补充养老保险等六项。基本报酬保持相对稳定，体现劳动力的基本价值，保证员工家庭基本生活。员工参与性退休金在1996年建立，员工自费缴纳费用，相当于基本报酬的2%，滞后纳税，交由基金机构运作，确保增值。属于员工的自我补充保险。奖金在1997年建立，分为两部分，一部分为平均奖金，每个员工都能得到起保底奖励作用；另一部分是绩效奖金，起着进一步增强激励力度的作用。使员工能分享公司的新增效益和发展成果。时间有价证券在1998年建立，员工持股计划在1999年建立，体现员工的股东价值。企业补充养老保险在2001年建立，设立养老基金，企业补充养老保险相当于基本报酬的5%。

2. 实行以岗位工资为主的工资制度

动态薪酬体系中的基本报酬部分，采取了岗位工资制度形式。实行岗位工资制度，首先要建立职位分析和岗位评价制度。公司设立了岗位工种描述委员会，由劳资双方派员组成，定期开会研究岗位工种的变化，进行职位分析和岗位评估，以劳动责任、劳动技能、劳动强度和劳动条件四大基本要素为评估对象，再细分为若干子因素。其次，建立以职位分析和岗位评价制度为基础的岗位（职位）职务等级工资制，将岗位分为22级，其中，蓝领工人基本报酬是1至14级，白领是1至22级。再次，根据员工业绩和企业效益建立奖金制度。按照劳资协定，蓝领工人绩效奖金约占工资总额（基本报酬＋奖金）的10%，白领约占30%~40%，高级管理人员约占40%~50%。最后，提高工资水平，理顺报酬关系。2000年大众公司总部全体员工年工资平均水平为4.72万马克，最高工资是最低工资的6.25倍。

3. 职位消费

大众公司有一套严格的职位消费管理办法，根据职位高低，管理层人员有金额不等的职位消费权力，既有激励力度，又有约束力度。监事会对董事会成员的职位消费做出决定，董事会对高级管理人员的职位消费做出决定。公司中央人事部对职位消费制定具体实施办法。享有职位消费权力的人员包括高级管理人员120人，中层经理1700人，基层经理1180人。职位消费包括签单权、车旅费报销等。如国外子公司副总经理拥有专机，基层科长有两部车，高层管理人员的签单权有分级标准。其中，二级经理的签单权为一年5万马克，等等。

综合上述实例，我们可以看出世界知名企业的薪酬激励结构较为合理，激励内容丰富，长期激励与短期激励、内在激励与外在激励相结合，并注重薪酬的内部公平与外部公平，既保证薪酬具有外部竞争力又能合理控制企业内部成本，值得借鉴。

3.4 我国企业成功的薪酬激励

3.4.1 华为公司的薪酬激励

1987年，43岁的任正非用集资来的21 000元成立了华为公司。经过三十多年的发展，华为已经成为全球性著名的通信公司。2016年全国工商联发布"2016中国民营企业500强"榜单，华为投资控股有限公司以3 950.09亿元的年营业收入，成为500强榜首。可以说，华为的发展离不开核心人才的贡献，而留住和吸引人才离不开华为独特的薪酬激励制度。对于薪酬，任正非是这样说的："钱给多了，不是人才也变成了人才。"在职场上，加薪永远是一个热门的话题。华为员工一向以高绩效、高收入称著。每年年底，华为年终奖总能让一大批人羡慕。华为的薪酬管理思想，可简单总结为两句话："以贡献为准绳、向奋斗者倾斜。"

1. 全面的薪酬结构

华为将报酬分为两大类，即外在激励和内在激励。外在激励主要是由基本工资、固定奖金、现金津贴、浮动收入、长期激励和福利待遇共同组成的以金钱形式给予报酬的全面薪酬；内在激励是体现在工作内容、文化氛围和工作生活平衡度上的精神方面的感知。具体就是工作内容的挑战、培训发展的机会、文化氛围的和谐、公平透明的机制、同事的互助友爱等一系列非物质方面的因素。

在华为的薪酬体系里，奖金的数量占到了所有报酬的近1/4，华为除了一般的福利政策，还提供了很多独具特色的特殊福利。例如，将福利货币化，直接打到员工的工资卡里。深圳关外为1 000元/月，国内其他地区800元/月。这笔钱每月定期打入工资卡，员工可用于购买车票，在公司食堂就餐，在公司小卖部购物。

华为薪酬结构的制定，主要采取以下几个步骤来实现。

第一，在分析公司战略的基础上，确定公司的核心竞争力是技术创新，技术创新需要的是高质量的高科技人才，因此，如何招聘到并留住这些高质量的高科技人才，成为华为制定薪酬策略的出发点。

第二，对公司内部所有的岗位定期进行岗位评估并分析评估结果，最终得出相应的岗位总分，再按照分数把职位归放到相应的级别岗位，整理并更新完整的岗位说明书、岗位分类以及岗位编制。

第三，借助外部薪酬咨询公司的市场调研报告，定期进行外部对标和内部诊断，使得企业薪酬水平的制定和调整都建立在内外部公平的基础之上。

2. 精准的薪酬定位

目前市场超过50%的企业都会把薪酬组成定位在中位值上，30%左右的企业会定位在中位值到75分位值之间，这是企业用来招聘和留任员工的比较好的操作实践。华为目前的薪酬定位是高于75分位值的，验证了任正非的"重赏之下，必有勇夫"薪酬策略，这也确实为华为招揽了不少优秀人才。

在按照不同级别对薪酬定位时，市场上的普遍操作是中级管理层（包括中级管理层）以下的定位在中位值，中级管理层（包括中级管理层）以上的定位在中位值到75分位值之间。华为目前是将中级管理层（包括中级管理层）以上的定位在75分位值以上，其余级别定位在中位值到75分位值之间。华为这种明显高于市场普遍定位的操作，是要跟企业的经营战略和价值观相符合的，即应对华为"高质量、高压力、高效率"的组织文化。

3. 公平的薪酬分配

在薪酬公平上，究竟内部公平和外部竞争哪个更重要？华为在处理公平上，大原则是尽量平衡双方面的考虑，如果出现矛盾时，会优先考虑外部竞争。而在内部公平方面，华为的薪酬分配根据员工个人能力和对组织的贡献，激励奖金的多少要看个人和团队的绩效评估。主要原则包括：华为在薪资分配上坚定不移地向优秀员工倾斜；华为的薪酬机制明确定岗定责、定人定酬；华为对员工岗位的分配是严格按照岗位说明书进行的，以确保人岗匹配；工资分配采用基于能力的职能工资制，对岗不对人，支付与员工岗位价值相当的薪水；奖金的发放分配与部门和个人的绩效改进挂钩，多劳多得，以此来调动员工的积极性和主动性。

4. 有效的薪酬沟通

在薪酬沟通上，要明确是应该积极地和员工进行普及和互动还是消极被动地回答员工问题，如果需要对员工进行有选择性的沟通，要明确信息公开沟通的程度。另外，在与员工进行薪酬沟通时，可根据不同的人群采用不同的方式，大致可以分为以下三种：第一，潜在员工。为什么他们要申请我们公司的职位？为什么他们拒绝了我们的 Offer（职位）？为什么他们接受我们的 Offer？ 第二，在职员工。适宜采取的方式有员工敬业度调研、分组的员工的信息收集、员工建议箱。第三，离职员工。员工离职面谈。

3.4.2 阿里巴巴的薪酬激励

阿里巴巴网络技术有限公司是以马云为首的18人于1999年在浙江杭州创立的。阿里巴巴集团经营多项业务，包括核心电商、云计算、数字媒体和娱乐以及创新项目，另外也从关联公司的业务和服务中取得经营商业生态系统上的支援。业务和关联公司的业务包括：淘宝网、天猫、聚划算、全球速卖通、阿里巴巴国际交易市场、1688、阿里妈妈、阿里云、蚂蚁金服、菜鸟网络等。短短20年，阿里巴巴以惊人的速度发展成为国际化大公司，离不开无数员工的共同奋斗。而阿里巴巴之所以能够得到众多人才的忠心追随，主要得益于它独树一帜的薪酬激励模式。

1. 软激励打造阿里文化

一家优秀的企业如果能够让员工快乐地工作，那么它就是成功的。根据调查，员工最喜爱的企业，阿里巴巴名列前茅。马云说，要想留住人才，营造宽松的办公环境正是其中一种做法。可以说，企业文化能够使"阿里"掀起一场互联网革命。在阿里巴巴的企业文化建设过程中，激励措施特别是软激励的有效运用发挥了重要作用。作为中国目前最大的电商平台、《福布斯》全球最佳B2B站点之一，阿里巴巴提倡用文化浸润每一个员工的内心，企业所主张的光脚文化、红军文化、拥抱变化思想、侠客文化、"家"文化使得阿里员工在工作上拥有极大的热情和责任感。

阿里巴巴每年至少要把五分之一的精力和财力用于改善员工办公环境和员工培养。为了营造一个活跃的工作气氛，马云让阿里巴巴的决策透明化，每一个决策从法律和道德上都是安全的，可以跨区域、跨部门流动。阿里巴巴的员工可以穿着旱冰鞋上班，也可以随时进入马云的办公室。马云也有各方面的压力，但他非常注意控制压力的范围，绝不会把压力情绪传染给员工。这使阿里巴巴的3000名员工都成为"快乐青年"。在马云这种人性化的管理之下，连续数年以来，阿里巴巴的跳槽率仅为3.3%，而一般企业人才流动率正常范围是10%~15%。

2.PM 双线管理模式

阿里巴巴的岗位分为技术岗和管理岗，对应P代表的是技术职级，M代表的是管理职级。这里所有的称谓只是职级，和职位不一样。如职位是某部门经理，那么他可能是M2的职级，但是他带领的团队有技术岗职级P8的高级专家。这样设计的意义在于让技术型人才和管理型人才都有施展的空间。

知人善任、唯贤是用是阿里巴巴的人才管理理念。作为全球最大网上交易市场和商务交流社区之一，阿里巴巴严格执行双线管理模式，为产业技术部的专业技术人员提供核心技术领域的工作支持以及不同程度的补贴，这使得阿里巴巴近些年在技术领域取得了令人瞩目的成绩，在管理领域创建了"三分淘宝""七事业群""25事业部""大中台，小前台""酬薪+股份"等管理新渠道，员工得以各司其职，充分发挥自身优势，与公司实现共进退。

3. KSF（Key Successful Factors）激励模式

KSF激励模式，即关键成功因素激励模式。按照激励法则，定量薪酬讲求的是稳定，变量薪酬追求的是激励。变量越大，弹性就越大，激励性就越强。

因此，KSF 要求从原来的固定薪酬（或底薪）中拿出不低于 50% 的部分用于宽带激励设计，通常比例锁定在 60%~80%，所以，KSF 激励能充分提升员工酬薪的弹性，占 50% 左右，也能更充分地激发员工的创造力。

KSF 激励模式将每个员工的价值进行分类定价，创造多少价值就能获取相应的酬薪回报，实现个人利益和企业利益最大化。将员工价值量与企业产值量充分结合，一切以企业最终获取结果为导向，分析企业价值以及产值关系，建立共赢模式，体现数据说话、结果导向、效果付费的目标。最终实现员工与企业利益趋同、思维统一的双赢模式。

4."金手铐"激励

阿里的薪酬体系相当完整。主要包括工资、奖金和年终奖金。如果业绩好，奖金能翻很多倍。但这些都不是最重要的，股份、期权才是阿里员工的财富核心，阿里真正留人靠的是期权。这也说明了为什么与腾讯、百度相比，阿里巴巴的员工工资处于互联网行业中等水平，"跳槽"率却很低的原因。

期权一般分两次发，第一次是进入公司分配的期权，一次是 1 万股，不能马上兑现，但是每年兑现 25%，也就是四分之一，两年就有 50% 的股份。因为兑现的时候需要交税，阿里人自己的股票还没有兑现，也不能交易，就要开始交税。假设当时的市值为 40 美元，250 美元一股，一万股是 250 万美元，要交 125 万美元的税，所以阿里的员工前两年非常辛苦，砸锅卖铁借钱去交税。在管理中这种期权被称为"金手铐"，因为还有很多钱拿不出来。越是高层的人越不敢离开，很多核心人才就是被这种期权方式锁定的。

3.4.3 海尔集团的薪酬激励

海尔集团创立于 1984 年，是全球大型家电品牌，目前已从传统制造家电产品的企业转型为面向全社会孵化创客的平台。在互联网时代，海尔致力于成为互联网企业，颠覆传统企业自成体系的封闭系统，变成网络互联中的节点，互联互通各种资源，打造共创共赢新平台，实现攸关各方的共赢增值。2017 天猫双十一"亿元俱乐部"榜单显示，海尔位列第三名。2018 年 6 月 20 日，世界品牌实验室（World Brand Lab）在北京发布了 2018 年《中国 500 最具价值品牌》分析报告。海尔（3 502.78 亿元）居第三位。多年来，海尔以其卓著业绩和精辟经营理念让世界认识了中国企业与成功的海尔文化。这在中国企业管理史上具有重要历史意义，也说明中国企业只要创新，同样也可以在企业管理方面为世界做出贡献。求变创新，是海尔始终不变的企业语言。更高目标，是海尔一以贯之的企业追求。海尔为了吸引、激励和保留优秀人才，实现企业与员工的双赢，为员工提供全面的、有竞争力的薪酬福利，设计了一套合理有效的薪酬激励结构，主要由以下三部分组成。

1. 宽带薪酬结构

合理的薪酬结构首先要与企业组织结构相适应，其次薪酬结构的设计是对组织中不同职位或技能所得到的薪酬进行的安排。好的薪酬结构能够支持组织战略，支持工作流程并激励员工行为。海尔在推行自主经营体时，采用了扁平化组织结构，为了与之相适应，设计了一种等级少、等级区间内浮动范围大的薪酬结构，即宽带薪酬结构。研究表明，宽带薪酬等级少且富有弹性，能够较好地淡化等级观念，消除官僚作风，起到支持和维护扁平化组织结构的作用（张金麟，2012）。而传统的薪酬结构将员工报酬细分为许多等级并与职位相挂钩，维护了传统科层制组织结构。

2. 即时正负激励

一正一负，一奖一罚的激励机制，树立了正反两方面的典型，从而产生无形的压力，在组织内部形成良好的风气，使群体和组织的行为更积极，更富有生气。激励的这两种手段，性质不同，但效果是一样的。海尔激励员工的主要方式是即时激励。这既可采用物质形式，如在质量管理上利用质量责任价值券，对生产过程中出现的问题，随时撕票予以奖罚；也可采用精神激励形式，如以员工名字命名的小发明、搞招标攻关、设立荣誉奖（为管理干部设立海尔金、银、铜奖，为工人设置海尔希望奖、合理化建议奖）等。由于海尔营造出尊重人才的整体氛围，员工的个人价值在此能够得到实现，广大员工找到了自己的精神家园，其忠诚度必然会自觉提升。

3. 创客薪酬的对赌激励

海尔还采用了"创客薪酬"推动自主经营体的发展。海尔张瑞敏认为每个人都是创客，创造的是价值，而且共享平台要做到活而不乱。企业不再是原来管理员工的雇主，而是变成一个平台，能够给员工创造机会，让员工发挥自己的作用。所以海尔提出员工创客化，每个员工都可以创业。在这一制度下，员工与公司先达成一致的目标，再落实到具体的年月日，根据达到的目标获取"四阶"薪酬，即创业阶段的生活费、分享阶段的拐点酬、跟投阶段的利润分享和风投配股阶段的股权红利。其中蕴含的激励层次也从"生存权利""利益分享"上升到了"事业成就"。员工实质上是创业者，可以利用公司的平台和资源进行自主经营，初创时得到扶持，壮大时共享收益。这个"三环四阶"对赌激励系统由此实现了由组织激励向员工自我激励的转变，将员工层次提升为企业合伙人的高度，从而提高了员工的主人翁意识，实现了风险共担，收益共享，达到员工与企业的双赢。

3.5 启示

由于长期受到计划经济体制的影响，我国对企业薪酬的研究大多带有一定程度的计划经济的色彩。随着市场经济的发展，面对企业管理发展中出现的新问题，许多学者也在借鉴国内成功的薪酬激励案例基础上，引进国外薪酬管理方法，以改变原来单一的薪酬模式。在这个过程中，应重视理论与实践相结合。

3.5.1 注重激励文化在薪酬制度中的运用

西方企业管理模式通过外企进入中国以后，出现了一种新的游戏规则——激励文化，主张通过正向强化方式来鼓励优秀员工，而不采用负向惩罚，工作业绩好，就能在薪酬和晋升上体现，否则就没有体现。这种激励文化是建立在高素质员工基础上，员工的自我认同感很强，高淘汰率使员工有危机感，员工大多要求进步，如果自己一直没得到激励，就意味着自己存在的价值遭到忽视，许多员工在这种情况下会主动调整自己，或更加努力工作或辞职另求发展。如果员工认为这种薪酬制度是合理的，并完全遵从这种机制裁决，这就是企业薪酬制度成功的标志，如 IBM 的薪酬管理非常独特和有效，能够通过薪金达到奖励进步，督促平庸的效果，IBM 将这种管理发展为高绩效文化（High Performance Culture）。在 IBM，学历只是一块敲门砖，而绝不是获得最好薪资的先决条件，员工的薪资与其岗位、职务、工作表现、工作业绩有直接关系，工作时间长短、学历高低则与薪金没有必然联系。薪酬激励中注重团队文化的还有华为，华为的团队文化倡导"胜则举杯相庆，败则拼死相救"，薪酬体系也不例外。华为历次变革，都是以团队为基础来开展项目，针对团队统一设计有针对性的激励方案和薪酬策划，即便是销售人员拿到的浮动收入，也是根据团队乃至公司的整体业绩来考评发放的。

3.5.2 注重对人的真正关注

企业管理要求把人作为中心，形成"以人为本"的企业价值观。日本企业家深得其真谛，普遍在企业中树立了人本价值观。其实，企业管理理论从泰罗的"科学管理"发展到"企业文化管理"阶段，实质是管理实践发生了由"以物为中心"向"以人为中心"的根本转变。"人为贵""民为本"被改造应用到企业中，就形成了"以人为本"这一新理念。它强调了人的核心地位，要求企业重视人的功用胜过机器、厂房、设备。正是这种以人为中心的价值观，把人的积极性、创造性的发挥与劳动生产率的提高巧妙结合起来，使日本企业取得了巨大的成功。正如索尼公司总裁盛田昭夫所说:"日本公司的成功之道,并无任何秘诀和不可与外人言传的公式,不是理论,不是计划,也不是政府或政策,而是人。只有人才能使企业获得成功。"索尼的口号是"要让管理工作适应人,而不是让人适应管理工作"。松下的"制造人才,兼而制造产品"以及海尔的"先造人,后造产品"的人格化管理都体现了这一点。现代经济与科技创造了巨大的物质财富,但很多企业家往往只看到了物质财富,而忽视了创造财富的是人和财富归根到底也是为了人这一点。美国管理学大师杜拉克在对管理目标的探讨中,特别强调"人"的因素。在他看来,"企业是人的群体,企业的活动就是人的活动,人的群体必须建立在共同的信念之上,必须把人聚集在共同的原则周围。不然的话,企业就会瘫痪,不能够活动,不能够要求它的成员努力工作"。

我国的"人本管理"在理论上已经相当成熟。但在实践中,对人的尊重和关心过多地停留在口头上,原则性的内容并没有得到真正的落实。薪酬管理是对人的看法和提高工作效率的间接体现,经营理念往往反映在各个薪酬决策的细节中。现实中,企业对人的不重视便往往暴露在不合理的薪酬体系中,这种情况不符合现代企业制度的基本要求。

3.5.3　增强沟通与交流

国外企业在薪酬方面的实践表明:与没有员工参加的绩效付酬制度相比,让员工参与报酬制度的设计与管理非常令人满意且能长期有效,设计机制允许每一个员工按照个人的爱好与能力选择混合的报酬和福利,这种方式将使企业用于报酬和福利的每一美元能产生百分之百的激励价值。

增强沟通交流是参与薪酬设计的重要前提，通过沟通交流使人事部门或管理层了解员工的薪酬要求，使员工成为"薪酬参谋"，从而制订出符合员工意愿的薪酬方案。如 IBM 的文化中特别强调双向沟通（Two Way Communication），不存在单向命令和单向决策的情况，员工可通过以下方式进行沟通：第一，与高层管理人员面谈（Executive Interview），这种面谈是保密的，员工可选任何个人感兴趣的事情来讨论，面谈内容可包括个人对问题的倾向意见，自己关心的问题等。第二，员工意见调查（Employee Opinion Survey），IBM 通过对员工进行征询，了解员工对管理层、福利待遇、工资待遇等方面有价值的意见，并据以做出公司决策。

3.5.4 加强薪酬管理的基础性工作

在过去的一百多年，西方企业薪酬管理经历了从刚性到柔性的变化发展过程。其中，以职位和工作价值判定为基础的薪酬体系，一直占据主要地位。这种操作性强的薪酬模式对企业业绩发挥了巨大作用。与这些严格的规范化制度相配套的基础性工作，是它们今天之所以能够实施柔性管理的条件，是管理中不可逾越的阶段。然而，我国企业的现实正是这方面的基础性工作相当薄弱。因此，在进行各项薪酬制度变革时，必须特别重视基础性工作。

3.5.5 薪酬激励要与企业的实际情况结合

通过比较分析可以发现，我国企业所使用的一些薪酬政策，西方企业里也正在尝试应用，并且用得得心应手。如绩效薪酬制，这属于一种以"投入"为基础的薪酬模式，更符合知识经济对新技术、新技能的要求，在我国却没有得到推广。我国的"工效挂钩"制度与西方企业的利润分享制度也有"异曲同工"之妙，但由于分配主体问题，该制度在我国的推广也陷入了比较艰难的境地。在西方企业实行泛化薪酬之时，我国却正着力于"福利社会化"。面对这些问题，企业应当清醒地认识到一些"形似神不似"现象，抓住实质加以完善和发展。

此外，薪酬激励必须符合或体现公司整体战略。例如华为员工薪酬福利按研发、生产、市场销售和客户服务划分四个体系，其中，研发部门和市场销售部门的薪资福利水平明显高过生产和客户服务部门，这也是由公司的战略决定的。华为按照贡献和能力为员工定级别，华为的员工薪水级别分为10级，不同级别的员工薪资和福利不同，员工干满一定时间可持有企业股权。这种薪酬管理模式充分考虑了企业的核心竞争力战略。

薪酬制度是企业人事管理中重要的一环，它决定了对员工的激励效果，合理的薪酬制度对企业的发展无疑是有益的。然而，薪酬只是手段，并不是企业的最终目的，我们需要做的是通过建立一套符合企业个案的薪酬制度。达到最佳的激励效果，使员工积极性充分发挥，进而实现企业利润最大化。正如泰罗的蛋糕原理所描述的，"劳资双方把注意力放在转向增加盈余的数量上，使盈余增加到使如何分配盈余的争论成为不必要"。

第4章 几种薪酬激励模式的比较分析

4.1 以技能和业绩为基础的薪酬模式

4.1.1 岗位薪酬制

岗位薪酬制是在工作岗位分析的基础上，按照员工所在工作岗位的劳动责任、劳动强度和劳动条件等评价要素，确定薪酬等级和薪酬标准的一种薪酬制度。其主要特点是：对员工不制定具体的技术标准，但各个岗位都有明确的职责范围、技术要求和操作规程规定，员工只有达到岗位要求才能上岗工作；岗位间不存在升级问题，员工要想提高薪酬，只能变换工作岗位。

岗位薪酬制具体形式包括一岗一薪制和一岗数薪制。前者一个岗位只有一个薪酬标准，岗内不升级，同岗同薪。其优点是简便易行，缺点是岗内难以体现差别，缺乏激励。这种形式主要适用于专业化、自动化程度高，流水作业，工作技术单一，工作物等级比较固定的工种或青年员工占大多数的企业。后者是一个岗位设置若干薪酬标准，以反映岗位内部不同员工之间的劳动差别。岗内级别根据不同工作的技术复杂程度、劳动强度、责任大小等因素和岗位要求而定。员工在本岗位内可以小步考核升级，直至达到本岗位最高的薪酬级别。一岗数薪制适用于岗位划分较粗，同时岗位内部技术存在差异的工种。表4.1是岗位等级薪酬制度的一个实例。

表4.1 某公司管理和技术员工岗位等级薪酬制（一岗一薪制）

岗位	薪酬标准（元）	管理职务	技术职务	员工岗位薪酬标准	
				岗位	标准（元）
十岗	500	公司总经理		一岗	108
九岗	435	公司副总经理		二岗	135
八岗	390	总经理助理		三岗	165
七岗	370	公司部室主任	正高工程师	四岗	195
六岗	325	公司部室副主任	副高工程师	五岗	225
五岗	280	科长		六岗	260
四岗	238	副科长	工程师	七岗	305
三岗	195	主办科员	助理工程师		
二岗	160	科员	技术员		
一岗	130	办事员	技术员		

资料来源：吴志华，1996.现代人力资源管理[M].上海：中国纺织大学出版社：16.

以岗位为主的薪酬模式适合中国的多数企业和多数类别的岗位，是一种目前普遍采用的薪酬制度。和传统上中国企业讲究行政级别和资历相比，岗位导向的薪酬模式是一种很大的进步。这种模式最适合传统的科层组织，在这种组织中，职位级别比较多，企业外部环境相对稳定，市场竞争压力不是非常大。就岗位类别而言，基于岗位的薪酬模式比较适合职能管理类岗位。对这些岗位上的任职者要求有效地履行其职能职责是最重要的，这样岗位的价值才能得以真正体现。

4.1.2 绩效薪酬

如果在确定薪酬时，主要是依据绩效结果，那么这就是基于绩效的薪酬模式。近年来，随着商业环境的竞争加剧，按绩效付酬的趋势越来越显著。举一个最明显的例子，高层经理人的收入的大部分来源不再是基于岗位在企业中的相对价值，而是企业整体绩效的提升。这部分绩效收入可以是风险奖金的形式，也可以是股权激励的形式，如分红、股票期权收入等。

由于绩效付酬适应的岗位类别比较杂，很难用一个模式来说明其设计方法，下面笔者就以经营者的年薪制为例进行简要说明。实施年薪制的经营者收入，一般由三部分组成：基本年薪、绩效奖金、风险收入。如果确定经营者的年薪为 30 万，则其组成比例和确定依据可以是如表 4.2 所示的情况。

表 4.2 绩效薪酬制下经营者年薪的组成

收入单元	年薪一：基本年薪	年薪二：绩效奖金	风险收入
比例	15 万	15 万	不确定
确定依据	生活费	是否完成考核指标	超指标情况

据调查，美国有 70% 的大型企业采用业绩工资方式，许多欧洲国家的企业也出现了这种趋势。20 世纪 90 年代初期在英国进行的 1 000 家企业的调查显示，不少企业改革了传统的工资体制，一些大企业开始实行第三版的业绩挂钩工资，

即在不断调整和修改的基础上,为高级主管提供奖金和股票期权。日本这样的长期实行年功序列制工资的国家,也开始引进业绩工资系统。西方比较流行的业绩工资计划被称为 PRP（Performance Related-pay）,即"根据业绩支付的报酬",PRP 方案是企业激励计划的一个组成部分。其方案设计不仅是基于降低生产成本,而是从理念上视雇员为企业的合伙人,依据他们对企业的贡献和业绩状况支付报酬。

处在竞争性强的环境中的企业适宜于实施基于绩效的薪酬模式,如消费品、家电、计算机、信息等行业。就岗位而言,高层经营管理类、市场销售类、部分产品开发类岗位、适合计件的操作类岗位比较适合这种薪酬制度。当然,这些岗位是否真正适合绩效付酬,还要看企业的产品的性质、企业竞争策略等因素。如果岗位任职者能够通过自身的努力在很大程度上影响工作产出的话,就可以采用以绩效为主的薪酬制度。以某房地产公司为例,销售人员过去拿很高的提成和很低的基本工资。实际上,对这家公司而言,能够销售多少套房子,并不主要取决于销售人员的努力,更主要的是看房子的性价比,这与当地的地产竞争还不太激烈有关。因此,对这些销售人员就不能过分强调提成的激励作用。同理,对一家主要依赖国际市场价格变动影响的外贸公司而言,经理人员的努力并不能控制公司的业绩,相应的,其激励性收入也不能简单地和利润相挂钩。

4.1.3 技能工资体系

在需要团队合作的技术性工作中,需要的是知识共享、相互启发,很难划清团队成员的具体职责,这样一来,以岗位为主的管理模式就无法很好地发挥作用了,以岗位为主的薪酬模式也不再适用。随着组织越来越扁平,职位层级越来越少,权力逐渐下移,企业需要员工掌握多种技能以适应多变的环境。在这些情况下,以技能为主设计薪酬体系就成为现实的需要。

以技能为主的薪酬模式早就存在,只不过中国的技能导向工资制导向了资力、学历,和员工真正具备的技能关联不大,影响了它在企业中使用的效果。如表 4.3 是一个典型的专业技术人员技能工资表。

表 4.3 专业技术人员技能工资表

员工姓名	技能等级名称	工资水平(元)
张三	技术员	1 100
李四	助理工程师	1 300
王五	工程师	1 600
秦六	主管工程师	2 000
宋七	资深工程师	2 500
田八	副主任工程师	3 000
赵九	主任工程师	3 800
刘十	副总工程师	4 800

技能工资体系是发达国家近年来着力开发的新型工资体系,已经取得了新的进展,并被认为是发达国家目前发展最快的一种薪酬体系。据统计,美国《财富》杂志上的 500 家大型企业中有 50% 的企业已经对部分员工实行了技能工资体系管理。西方一些企业采用技能工资体系主要是为了适应企业内部和外部形势的变化,是通过薪酬激励机制鼓励员工自觉掌握新的工作技能和知识。而后,

随着企业对人力资源开发的重视,以及组织的扁平化,中层管理工作缩减,管理者的提升计划减少等现象的出现,技能工资更成为新的员工激励机制。因为,以往的付薪体系,多是以职务或者工作的价值来确定报酬量,工作的"产出"是其关注点;而技能工资是以"投入"为关注点,以员工为完成岗位工作所投入的知识、技能和能力作为测量报酬的依据。

基于技能的工资制度适合生产技术是连续流程性的或者规模大的行业以及服务业,如化工、食品加工、保险、咨询、医院、电子、汽车等行业。就岗位而言,技能导向的工资模式适合技术类(尤其是基础研究类)、部分操作类岗位。

4.2 宽带薪酬模式

宽带薪酬是20世纪80年代,美国提出的一种新型的薪酬设计理论体系。按照美国薪酬管理学会的定义,宽带薪酬结构就是指对多个薪酬等级以及薪酬变动范围进行重新组合,从而变成只有相对较少的薪酬等级以及相应较宽的薪酬变动范围。其最大特点就是拉大带宽、减少等级,即将原来的十几个甚至二十几个、三十几个薪酬等级压缩成几个级别,同时将每一个薪酬级别所对应的薪酬浮动范围拉大,形成一种新的薪酬管理系统及操作流程。

宽带中的"带",意指工资级别,宽带则指工资浮动范围比较大。一般来说,每个薪酬等级的最高值与最低值之间的区间变动比率要达到100%或100%以上。一种典型的宽带型薪酬结构可能只有不超过4个等级的薪酬级别,每个薪酬等级的最高值与最低值之间的区间变动比率则可能达到 200%~300%。而在传统薪酬结构中，这种薪酬区间的变动比率通常只有 40%~50%。

在实际操作中，首先将原来报酬各不相同的多个职位进行大致归类，每类的报酬相同，使同一水平工资的人员类别增加，一些下属甚至可以享受与主管一样的工资待遇，薪酬浮动幅度加大（见表 4.4），激励作用加强。薪酬宽带通过减少等级数量，使职位变动与薪酬变动的联系松散化。宽带薪酬体系的一个潜在假设是：一位出色的专业技术人员可能比一位刚上任的研究院院长对组织的价值更高；一位技术非常熟练的工人对组织的贡献并不亚于一位车间主任；一位顶级销售员可能比一位销售部长对组织的作用更重要。

表 4.4 薪酬浮动与薪酬宽带比较

薪酬浮动幅度的作用	薪酬宽带的作用
在控制范围内较灵活	强调指导范围内的灵活性
相对稳定的组织设计	层次较少的组织
通过等级或职位的晋升业绩得到承认	职能的经验获得和横向开发
重点控制，可作比较	参考市场薪酬率和浮动幅度
所有的控制设计成制度	预算控制，很少有制度
给管理人员"指导的自由"	给管理者管理薪酬的自由
浮动幅度达 150%	浮动幅度在 100%~400%

宽带薪酬作为一种新型薪酬设计模式，它突破了行政职务与薪酬的联系，打破了传统薪酬结构所维护的等级制度，有利于增强集体凝聚力，创造学习型企业文化，提升企业整体绩效及核心竞争力。作为薪酬战略，宽带薪酬更

能与企业组织扁平化、流程再造、团队导向、能力导向等新的管理战略相配合。在这种薪酬模式下，企业可引导员工将注意力从职位晋升或薪酬等级的晋升转移到个人发展和能力的提高方面，给予绩效优秀者比较大的薪酬上升空间，以适应新的竞争环境和企业业务发展需要。同时，宽带薪酬还有助于培育员工在组织中跨职能成长。薪酬高低不是由职位决定，而是由能力决定，这样员工就会主动、乐意通过相关职能领域的职务轮换提升自己的能力来获得更大的回报。

4.3 收益分享激励模式

收益分享最早始于19世纪30年代的美国，其代表是简单的斯坎龙方案（Scanlon Plan），后来，其他的收益分享方式如通过分享提高生产力方案（Improshare Plan）和卢卡尔方案（Rucker Plan）等不计其数的收益分享形式也广泛发展起来。收益分享计划是一种主要的团队激励方式。是指企业或组织通过为员工提供参与组织管理实践的机会和权力，使员工充分发挥积极性。组织和员工之间，对由于成本节省、效率提高或者合理化建议等产生的收益进行分享。相对于利润分享计划，收益分享的本质是团队、集体形式的薪酬，利润常受到多种因素的影响，而收益分享是对组织中某一群体由于生产率的提高或者质量改善而产生某一时期的成本节约或收益增加情况，对组织群体成员进行奖励，以提高组织绩效，而不考虑年终结算如何。

目前，在美国最大的企业中，约40%的企业至少采用一种收益分享方式。

由于收益分享中被分享的收益来自于按照特定组织定制的指标来衡量绩效，因此，它可以适用于任何组织。

在实际操作中，收益分享计划主要包含两个关键步骤：一是确定组织通过收益分享计划要达到的总目标。这需要组织各方面的力量，包括组织的高层、咨询专家、员工等，尤其是员工参与非常重要。这个总目标可以是单一目标也可以是综合目标，如提高生产效率、降低成本、改善产品质量等。二是选择收益分享指标。指标可分为财务指标和物理指标。物理指标相对来说比较容易控制，而财务指标影响因素很多，需要组织和员工共同承担收益、风险和损失。企业在具体操作过程中可以通过财务指标和物理指标相互组合的方式达到更好的结果。收益分享计划是对薪酬激励体系的有效完善与补充。

收益分享这种薪酬方式不同于传统的激励方案，它隐含的基本理念是试图使工作处于双赢的位置，使员工和其所属的组织都能从绩效的成功运作中获益。当可衡量的绩效（如生产率提高、成本节约和质量提高等）得到提高后，员工不仅可以得到正常薪酬，而且还可以按照一个事先设计好的收益分享公式，根据本人所属工作单位或群体的总体绩效改善状况和组织分享绩效所带来的收益以及由于组织成功所带来的收益。收益分享的核心在于：在这个过程中，员工和管理者是带着提高组织绩效的共同目的和成功的决心走到一起的。其决策过程主要包括五个关键要素，如图4.1所示。

收益分享计划作为薪酬激励模式中的一个重要方法，它能体现战略薪酬思想。一方面表现在它的实现过程是以企业的总体目标作为出发点，然后进行分解实施的。包括其中的标准确定、指标考核与奖励等一系列过程都反映了企业的战略导向，使得企业的薪酬有效地支撑了企业战略目标的实现。因此，从另一方面来讲，收益分享计划不但是薪酬激励体系，更是企业管理系统、管理哲学与企业文化的深度融合。

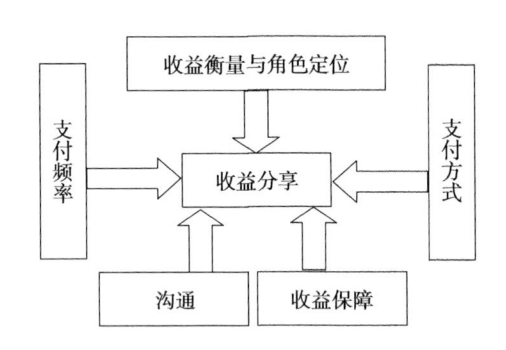

图 4.1 收益分享中的几个关键决策

4.4 股票期权激励模式

作为企业管理中一种激励手段，股票期权起源于20世纪50年代的美国，70年代至80年代走向成熟，为西方大多数公众企业所采用。中国的股票期权计划始于20世纪末，曾出现了上海仪电模式、武汉模式及贝岭模式等多种版本，但都是处于政策不规范前提下的摸索阶段，直到2005年12月31日，中国证监会颁布了《上市公司股权激励管理办法（试行）》，我国的股权激励特别是实施股票期权计划的税收制度和会计制度才有章可循，有力地推动了我国股票期权计划的发展。

股票期权是指给予员工在未来某特定的时间内按某一固定价格购买本公司一定数量股票的权利。即在签订合同时给予员工在未来某一特定日期以签订合同时的价格购买一定数量公司股票的选择权。持有这种权利的员工可以在规定时期内以股票期权的行权价格购买本公司的股票。在行使期权以前，股票期权持有人没有任何的现金收益；行使期权以后，个人收益为行权价与行权日市场价之间的差价。员工可以自行决定在任何时间出售行权所得股票。股票期权激励，即以股票作为手段对经营者进行激励。股权激励的理论依据是股东价值最大化和所有权、经营权的分离。

经过发达国家资本市场多年的实践证明，股权激励是行之有效的长期激励方式，它有利于理顺委托代理链条中的利益分配关系、避免经营者的短期行为，降低代理成本，因此在西方得到广泛运用。

据报道，全球排名前500家的大工业企业中，至少有89%的企业对经营者实行了股票期权制度。在美国，几乎所有的高科技企业，95%以上的上市公司都实行了股权激励制度，股权激励收入一般占员工薪酬收入的30%以上。在我国，《中共中央关于国有企业改革和发展若干重大问题的决定》中提出，要"建立和健全国有企业经营者的激励和约束机制"，而股票期权制度就是在现代企业中建立激励机制的一种尝试。20世纪80年代中期以来，一些国有企业在改革过程中开始进行股权激励的试点，以后逐渐展开。自2010年起，A股公司大范围实施股权激励计划，并普遍采取成本较低的股票期权激励模式。从利益最大化的角度来看，上市公司偏爱在股市周期低点、公司股价低估时推出股权激励方案。其中，中小板和创业板民企成为倡导股权激励的绝对主力。

截至2003年12月31日，在我国1285家上市公司中，有112家公告实行了股权激励制度，占所有上市公司的8.7%。虽然比例不大，但是股权激励的概念已经深入人心。目前，我国对经营者实行股票期权制度的企业在逐步增多。

一些在香港上市的红筹高科技公司如四通、联想、方正等，也纷纷引入股票期权制度。

2017年度，《上市公司股权激励管理办法》的全面推行，加之国有企业混合所有制的推进以及资管新规的出台，都促使A股上市公司股权激励得到蓬勃发展。股权激励已逐渐成为A股上市公司高管及核心员工整体薪酬的常规组成部分，实施股权激励滚动授予的公司越来越多。如图4-2所示。

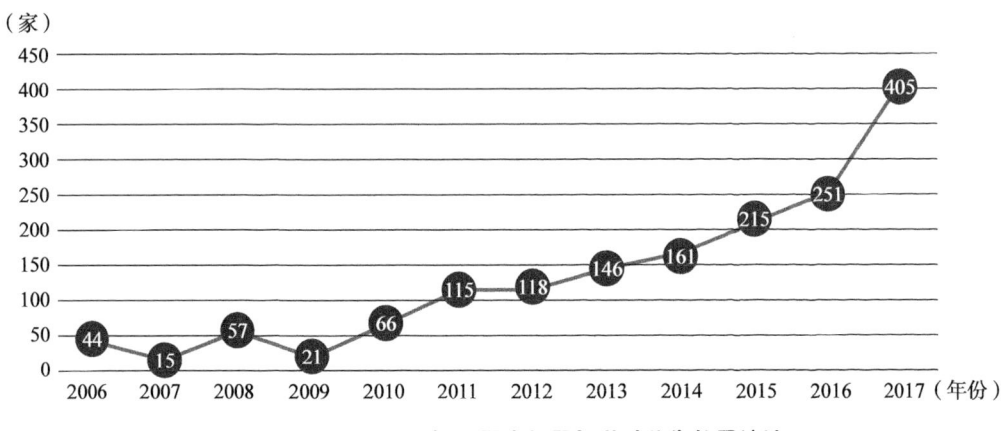

图4.2　2006—2017年A股市场股权激励公告数量统计

数据显示，截至2017年12月底，公告股权激励计划的A股上市公司共计396家，市场规模较2016年同比增长超过60%。由于股权激励是一项重要而复杂的上市公司长期激励计划，与人力资本、投行业务、法律法规和公司财务都有密切的关联，因此，部分上市公司在制订股权激励计划时选择聘请专业的咨询机构进行辅导。❶

---

❶ 数据来源：荣正咨询《2017年度A股上市公司股权激励统计与分析报告》。

4.5 KSF 全绩效薪酬激励模式

关键成功因素法（Key Successful Factors，KSF）最初是一种信息系统开发规划方法，在 1970 年由哈佛大学教授 William Zani 提出，是以关键因素为依据来确定系统信息需求的一种 MIS 总体规划的方法。后来经常作为一种战略型方法在企业战略管理领域被使用，用于寻找决定企业成功的关键因素。KSF 也被用于提取绩效指标，在提取绩效指标时主要关注可以从哪些关键成功因素进行考核。在薪酬激励中是指企业中决定岗位价值或企业收益的最有代表性和影响力的少数关键性指标。这些少数的关键因素被视为核心目标，通常具有规律性、决定性、成长性等特点，在薪酬激励中与员工薪酬、晋升挂钩，最终实现员工利益与企业效益的高度一致。

KSF 全绩效薪酬不是仅给员工施加压力、制定目标，而是强调对员工积极性的激发，以及激励的效果。KSF 不但给了企业员工一份加薪计划，更给了企业一套改善业绩的方案。这种激励模式不让员工只为公司而工作，更希望员工通过自己的努力实现自身的价值，同时创造企业效益。

以前的绩效薪酬体系设置的所谓的"绩效工资"，存在激励力度小、员工关注度不高、沟通不到位、员工不认同指标设计、目标设定等问题，从而没有解决员工为谁而做的问题，员工表现被动、消极，导致绩效与目标计划管理脱节，只关注结果，而忽视过程。考核的结果是费人费力，员工不认同，企业看不到效果，最终多数流于形式或半途而废。

KSF 的设计原理紧紧围绕企业管理的核心问题，即解决"利益分配"问题，以及利他共赢的利益分配机制的建立。这种新型的设计理念打破传统理念，认为企业购买的不是员工的时间和体力,而是员工创造的价值!设计中坚持绩效与薪酬的整体概念,在体现薪酬的刚性、规范性的同时,发挥其弹性、激励性,对管理者和员工都有很强的发挥空间。

这种激励模式认为,对于业务型、管理层岗位,20%的关键项目决定了80%的价值。激励的前提是找到关键因素、关键项目。

主要步骤包括以下五部分。

第一步:分析岗位价值。这个岗位有哪些工作是最重要的,直接为企业带来效益的?

第二步:提取指标(中层管理人员6~8个)有哪些可量化的数据(如营业额、毛利率)是企业所需要的、急需改善的?

第三步:指标和薪酬融合(设置好权重和激励方式),不要平均分配工资,要挑重点。

第四步:选定平衡点。寻找企业和员工都能接受的平衡点,要以历史数据为支持参考。

第五步:测算。

KSF的设计坚持五大方向,如图4.3所示。第一,大弹性、宽幅。定量薪酬讲求的是稳定,变量薪酬追求的是激励。变量越大,弹性就越大,激励性就越强。因此,KSF要求从原来的固定薪酬(或底薪)中拿取不低于50%的部分用于宽带激励设计,通常比例锁定在60%~80%。第二,高绩效高薪酬。员工创造的越多,获得的回报就应该越高。多劳多得,才符合人性需求及市场规则。企业不要担心员工的收入高了自己的利润就少了,而是要致力于一手提高员工的收入,另一手促进员工创造高价值、高绩效。相比而言,员工收入高稳定性就强、对公司的认同度与归属感也会得到改善。第三，利益趋同。在传统模式之下，员工与老板的利益通常是矛盾的。员工工资属于管理成本，工资水平走高人力成本就会上升，而企业利润就会下降，因此，老板内心不太愿意增加员工工资。而KSF认为员工工资应该属于资本，员工是来创造价值的，根据自己的贡献获得相应的收益。所以，KSF模式的追求结果是：员工收入越高，企业赚的就应该越多。只有员工与企业的利益实现趋同，思维才能统一，目标才能真正一致。第四，激励短期化。激励设计有两种倾向，一是短期化，即月度；二是长期化，即三年以上。不过，任何激励设计都不能忽视短期化的趋势。没有努力的现在，何谈美好的未来。所以，KSF倡导的就是先做好月度激励，再扩展到年度及长期。第五，管理者转化为经营者。管理者做事，经营者做价值和结果；管理者管人，经营者要经营人；管理者为老板打工，经营者必须为自己、为团队一起干；管理者只关注自己的收入，经营者必须创造价值和增值；管理者的起点是先得到，经营者的起点是先付出。

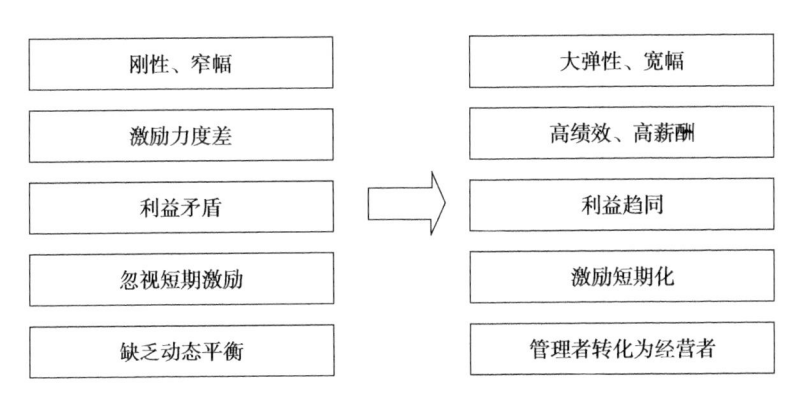

刚性、窄幅	⇒	大弹性、宽幅
激励力度差		高绩效、高薪酬
利益矛盾		利益趋同
忽视短期激励		激励短期化
缺乏动态平衡		管理者转化为经营者

图4.3　KSF设计方向

KSF薪酬全绩效模式具体操作中将岗位原工资分解到核心K指标上；每个K指标从数据分析找到平衡点。K指标提取时应遵循同质性原则、关键特征原则、独立性原则。具体来说，K指标应该具备以下特点：第一，K指标是具体的且可以衡量和测度的量化指标。第二，K指标是企业充分与员工商量沟通而确定的。第三，K指标是根据企业内外的情况而动态调整和变动的。第四，K指标必须通俗易懂，要让绝大多数员工理解。第五，K指标符合企业的远景规划和战略部署，使员工绩效与企业效益直接挂钩。第六，K指标让员工的绩效与内外部客户的价值相关联。一般每个岗位的考核指标有6至8个，岗位层次越高，承担的财务性经营指标和业绩指标的权重就越大；岗位层次越低，所承担工作结果类指标的权重越大。对于大多数岗位来说，根据"定量为主，定性为辅，先定量后定性"的原则，一般先设定定量类指标权重，后设定定性类指标权重，且定量类指标总权重要大于定性类指标权重。

4.6 相关比较分析

没有哪一种薪酬模式是完美无缺的（如表4.5所示），同样的，也没有哪一种薪酬模式是毫无价值的。不同的组织、不同的人员、不同的工作和不同的环境将适用不同的薪酬模式。企业的薪酬策略将更加灵活，以适应新的环境要求。企业薪酬改革的方向将是以人为中心的薪酬模式与以职位为中心的薪酬模式相互补充、共同发展，单一的薪酬模式将被复合的薪酬模式所取代，并与国际流行的整体薪酬体系接轨。以职位薪酬为基础，兼顾能力薪酬，突出业绩薪酬的整体薪酬激励体系，体现"效率优先、兼顾公平"的分配原则，代表着企业薪酬制度改革的方向。

表 4.5 现有薪酬模式比较

模式比较项目	以职位为中心的薪酬模式	以能力为中心的薪酬模式	以业绩为中心的薪酬模式
核心思想	以位定薪	以能定薪	以绩定薪
管理理念	以事为中心	以人为中心	以人为中心
管理的难点	职位评价与工作分析	人的能力评价	人的工作绩效评价
突出的薪酬功能	保障	调节	激励
保障性	大	中	小
激励性	小	中	大
公平性	弱	中	强
竞争性	弱	中	强
灵活性	弱	中	强
追求的目标	组织目标	个人目标	个人与组织目标
常见的表现形式	岗位津贴	特殊津贴	科研奖励酬金
适用的条件	内外部环境比较稳定	知识、能力竞争突出的环境	外部竞争激烈的环境

针对当前企业薪酬项目繁杂、结构不尽合理、差距不大、导向不清、激励作用发挥不明显的弊病，我国企业应吸收现有薪酬模式的优点，打破原有薪酬项目结构，优化薪酬结构，做到"突出激励功能，激励、保证和调节三大功能相互协调"，建立起以职位工资为基础、突出能力工资和绩效工资的多元结构的整体薪酬激励模式。

1. 打破传统薪酬结构，建立三元薪酬结构模式

三元薪酬结构包括基本工资、职务津贴和岗位绩效工资等。基本工资是由员工退休后仍保留的工资部分构成。它以国家规定的职务（职级或技术等级）工资为主体，主要表现为职位薪酬，满足员工及其家庭基本生活开支，体现了薪酬的保障功能；职务津贴是由技术职务津贴和领导职务津贴构成的，它是按照员工的专业技术能力和管理能力的相对大小来确定的，反映员工知识和技能的差异，主要表现为能力薪酬，体现薪酬的调节功能；岗位绩效工资是根据员工的岗位重要程度、工作质量高低和数量大小综合确定的，反映员工在各自岗位上的实际贡献大小，主要表现为绩效薪酬，体现了激励功能。因此，三元薪酬结构是职位薪酬、能力薪酬和绩效薪酬的综合体现。

2. 优化结构比例，突出激励功能

现在的企业中专业技术人员所占的比重越来越大，工作自主性大，可开发性强，提高绩效工资的比例有利于激励这部分员工自主能动地工作。因此，针对现有工资结构的保障比例过高、激励比例过低的情况，应对三元结构比例进行优化，降低基本工资比例，提高调节功能，特别是激励功能的比例，突出薪酬的激励功能，实现薪酬由保障型向激励型的转变，最大限度地发挥薪酬的综合效能。

3. 按照分类管理的原则，针对不同类型的员工建立不同的薪酬激励体系

企业薪酬制度改革的重点在于建立激励型岗位绩效工资制度，根据员工的

工作特点和性质，采用不同的薪酬模式，确定管理人员、生产人员、销售人员、研发人员的岗位绩效工资计算办法。

4.突出薪酬体系设计的人性化和灵活性

所谓人性化和灵活性，就是在薪酬体系设计中充分考虑满足员工心理多元化的心态，让员工能根据自身履行岗位职责情况和发展的能力，灵活选择适合自身发展的薪酬标准和增长路径，处理好经济损失与心理压力的平衡问题，较好地满足员工多元化心理需求，真正起到激励作用。

第 5 章　基于儒家思想的企业薪酬激励的设计

5.1　企业薪酬体系的诊断

企业的薪酬制度是企业人力资源管理系统的一个重要组成部分。一个企业的薪酬制度就像国家的一部法律。国家的法律要做到切实有效，最基本的一条是符合法理，薪酬制度也是如此。作为企业的基本制度，薪酬制度也必须有自己的"法理"，也就是薪酬制度必须有自己的依据。对企业的薪酬制度进行诊断，就是检查薪酬制度是否有理可循，从而改进不足，这是企业的薪酬制度能否行之有效的一个重要条件。

5.1.1　薪酬体系的自我诊断

薪酬体系的自我诊断是针对企业薪酬体系存在的问题，通过调查分析，找出原因，提出可改进的方案。常用的薪酬体系自我诊断方案如表 5.1 所示。

第5章 基于儒家思想的企业薪酬激励的设计

表 5.1 薪酬体系自我诊断表

		是	否
管理性诊断	设有专门负责薪酬管理的人员	☐	☐
	每年进行一次薪酬调查	☐	☐
	薪酬管理委员会定期听取员工对薪酬问题的意见	☐	☐
	两年一次修正薪酬制度	☐	☐
明确性诊断	具备明确的薪酬表格	☐	☐
	为了决定加薪与否，必须进行人事考核	☐	☐
	大部分员工都会计算自己的薪酬	☐	☐
	下列薪酬规章是否完备		
	薪酬规则	☐	☐
	加薪、调薪的可循性规章	☐	☐
	支付奖金的规定	☐	☐
	退职规定	☐	☐
	兼职者、临时工薪酬规则	☐	☐
	制订长期薪酬计划等	☐	☐
	是否具备健康关怀计划	☐	☐
	是否具备弹性福利计划	☐	☐
能力性诊断	导入职务薪酬或者职能薪酬	☐	☐
	进行职务分析与评价	☐	☐
	同一职级的加薪有最高限度	☐	☐
	按照技能测定、资格考试、考核制度决定职级	☐	☐
	设置有职务评价委员会、职务分析委员会、薪酬委员会	☐	☐
激励性诊断	设定个人薪酬与团体能力薪酬	☐	☐
	根据目标业绩、利益额设定薪酬	☐	☐
	设定奖励为主旨的全勤津贴	☐	☐
	奖金采取利益分配与业绩奖励的方式	☐	☐
安定性诊断	**现行的薪酬制度符合生活费水准**		
	现行薪酬制度与一般水准相同，甚至在水准以上	☐	☐
	过去五年内，底薪增加的比率与一般水准相同	☐	☐
	数年来，薪酬的上升并没有超过企业支付能力	☐	☐
	数年以来，在招聘时薪酬足以吸引人才	☐	☐
	数年以来，人才流动率低于一般水准	☐	☐

注：根据表中的诊断项目选择"是"或"否"。

5.1.2 对企业薪酬体系整体的诊断

对企业的薪酬体系进行诊断,就如同对一个人进行体检,除了例行检查(如体温、血压、血检等)之外,医生还会根据你所描述的症状进行额外的检查。就企业来说,不但薪酬体系本身要符合常规,而且要保证这种体系在整体上与企业战略、企业自身的情况相吻合。

1. 企业的薪酬体系是否符合企业的战略需要

企业战略是企业经营方向与目标的决策过程与活动。换言之,企业战略决定着企业将向何处去,是企业总的指导方针。企业的薪酬制度是为实现企业战略而服务的,企业战略决定了企业人力资源的结构与规模,从而决定了企业薪酬支付的结构与规模。因此,企业的薪酬制度应该与企业的战略相一致、相匹配(见图 5.1)。

| 战略
企业要做什么
要做到多大规模 | → | 人力资源的
结构与规模
雇谁、雇多少 | → | 薪酬支付的
结构与规模
对谁支付、支付多少 |

图 5.1 薪酬与战略

2. 企业的薪酬制度是否具有内部公平性

企业的雇员在比较自己的薪酬水平如何时,一般首先是与本企业、本部门中相同资历、经验、知识水平的人进行比较,也就是比较薪酬的内部公平性如何。对企业薪酬制度内部公平性进行诊断,就是要检查一个企业在以职位价值作为基本的工资支付基础时，职位价值的评估是否准确、公正，从而判别企业的薪酬制度是否具有内部公平性。

3. 企业的薪酬制度是否具有外部公平性

对外部公平性的诊断可以通过薪酬调查来进行，在正确的薪酬调查数据的基础上，将企业的薪酬水平与市场工资率进行比较。主要包括：企业工资率的数据是否准确，企业的工资政策与市场工资率数据的关系如何。通过对企业现有的薪酬政策与市场工资率的比较，可以判断企业的薪酬制度是否具有外部公平性。

4. 工资差别是否合理

看一个企业的工资差别是否合理，也就是看企业的工资主要有哪些差别，工资等级的重叠是否合理等。具体包括：企业的收入等的数量是否恰当；企业的收入级差是否合理；相邻的两个收入之间重叠的部分是否合理。

综上所述，对企业薪酬体系整体的诊断步骤如图5.2所示。

5.1.3 薪酬满意度调查

1. 薪酬满意度调查与薪酬激励

薪酬满意度是指员工对所获得的企业的经济性报酬和非经济性报酬的总和是否满意，也即对现有收入与预期所期望的收入之间形成对比之后的心理反应和心理状态。从宽泛的概念来看，薪酬满意度是员工对劳动所得的一种态度，也是能够体现企业分配是否公平的衡量标准之一。员工薪酬满意度是一个相对的概念，一般来讲，如果实际收入达到或超出期望值，视为满意，低于期望值视为不满意。

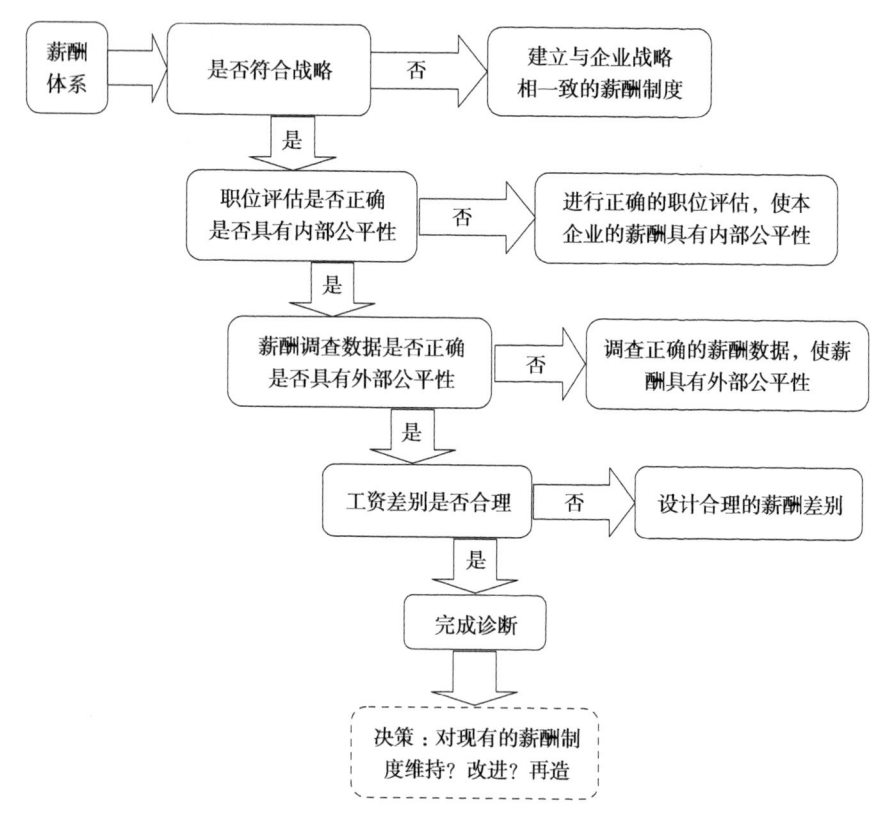

图 5.2 企业薪酬制度整体的诊断

员工的薪酬满意度越高，薪酬激励的效果越好，薪酬发挥的激励功能就越大，此时员工就会努力工作，同时也会得到更多的肯定和晋升机会，从而得到更高标准的薪酬，薪酬就这样形成一个良性的循环，在不断的循环中发挥着激励的功效。反之，则形成恶性循环，达不到激励的效果，造成人才的流失，对企业的生产经营产生负面影响，市场竞争力更无从谈起。

2. 薪酬满意度调查的目的

企业要想了解所处行业的相关薪酬状况，找到留住和吸引人才的关键因素必须进行薪酬满意度调查。通过开展薪酬满意度调查，对员工的薪酬价值观取向和薪酬公平感，以及员工对当前企业薪酬制度、执行、构成、薪酬水平和福利情况等有关薪酬管理工作的感受进行调查了解，诊断和把握当前薪酬制度中的问题，以便管理者改进或调整公司的薪酬管理措施和制度，提高薪酬制度的公平性和科学性。

3. 薪酬满意度调查的实施过程

根据薪酬调查的目的，选择调查范围，确定调查内容，最后分析调查结果，调整薪酬策略。总体来说，薪酬满意度调查的主要过程如图5.3所示。

| 明确薪酬调查的目的 | 界定相关劳动力市场 | 选择要调查的职位 | 确定要调查的内容 | 进行薪酬调查 | 分析调查结果 | 绘制薪酬政策曲线 |

图5.3 薪酬调查的主要过程

薪酬调查的范围可以针对企业内部也可以面向外部。内部调研主要用于了解员工的需求和意愿，解决内部公平性问题。外部调研是解决工资外部不公平的有效手段，通过外部调查，企业可以了解市场薪酬水平及动态，尤其是同行业其他企业的薪酬水平，从而检查分析本企业各岗位薪酬水平的合理性，确定工资在市场上的地位和竞争力，这将有助于公司吸引和留住企业所需的优秀人才。同时在确定企业的薪酬水平时，还需要对企业的支付能力进行分析，考虑提高薪酬水平所带来的企业效益的增加是否大于成本支出，寻找企业利润与薪酬分配之间的最佳点，这样，加薪才能有科学依据。一般说来，企业薪酬调查有两种做法：一种是自行组织，另一种是把自己的需求提交给外部专门的薪酬调查公司，委托他们代为完成。表 5.2 是上海某公司薪酬满意度调查的问卷内容。

表 5.2　员工薪酬满意度调查问卷分析结构

横向维度	维度细分	调查题目
一、薪酬水平	生存紧张度测量	近两个月内您有没有感觉到家庭开支过大，难以支持
		以下关于薪酬与生活的关系，哪个最接近您的实际情况
	客观观察测量	您觉得公司高级管理人员对他们的薪酬
二、薪酬竞争性	市场比较测量	您公司的薪酬水平与其他公司相比
三、薪酬公平性	内部公平性测量	和其他同职位的人相比，您觉得自己的工资
	分配公平性测量	您认为公司里有人干得少拿得多吗
	回报公平性测量	您对自己的努力付出与工资回报二者公平性的感受是
	期望公平性测量	您认为您的薪酬与您的职位是
		您觉得目前的工资（就）能体现您的个人价值吗
	程序公平性测量	您觉得公司的分配机制在公平公正公开方面做得
四、薪酬制度导向性	制度合理性测量	您对目前公司薪酬制度科学性的评价是
	分配合理性测量	您认为公司薪酬制度所倡导的分配机制是
	分配依据合理性测量	目前公司全部岗位工资是
	制度完善性测量	总的来看，公司在薪酬方面的管理制度
	人才吸引力测量	您对目前公司薪酬制度对人才吸引力的评价
	人才流失度测量	您觉得公司大部分员工辞职的原因是什么

第5章 基于儒家思想的企业薪酬激励的设计

续表

横向维度	维度细分	调查题目
五、分配制度的清晰度	收入怎么测量	制定您的收入水平的根据是什么，您知道吗
		您希望知道为什么您会是这么多收入吗
		您觉得目前公司薪酬的计算方式是
	薪酬公开性测量	您觉得目前公司薪酬的保密性是
	薪酬性质清晰度测量	您认为目前公司的薪酬制度直接代表着谁的利益
六、薪酬的激励性	制度激励性测量	您认为目前公司薪酬制度对员工是
	回报意外性测量	领到工资的心情
		您曾经涨过工资吗
	努力回报度测量	您的努力工作在工资中有相应的回报吗
	整体关联性测量	您觉得企业效益和员工工资的关系是
七、公司的可信度	支付准确性测量	按规定时间，公司薪酬支付的准确性和及时性
	处理意见真诚度测量	有员工对薪酬待遇现状提出不同意见和建议时，公司的态度是
		如果您有一定的理由向公司申请加薪，公司的态度会是
八、员工心理测量	心理倾向测量	工作环境 人际氛围 薪酬待遇 学习机会
	钱与生活权重测量	有人牺牲自己许多休息时间去赚钱，您认为值得吗
	工作与谋生关系测量	您认为您的工作只是一种谋生手段吗
	分配价值观测量	您是怎样看待公司里上下级工资差别的
		您认为公司员工的工资层级差别
九、公司福利	物资福利测量	公司有薪假期的设置是
	成长福利测量	在过去一年中，您获得的培训机会
十、员工关键性期待	—	若您作为薪酬主管，您认为您最想做的是
		您认为公司现在有必要进行薪酬制度改革吗

针对外部的薪酬调查的对象，最好是选择与自己有竞争关系的公司或同行业的类似公司，重点考虑员工的流失去向和招聘来源。薪酬调查的数据，要有

上年度的薪资增长状况、不同薪酬结构对比、不同职位和不同级别的职位薪酬数据、奖金和福利状况、长期激励措施以及未来薪酬走势分析等。只有采用相同的标准进行职位评估，并各自提供真实的薪酬数据，才能保证薪酬调查的准确性。

据权威机构近 20 年的研究资料显示，在所有的工作分类中，员工一直都将薪酬收入视为最重要的工作指标。一个高满意度的薪酬可以吸引人才、留住人才，极大地激励员工的积极性，构建企业核心能力，推动企业战略目标的实现。从对很多中国企业所做的员工满意度和组织承诺度调查的结果来看，在现阶段，我国员工对于企业薪酬制度以及薪酬水平的满意度总体上来说都不是很高，这种情况不仅在薪酬水平不高的企业中存在，在一些薪酬水平已经很高的企业中也同样存在。哈佛大学的一项调查研究表明：员工薪酬满意度每提高 3 个百分点，企业客户的满意度就提高 5 个百分点。可见，员工对薪酬的满意度是影响员工个人绩效及企业经营目标实现的关键。因此，让员工从薪酬上得到满意，是现代企业人力资源管理研究的一个重要课题。

5.2 基于儒家思想的企业薪酬激励的基本原则

5.2.1 薪酬体系设计的一般原则

1. 公平原则

公平是薪酬设计的基础，只有在员工认为薪酬设计是公平的前提下，才可

第5章 基于儒家思想的企业薪酬激励的设计

能产生认同感和满意度,才可能产生薪酬的激励作用。公平原则是设计薪酬体系首先要考虑的一个重要原则,因为这是一个心理原则,也是一个感受原则。

员工对公平的感受通常包括五个方面的内容:第一,与外部其他类似企业(或类似岗位)比较所产生的感受;第二,员工对本企业薪酬体系分配机制和人才价值取向的感受;第三,将个人薪酬与公司其他类似职位(或类似工作量的人)的薪酬相比较所产生的感受;第四,对企业薪酬制度执行过程中的严格性、公正性和公开性所产生的感受;第五,对最终获得薪酬多少的感受。

2. 竞争原则

根据调查,高薪对优秀人才具有不可替代的吸引力,因此企业在市场上提出较高的薪酬水平,无疑会增加企业对人才的吸引力及其自身的竞争力。竞争原则是指企业的薪酬标准在人才市场甚至全社会中要有吸引力,以战胜竞争对手,招聘到宝贵的人才,并长久地留住他们。但是企业的薪酬标准在市场上应处于一个什么样的位置,要视该企业的财力、所需人才的可获得性等具体条件而定。一般来说,对于企业关键人才的薪酬标准,至少要等于甚至高于市场行情。但竞争力又是一个综合标准,有的企业凭借良好的声誉和社会形象,在薪酬方面只要达到甚至稍低于市场平均水平就能吸引一部分优秀人才。

3. 激励原则

激励性是指要在内部各类、各级职务的薪酬水准上,适当拉开差距,真正体现按贡献分配的原则,实现薪酬的激励效果,从而提高员工的工作积极性。当员工认为他们的报酬公平地反映了他们对公司的贡献水平,相信多劳可以多得并愿意付诸行动时，企业就实现了对员工的激励。企业一般通过划分薪酬等级来达到这一目标，而且通过调控级差的大小来调节薪酬对员工激励效果。

此外，简单的高薪并不能有效地激励员工，一个能让员工有效发挥自身能力和责任的机制、一个努力得越多回报就越多的机制、一个不努力就只有很少回报甚至没有回报的机制、一个按绩效分配而不是按"劳动"分配的机制，才能有效地激励员工，也只有建立在这种机制之上的薪酬体系，才能真正解决企业的激励问题。

4. 经济原则

企业建立薪酬制度的主要目的是吸引、留住和激励人才，为此一些企业不切实际地提高薪酬的标准，这样做往往起不到预想的作用，反而给企业带来了沉重的财务负担。提高企业的薪酬水准，固然可以提高其竞争性与激励性，但同时也会不可避免地导致人力成本的上升。因此，薪酬水平的高低不能不受到经济性的制约，即要考虑企业的实际承受能力的大小，应该坚持工资增长幅度不超过企业经济效益增长幅度，员工平均实际收入增长幅度不超过企业劳动生产率增长幅度的"两不超"原则。

另外，一方面，优秀人才所注重的不仅仅是高额的货币报酬，精神方面的需要也很重要，只凭借高额的薪酬往往留不住优秀人才；另一方面，企业要激励人力资源其充分发挥其潜能，即使是再优秀的人才，若发挥不了作用，不能为企业创造相应的价值，也是枉然。因此薪酬设计要遵循经济性原则，进行人力成本核算，找到最佳平衡点，把人力成本控制在一个合理的范围。

5. 合法性原则

薪酬系统的合法性是必不可少的。这里的合法是建立在遵守国家相关政策、法律法规和企业一系列管理制度基础之上的合法。如果企业的薪酬系统与现行的国家政策和法律法规、企业管理制度不相符,企业应该迅速调整使其具有合法性。

5.2.2 基于儒家思想的企业薪酬激励的实施原则

1. 以员工为中心的原则

儒家的核心思想仁学讲求尊人、敬人、爱人和安人之道,抬高人的地位,强调人的作用,归根结底来说,就是以人为本。众所周知,传统的薪酬体制是以雇主为中心,员工对自己的薪酬基本没有发言权。雇主一方面希望员工努力忠诚地为公司创造价值,另一方面又把薪酬当作成本千方百计地降低。这种理念与行动的错位,极大地挫伤了员工工作的积极性,使雇主与员工之间永远存在不可调和的矛盾,从而最终不利于企业的长远发展。以员工为中心的薪酬激励模式将摒弃传统的薪酬思路,进行薪酬理念上的大变革,使企业身体力行"与财富创造者分享财富"。

2. 动态性与多样性原则

儒家义学,讲求权宜之变。《易经》里的"穷则变,变则通"亦为此理。一切事物都不是一成不变的,都会随着时代、地点的变迁而发生变化,薪酬激励模式更是如此。一套薪酬激励方案并不一定是适用于所有企业、所有员工的最佳薪酬激励模式，不同的员工、不同的企业、不同的发展时期，薪酬激励模式的设计是不同的，薪酬的具体组成也会发生着各种变化。如：年轻员工更注重直接工资和晋升机会、发展空间等方面；随着年龄的增长，员工可能对间接工资和生活质量等方面更加关注。

3. 分类管理原则

儒家礼学思想，是规矩之学，讲求行为规范之道，主张在等级秩序之下协调人们的行为。即孔子说的君君、臣臣、父父、子子，讲求各安其分、各尽本职，这种状态不仅是一种最佳的社会秩序，也渗透着儒家思想中所包含的"和谐"状态。对企业来说，不同的员工对公司的价值和重要性是不同的，其市场供求状况也是不同的，企业对他们的薪酬激励和管理也应有所区别。按照 ABC 管理法则，如表 5.3 所示，针对不同类型的员工，应该采用不同的薪酬模式。

表 5.3 ABC 法则下的薪酬水平

类型	占公司人数（%）	比市场平均薪酬水平
A 类	20	高出 20%
B 类	60	等于或略高于
C 类	20	低于 10%~20%

5.3 基于儒家思想的企业薪酬激励体系的设计

5.3.1 将儒家基本思想融入企业的薪酬激励设计理念中

1. 从儒家思想的"仁学"到以员工个人为基础的薪酬激励体系

作为儒家核心思想的仁学,讲求爱人和安人之道,是一种以人为本的学说,对于现代企业薪酬激励机制的建立有借鉴意义。以员工个人为基础是指一种以员工个人技术、知识和能力为基础的薪酬模式,与传统的以职位为基础的薪酬模式不同,它强调员工的个人能力,而且只有确定员工达到能力标准时,才能对其提供薪酬。在这种薪酬模式下,员工比以往任何薪酬模式都具有发言权。如图5.4所示。员工参与企业整体薪酬方案的设计,反映员工真实的利益需求,员工成为企业与薪酬方案的桥梁和中介。

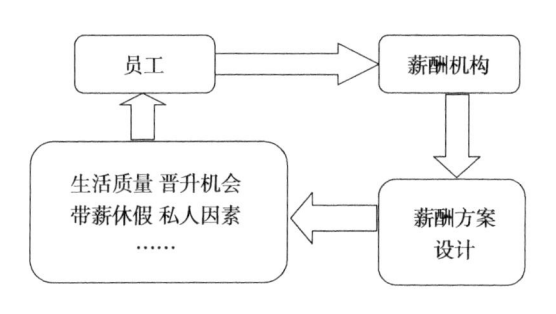

图5.4 员工的桥梁作用

2. 从儒家思想"义学"的权宜之变到动态薪酬理念

儒家"义学",讲求变通,即万事随着时间地点的变迁而发生变化。薪酬激励也是如此，要想发挥其良好的激励效果，必须注重变通。动态薪酬设计模型主要由四个部分组成——岗位、市场、业绩和能力，其中岗位相对固定，而市场、业绩和能力是可变的，从而达到设计的薪酬具有可变、弹性的效果，具体思路如图5.5所示。其中，基于岗位评估以保障薪酬的内部相对公平。基于市场薪酬的薪酬标准确定薪酬市场定位，基于业绩贡献的实际薪酬所得增强薪酬的业绩激励作用，基于个人能力的薪酬晋升促进了员工积极性的发挥。

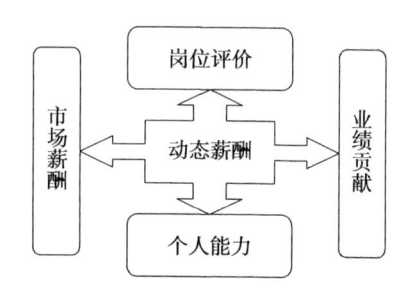

图5.5 动态薪酬的必备要素

3. 从儒家思想"礼学"的等级秩序到宽带薪酬模式

儒家礼学思想，是规矩之学，主张在等级秩序之下协调人们的行为，最终达到公平与和谐。宽带薪酬，就是企业将原来的十几个甚至几十个薪酬等级压缩成几个级别，但同时将每一个薪酬级别所对应的薪酬浮动范围拉大，从而形成一种新的薪酬管理系统及操作流程。宽带中的"带"，意指工资级别，宽带则指工资浮动范围比较大。与之对应的则是"窄带薪酬"管理模式，即工资浮动范围小、级别较多。目前国内很多企业实行的都是窄带薪酬管理模式，这对员工积极性的发挥非常不利。

4. 从儒家思想"智学"的明智理智到激励的规范性

孔子认为,知是一个道德范畴,是一种人的行为规范知识。智指知道、了解、见解、知识、聪明、智慧等。主要内涵涉及知的性质、知的来源、知的内容、知的效果等几方面。在薪酬激励中,需要建立规范的、科学的薪酬制度,以完善的内容体系达到良好的激励效果,起到促进企业经营管理,调动各个岗位员工积极性的作用,从而为企业留住人才、吸引人才。

5. 从儒家思想"信学"的言行一致到激励的持续性

儒家思想的信指待人处事的诚实不欺、言行一致的态度。孔子将"信"作为"仁"的重要体现,是贤者必备的品德,凡在言论和行为上做到真实无妄,便能取得他人的信任。在企业薪酬激励的设计中,应当做到制度与实施的一致性,即严格按照薪酬制度规定的内容来落实奖惩措施,不因人施策,不随意更改既定的规则,保证激励政策的权威性、持续性、发展性,以取得员工的信任、行业的信任。正所谓"人而无信,不知其可也"。

5.3.2 将儒家思想的激励方式运用到现代企业的薪酬激励中

近年来,我国很多企业在运用物质激励的同时,也开始积极运用非物质性手段激励员工,如开展个人职业生涯指导、开展培训以及企业文化牵引,等等。但是很多企业采用具体非物质性薪酬激励手段时,没有考虑企业所处历史文化背景环境下的目标取向,因此常常缺乏系统的理论指导。随着企业员工队伍的年轻化，企业薪酬激励不得不在传统的福利基础之上增加新的激励因素，包括企业提供的与工作相关的学习和深造机会；员工从工作本身和工作场所中得到的精神满足；上下班便利措施、弹性工作时间等符合新生代员工特殊个人需求的物质和精神激励因素。儒家思想中蕴含的物质和非物质激励思想对现代企业薪酬管理同样有很强的指导意义。

1."惠则足以使人"的物质激励

《论语·阳货》中记载，子张问仁于孔子，孔子曰："能行五者于天下为仁矣。"请问之，曰："恭、宽、信、敏、惠。恭则不侮，宽则得众，信则人任焉，敏则有功，惠则足以使人。"基本意思是，要想得到众人的拥护和信任，除了宽厚、诚信这些自身的基本素质外，还需要给予恩惠。物质需要是人类的第一需要，也是基本需求，在现代企业薪酬激励中，物质性薪酬激励仍是最基本的形式，它的出发点是关心员工的切身利益，不断满足各类员工日益增长的物质文化生活的需要，即用于满足基本生活的衣食住行等物质性因素对员工的生活满足感仍然起着重要作用。尤其在我国，由于职工收入相对较低，所以物质激励更是我国企业内部普遍使用的一种激励模式。物质激励的主要作用是改善薪酬分配制度使其具有激励功能。

2."爱而用之"的情感激励

从薪酬激励的角度来看，将情感融入薪酬之中，正是儒家的"爱而用之"思想包含的现代弹性管理、个性化管理的思想。企业薪酬激励的体系设计中，物质激励能使受激励者得到物质上的满足，从而进一步调动其积极性、主动性和创造性。但经济利益的满足只能消除员工短时期内的表面的不满意,因为物质性薪酬激励会出现边际效益递减的现象;而来自于精神和工作体验上的非物质性薪酬激励则具有杠杆作用,作用更持续、更强大。因此,企业在进行薪酬激励时要体谅和帮助员工解决工作生活中的困难,真正做到对员工的关心关爱,这样员工才能"虽劳不怨"。正所谓"得人心者得天下"。情感是影响人们行为最直接的因素之一,员工都有渴求各种情绪的需要,情感需要的满足会成为组织向心力的来源。管理者要满足员工对爱的需要,通过对下属的关心与爱护在上下级之间建立良好的人际关系,从而达到"人为知己者事,士为知己者用"的效果。具体来说,企业可以运用文化型激励,如通过对公司的宗旨、使命、价值观、文化系统等的塑造和培育,影响员工内在的责任感与使命感的形成。

3. "天下归仁"的目标激励

"仁"是孔子思想的核心,儒家在两千多年以前就高度重视目标对人的激励作用,确定了"天下归仁"这一政治性原则和道德准则,亦即管理目标。这与现代企业管理的目标管理理论不谋而合。目标管理理论是由现代管理大师彼得·德鲁克在泰罗的科学管理和行为科学管理理论的基础上,根据目标设置理论提出的目标激励方案。目标管理强调组织群体共同参与指定具体的可行的能够客观衡量的目标。具体到企业激励中,企业可以通过开展员工培训与开发、职业发展规划等将个人人生规划与企业战略发展相对应,并在薪酬设计中加强对员工能力的提升,以及对员工发展需求的关注,增强企业发展与员工利益的关系紧密性,将员工的职业管理与薪酬管理有机结合起来,满足员工职业期望需求,寻找个人成功与企业成功的契合点。

4. "尊贤使能"的成就激励

孟子在《孟子·公孙丑》中指出："尊贤使能，俊杰在位，则天下之士皆悦而愿立于其朝矣。"儒家高度重视人的成就需要，确定了"尊贤使能""俊杰在位"的用人标准，体现了尊重知识，尊重人才的激励思想，倡导通过满足贤能者的成就需要，实现个人价值和社会价值的统一。现代企业管理中的成就需要是指员工争取成功、追求优越感、希望做得最好的需要。成就需要理论的创始人麦克利兰认为，成就需要对于个人、团体和社会的发展起着至关重要的作用，成就需要能增强一个人追求卓越，争取成功的内驱力，企业中这种类型的人越多，企业成功的可能性就越大。企业薪酬激励中，可以首先进行员工和岗位的匹配原则，通过人力资源诊断、人岗适配等工作型激励，激发员工的工作兴趣和内在胜任感，使他们感到自己的工作是有意义、有价值的，能够取得成功的。此外，还应注意在企业中营造尊重知识、尊重人才的文化氛围，使员工都能各尽其能、人尽其才，帮助员工获取安全感、归宿感、成就感。

5. "修己安人"的表率激励

《论语·宪问》中记载，子路问君子，子曰："修己以敬。"曰："如斯而已乎？"曰："修己以安人。"曰："如斯而已乎？"曰："修己以安百姓。"孔子认为君子的理想追求在于，先要成己，也就是"修己以敬"。在此基础上进一步做到成人，也就是"安人""安百姓"。儒家经典《大学》强调先修身而后才能齐家治国平天下。只有自身修养达到一定高度，才可以管理好家族和国家，最后实现天下一统。在《论证·颜渊》篇中，孔子说："正者，正也。子帅以正，孰敢不正？"在《论证·子路》篇中，孔子说："苟正其身矣，于从政乎何有？不能正其身，如正人何？"如此等，无非是告诉管理者，要充分认识到以身作则的重要性。假若自身都不端正，又有什么资格要求别人端正呢？还怎样去"安人"呢？"己欲立而立人，己欲达而达人"。领导者形象的好坏，直接影响到"安人"的效果。领导者良好的修养，具有很大的吸引力和影响力；领导者不好的形象，同样有很大的瓦解力和破坏力。因此，孔子一再强调，管理者必须先行自正其身。对自己严格要求，然后在合理地"安人"，"安"是指安他人之心。

"修己"，是修造自己，而不是改变他人。这就告诫现代的管理者，花时间汲取管理驭人之道，不如先从自身做起，这样的管理才会持久。管理者若是一味地想要改变员工，员工就会产生反感，虽碍于面子不会全力抗拒，甚至表面伪装接受，实际上心中另有看法。用这种所谓的管理方法来要求员工不符合现代人本管理理念，更不符合安人的要求，也不能做到取信于人，以理服人。如果管理者先修身正己，用心管理自己，让员工感受到自身的领导者的素质和魅力，使员工自愿自发地以领导者为榜样，改变自己，这样就会使激励见效更快并且长久有效。

5.3.3 将儒家思想的奖惩方式运用到现代企业的薪酬激励中

《荀子·王制》中，荀子说："无德不贵，无能不官，无功不赏，无罪不罚。"

意思是，没有美德，不能让他富贵；没有才能，不能让他做官；没有功劳，不能给予奖赏；没有罪过，不能给予惩罚。让善良的人富起来，让有才能的人做领导，奖罚分明，各司其位，各就其序，才可以为社会做出表率。

对领导者来说，其本身的行为正当，即使不去要求下属，人们也会自然而然地效法他的行为，走上正道。但，如果领导者本身的行为不端，胡作非为，即便定下了严格的法令，任凭三令五申，仍会人心涣散，表里不一，各种激励制度只能是空中楼阁。

儒家思想中的"无功不赏，无罪不罚"与现代正负强化理论不谋而合。强化是指通过强化因素来干预某种刺激与行为的联系，使某一种行为巩固、保持或减弱消退。强化分为正强化和负强化。正强化是对人的某种行为给予肯定和奖励，使这个行为巩固、保持和加强。负强化是对人的某一行为给予否定和惩罚，使之不断减弱或消退。在企业薪酬激励中，通过合理运用正负激励，可以使员工扬长避短，发挥出自己的积极性和创造性。其过程如图5.6所示。

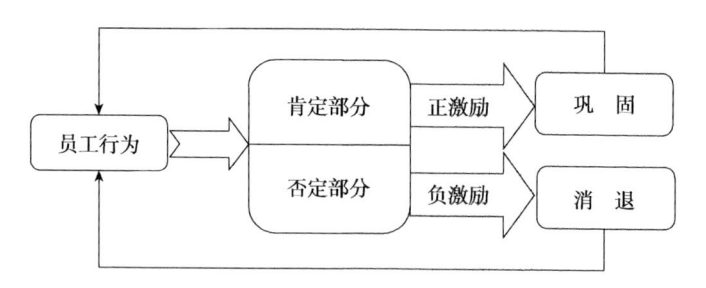

图5.6 正负激励的过程

5.3.4 借鉴儒家思想的企业薪酬激励体系整体方案的设计

1. 企业薪酬水平的定位

（1）基于绩效考核的薪酬水平。

绩效考核是确定从事某一工作的员工的相对价值的过程。绩效考核可以表明人们工作完成情况的好坏，而根据员工的绩效表现，参照已确立的岗位标准，就可以确定薪酬水平的范围。在基于绩效考核调整薪酬水平时，必须要考虑的是公平性问题，即不但要考虑员工的绩效考核分数，而且要考虑其在薪酬水平范围中的位置。表5.4是一个假设的基于绩效的薪酬水平调整指导图表❶。

表5.4 基于绩效的薪酬水平调整指导图表

（单位：元）

		优秀	较好	一般	较差	差
第四四分位数	6 000 5 500 5 500	5	3	1	0	0
第三四分位数	4 500 4 000 3 500	7	5	3	0	0
第二四分位数	3 000 4 000 3 500	9	17	6	2	0
第一四分位数	1500 1000 500	12	10	8	4	0

---

❶ 王长城，姚裕群，2005.薪酬制度与管理[M].北京：高等教育出版社：148.

表5.4中，员工绩效考核的分数从"差"到"优秀"共有五个档次。可以看出，当薪酬水平范围不变时，绩效越好，薪酬增加限越多，这一方法符合基于绩效的薪酬调整的基本逻辑。

（2）基于职位变动的薪酬水平。

职位薪酬水平是在职位评价的基础上确定的。在职位评价中，由于用来决定薪酬的技术、努力程度、责任、工作环境等无法直接观察，因此，其替代品即报酬要素也就被开发了出来。报酬要素是企业用来决定某一职位相对价值的标准。它在职位评价中处于核心地位。

对基于职位的薪酬水平进行调整的方法与给职位进行定价的方法相同，它实质上是对职位薪酬水平进行重新定价。表5.5是一个假设的某职位薪酬要素配置表。

表5.5 报酬要素分级和点数配置

报酬要素分类	报酬要素因子	权重系数（%）	5级	4级	3级	2级	1级
个人条件	专业知识	10	50	40	30	20	10
	工作熟练期	10	50	40	30	20	10
	技术	10	50	40	30	20	10
	主动性和灵活性	10	50	40	30	10	10
劳动类别	脑力强度	10	25	20	15	10	5
	体力强度	10	50	40	30	20	10
工作环境	工作场所	10	50	40	30	20	10
工作责任	材料和产品的责任	5	50	40	30	20	10
	设备使用、保养责任	5	50	40	30	20	10
	对他人安全的责任	10	25	20	15	10	5
	对他人工作的责任	10	25	20	15	10	5

第5章 基于儒家思想的企业薪酬激励的设计

（3）基于资历的薪酬水平。

许多组织都将员工的薪酬水平与员工的任职资历挂钩。即根据员工工作时间的长短定期增加其薪酬水平。这类薪酬水平调整理论认为，随着时间的推移，员工对组织来说，越来越有价值，并且这些有价值的员工如果不清楚他们的薪酬水平是否会随着时间的推移而增加，他们就会离开组织。这是人力资本理论的基本原理。例如资历薪酬（Seniority Pay）或工龄薪酬（Longevity Pay）都是明确通过永久性的增加薪酬水平来激励工作任期或作为组织成员的时间。

从政策设计的角度看，基于资历的薪酬水平调整可以有直线型、凸型、凹型、S型4种类型，如图5.7所示。

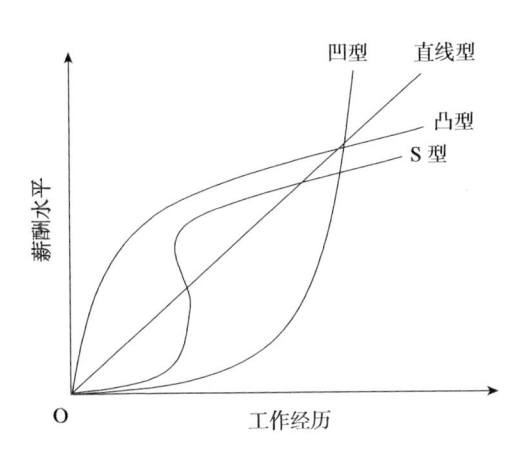

图5.7 基于资历的薪酬水平调整示意图

图中，直线型即每增加一年（或定期若干年），便增加一定的薪酬绝对额（增薪率是累退的）；凸型即最初增薪额多，薪酬增长快，到一定年龄或工作年限后，增薪额达到最高限度，不再加大；凹型即最初增薪额小，然后逐渐加大；S型即最初增资额上升缓慢，到一定年龄或工作年限后便急剧上升，然后再恢复缓慢。

（4）基于劳动力市场行情的薪酬水平。

薪酬水平既要体现内部一致性，也要体现外部竞争性。基于市场的薪酬水平的定位与调整，就是从薪酬水平的市场竞争力角度调整薪酬水平，使企业内各种职位的薪酬水平与市场薪酬水平相一致。其常用的方法是在市场薪酬调查的基础上，组织可以直接将薪酬水平调整为同行业的薪酬水平。企业也可以借助市场薪酬曲线进行调整，市场薪酬曲线的含义是按照市场目前的薪酬水平，企业中各种职位应得到的薪酬标准。市场薪酬曲线如图5.8所示。

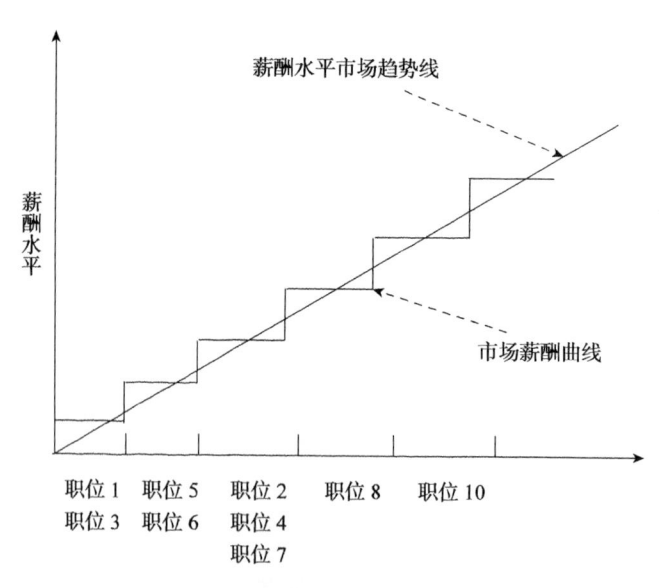

图5.8 市场薪酬水平曲线

第 5 章 基于儒家思想的企业薪酬激励的设计

基于市场的薪酬水平调整还可以与绩效考核结合起来。表 5.6❶ 是这方面的一个例子。

表 5.6 绩效考核与市场薪酬水平调整的结合

绩效水平	薪酬结构中的位置		
	中间值以上	中间值	低于中间值
优秀	MR%	4.5MR%	2.0MR%
胜任	0.5MR%	MR%	1.5MR%
有进步或尚需改进	0	0.25MR%	0.5MR%

注：MR=市场薪酬水平。

2. 薪酬模型的构建

在对企业薪酬制度进行设计时，构建与薪酬相关的薪酬模型至关重要，薪酬模型通过变量变化影响薪酬水平的高低。一般来说，将岗位、员工、企业、外部环境四个因素设定为模型的变量，并根据各个变量调整薪酬水平，能够对员工起到激励作用。如图 5.9 所示。

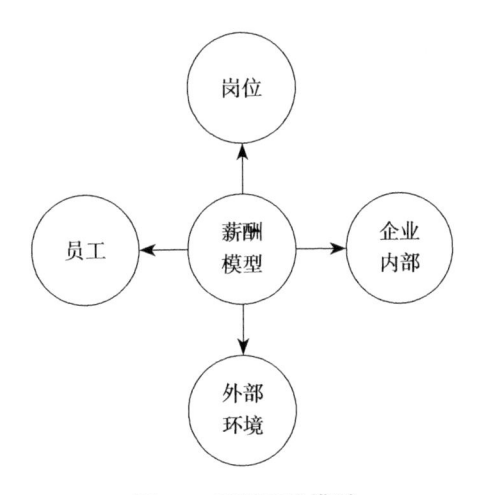

图 5.9 薪酬四维模型

---

❶ 托马斯·J. 伯格曼，维达·吉尔比纳斯·斯卡佩罗，2004. 薪酬决策（第四版）[M]. 何容，等，译. 北京：中信出版社：335.

（1）构建以岗位为核心的价值考核体系。

企业的不同岗位，决定了薪酬水平的定位及薪酬体系的构成，对岗位价值的评估，能反映出薪酬模型的科学性，同时也是解决企业薪酬内部公平性的因素之一。在进行岗位评估时，要注意几点，一是对岗位价值的评定是指相对价值，不是绝对价值，即评估过程反映的是本岗位与其他岗位的价值差异，而不是具体的薪酬额度。二是岗位评估的对象是岗位本身，而不是岗位上的员工，即不考虑人员的因素。三是岗位评估需要在充分调查劳动力市场的基础上进行，既要考虑企业内部的公平性，又要考虑外部的竞争性。

具体到实践中，岗位评估在不同企业的薪酬模型的构建中实施的情况有所不同，对于行政事业性强的企业来说，因为长期以来以职务职级构建薪酬体系，所以岗位价值评估实施起来比较困难，容易引起员工的不满。因此，国有企业在进行岗位价值评估时，通常会遇到较大阻力，人力资源管理人员必须充分与高层领导协商制定出切实可行的实施办法，确保岗位评估顺利进行。民营企业和外资企业相对于传统的国有企业来讲，岗位价值评估的可行性更强，也更能体现出岗位价值对企业的贡献，从而制定合理的薪酬水平。

在实际操作中，进行岗位评估需要用到的评估方法既有定性评估方法，又有定量评估方法，常见的有岗位参照法、分类法、排列法、评分法和因素比较法。其中分类法、排列法属于定性评估，岗位参照法、评分法和因素比较法属于定量评估。海氏评估方法比较常用，是对所评估的岗位按照职能得分、解决问题得分、应负责任得分三个要素及相应的标准进行评估打分，得出每个岗位评估分，即岗位评估分 = 职能得分 + 解决问题得分 + 应负责任得分。其中职能得分和应负责任评估分和最后得分都是绝对分，而解决问题的评估分是相对分（百分值），经过调整后为最后得分后才是绝对分。海氏评估法还涉及每个因素的评估标准和程序，以及评估结果的处理和形成一个公司的岗位等级体系等，世界500强企业中近三分之一的企业采用此方法。企业可以根据自己的需求选择不同的岗位评估方法。

（2）构建以员工个人为基础的薪酬构成。

人的因素一直被认为是企业发展过程中起关键作用的因素，企业用什么样的人，决定了企业的生死存亡、发展兴衰。所以，在薪酬模型的构建中，必须有能够吸引和留住核心人才的员工因素。首先企业应该将员工分为几种类型，一是企业核心人才，这是必须留住的员工；二是企业中平庸人才，即可有可无的员工；三是企业不需要的员工。针对不同的员工类型，应用不同的薪酬激励方法。

在确定应该给予员工什么水平的薪酬时，常常用到效率工资理论。根据效率工资理论所探究的工资率水平跟生产效率之间的关系，员工的生产力与其所获得的报酬（主要是指薪资报酬，但亦能轻易地推广到非金钱报酬）呈正向关系。定性地讲，效率工资指的是企业支付给员工比市场保留工资高得多的工资，这是一种促使员工努力工作的激励与薪酬制度。定量地讲，效率工资是单位效率上总劳动成本最小处的工资水平，它保证了总劳动成本最低。因此，当企业高度依赖某些特定的员工人群时，就会支付给这类人群较高的薪酬，希望他们用自己的专业能力和核心技术为企业创造更大的价值，为企业发展赢得市场竞争力。当企业对一些可替代性较低的人员进行薪酬定位时，也会酌情增加薪酬水平，避免此类人员的流失为企业带来不必要的损失。

当然，具体到某个员工的薪酬水平时，还涉及员工与岗位的匹配性、员工个人绩效水平以及员工专业技术等级,这时企业还需要结合模型中的其他要素综合考虑。

(3)构建具有企业内部一致性的薪酬结构。

构建企业薪酬模型时,决定薪酬水平高低的最主要因素是企业自身的发展。如果企业效益好,员工的薪酬水平也一定高。如果企业发展前景看好,高层管理者通常会制定比较积极的薪酬政策,以适应企业逐步发展壮大的趋势。

在企业保持整体薪酬策略的同时,还必须兼顾内部的一致性。薪酬的倾斜必须向着支撑企业核心竞争力的岗位,向着符合企业发展战略的部门,向着在企业发展中起关键作用和居于核心地位的员工,以保证内部的统一性、公平性。总体来说,企业薪酬模型中企业内部一致性需要与以下几方面结合:一是企业的薪酬定位。"一流的企业需要一流的薪酬,一流的薪酬造就一流的员工,一流的员工成就一流的企业",正是这样的良性循环,才使得很多企业以高薪来吸引人才,这与企业的薪酬定位是分不开的。二是企业的发展战略。企业自身所处的行业发展周期是成长期,是成熟期,还是衰退期,企业未来会采用什么样的发展战略,不同的发展周期、不同的发展战略决定企业会采用不同的薪酬结构。

(4)构建具有外部竞争力的薪酬水平。

企业的薪酬水平除受岗位、员工个人、企业自身的影响之外,外部的发展环境也对薪酬模型的构建起着重要作用。外部环境包括行业发展水平、区域薪酬水平、经济发展水平、社会生活成本、劳动力市场的供求情况、消费观念、社会劳动法律环境等。企业薪酬水平在保持内部一致性的同时,还必须保证外部的竞争性。所谓薪酬的外部竞争性,实际上是指一家企业的薪酬水平高低以及由此产生的企业在劳动力市场上的竞争能力大小。一个企业所支付的薪酬水平高低无疑会直接影响到企业在劳动力市场上获取劳动力能力的强弱，进而影响企业的竞争力。

一般来讲，企业在战略目标指引下，往往会根据企业战略和劳动力市场状况制定薪酬水平策略。对于薪酬水平，可参照当地上一年行业薪酬水平，结合物价因素制定。薪酬水平策略的类型主要有领先型策略、跟随型策略、滞后型策略、混合型策略。企业在选择薪酬战略时，一般会借助薪酬调查，来确定应该采用什么样的薪酬策略。在激烈的市场竞争中，很多企业为了确保在该行业中保持竞争优势，实施了掠夺性的人才战略，为所需要的人才提供了非常高的薪酬待遇。所以，一般企业在财力允许的前提下，制定薪酬水准时尽可能不低于比较规范的劳动力市场中的平均水平。

3. 企业薪酬结构及模型选择

薪酬一般由基本薪酬、奖金、津贴、福利等部分组成。员工薪酬模式的设计就是将上述部分合理地组合起来。薪酬体系设计的基本模型如图 5.10 所示❶。一般有以下三种模型可供选择。

（1）高弹性的薪酬模型。

这是一种激励性很强的薪酬模型，绩效薪酬是薪酬结构的主要组成部分，基本薪酬等处于非常次要的地位，所占的比例非常低（甚至为 0）。

---

❶ 方少华，2007. 薪酬管理咨询 [M]. 北京：机械工业出版社：63.

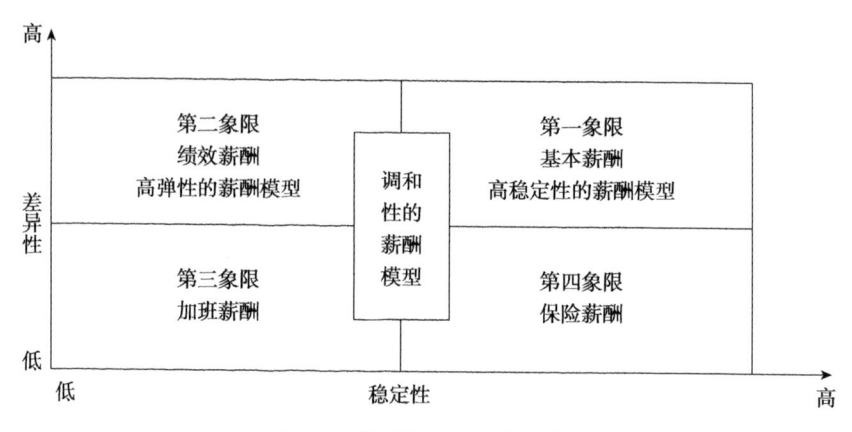

```
高 ↑
         │  第二象限              第一象限
   差    │  绩效薪酬    调和      基本薪酬
   异    │  高弹性的薪酬模型  性的  高稳定性的薪酬模型
   性    │              薪酬
         │              模型
         │  第三象限              第四象限
         │  加班薪酬              保险薪酬
   低    └──────────────────────────────→ 高
         低          稳定性
```

图 5.10 薪酬体系设计基本模型

在这个模型中，薪酬主要是根据员工近期的绩效决定。如果某段时期员工的工作绩效很高，则支付给他的薪酬也相应地提高；如果在某段时期内，由于员工的积极性降低，或是其他个人因素影响了工作绩效，则支付的薪酬也较低。因此，不同时期员工的薪酬起伏较大。在这种模式下，奖金、津贴的比重较大，福利的比重则较小。并且在基本薪酬部分，常常实行绩效薪酬、销售提成薪酬等形式。这种模式具有较强的激励功能，但员工缺乏安全感。

（2）高稳定性的薪酬模型。

这是一种高稳定性很强的薪酬模型，基本薪酬是薪酬结构的主要组成部分，绩效薪酬等处于非常次要的地位，所占的比例非常低（甚至为0）。

在这个模型中，员工的薪酬主要取决于工龄与公司的经营状况，与个人的绩效关系不大。因此，员工的个人收入相对稳定。薪酬的主要部分是基本薪酬，而奖金比重较小，且主要依据公司经营状况及个人薪资的一定比例发放或平均发放。该模式有较强的安全感，但缺乏激励功能，且公司人工成本增长过快，企业的负担也比较大。

（3）调和性的薪酬模型。

这是一种兼顾激励性与稳定性的薪酬模型，绩效薪酬和基本薪酬各占一定的比例。当两者的比例不断调和、变化时，这种薪酬模型可以演变为以激励为主的薪酬模型，也可以演变为以稳定为主的薪酬模型。

这种模式不但有弹性，能够不断地激励员工提高绩效，而且还具有稳定性，给员工一种安全感，使他们关注长远目标。这的确是一种比较理想的模式，它需要根据企业的生产经营目标和工作特点以及收益状况合理搭配。

根据企业的实际情况，合理地组合薪酬的各个部分，使薪酬制度既具有激励性，又能给员工以安全感，是企业薪酬体系设计过程中不可缺少的一步。比较三种薪酬模型（如表 5.7 所示），调和性的薪酬模型的优点比较突出，在薪酬设计上可以考虑采用这种薪酬模式，但在实际操作中具体采用哪种薪酬模式还要考虑企业的发展阶段。企业采用的薪酬组合模型与企业发展阶段的一般关系如表 5.8 所示。

表 5.7 三种薪酬模型比较表

	高弹性的薪酬模型	调和性的薪酬模型	高稳定性的薪酬模型
特点	绩效薪酬是薪酬结构的主要组成部分，基本薪酬处于非常次要的地位，所占的比例非常低（甚至为零）	绩效薪酬和基本薪酬各占一定的比例	基本薪酬是薪酬结构的主要组成部分，绩效薪酬等处于非常次要的地位，所占的比例非常低（甚至为零）
优点	对员工的激励性很强，员工的薪酬完全依赖于其工作绩效的好坏	对员工来说既有激励性又有安全感	员工收入波动很小，员工安全感很强
缺点	员工收入波动很大，员工缺乏安全感及保障	必须制定科学合理的薪酬系统	缺乏激励功能，容易导致员工懒惰

表 5.8 薪酬组合模型与企业发展阶段的关系

企业特征	企业发展阶段			
	初始阶段	成长阶段	成熟阶段	衰退阶段
经营战略	以投资促发展	以投资促发展	保持利润与优质市场	收回投资
薪酬战略	创新、吸引关键人才	个人—集体激励	个人—集体激励	成本控制
短期奖励	股票	现金	利润分享、劳动分红	成本控制
长期奖励	股票期权、全面参与	股票期权、部分参与	股票购买	成本控制
基本薪酬	低于市场水平	等于市场水平	等于或高于市场水平	低于市场水平
福利	低于市场水平	等于或高于市场水平	等于或高于市场水平	低于市场水平
奖励薪酬	高于市场水平	等于或高于市场水平	等于市场水平	低于市场水平
薪酬组合模型	高弹性薪酬模型	高弹性薪酬模型、调和性薪酬模型	调和性薪酬模型	高稳定性薪酬模型

5.3.5 基于儒家思想的不同企业的薪酬激励

众所周知，企业成功的关键因素在于员工，而员工对企业的贡献很大程度上取决于企业所采取的薪酬激励理论和激励机制。当然，由于企业所有制形式不同，发展规模不同，所采取的激励机制也各不相同。下面，笔者就借鉴儒家思想，对不同类型的企业应该采取的薪酬激励理论和激励机制进行分析和探讨。

第5章 基于儒家思想的企业薪酬激励的设计

1. 借鉴儒家思想的国有企业的薪酬激励

（1）不但要注重物质激励，也要重视精神激励。

激励分为精神激励和物质激励两种形式。物质激励用于满足员工生理上的需要，即通过物质因素激发员工积极性的激励手段，让员工更加积极地工作，其主要形式有增加工资、补贴、奖金等方式。精神激励用于满足员工心理上的需要，是隐形的、内在的，是无形的激励，包括员工取得成功时工作上的成就感，以及通过努力达到自我价值的实现等。物质激励是现在很多国有企业普遍使用的一种激励机制。广东省曾在2012年开展了一次有关国有企业人才状况的问卷调查，结果显示，员工普遍认为国有企业很难提供较高的薪酬工资和社会福利，这已经成为国有企业人才匮乏的主要原因，这类员工占到总调查人数的32.27%。问卷调查结果还显示，有46.29%的企业高层领导者为了缓解人才紧缺问题，曾多次采用提高工资和社会福利的物质激励方法，但他们普遍忽视了精神激励对员工的重要作用，一定程度上抑制了员工的积极创造性。

正如华为公司高级副总裁、人力资源管理部副总裁、集团人力资源委员会办公室主任吕克在《让精神文明与物质文明建设成为公司发展的动力双翼》一文中所说的，物质激励是组织激励的基础元素，但精神激励才是伟大组织的引擎。在华为公司不断高速成长的过程中，物质激励驱动作用的直接性与高效性得到了最大限度的发挥。但是，华为公司也清醒意识到，单纯、过度地依靠物质激励驱动具有局限性，且达到一定程度时会产生弱效、低效甚至无效现象，更严重的是产生负效作用，即高度物质满足可能也会带来惰息和进取心缺乏。

（2）不但重视直接性的物质激励，也要重视间接性的物质激励。

物质激励分为直接和间接两种形式，许多国有企业在进行物质薪酬激励机制的过程中，往往只是用金钱的经济报酬形式表现出对员工的激励，只重视给予员工直接的物质激励，而忽视了给予员工间接的物质激励，如弹性福利、员工健康、节日福利、社会保险、误餐补助、交通补贴、餐旅费用管理等非金钱形式的激励。国有企业建立的薪酬激励体系相当不完善，主要体现在员工社会福利的不完善，有些员工甚至没有任何保险。时至今日，仍然有一些企业领导者不愿帮员工购买社会福利保险，能免则免。有的企业领导者甚至为了能够少报社会福利保险而欺瞒员工，使员工无法再对企业产生安全感、归属感，造成人才流失，阻碍企业发展。

（3）丰富薪酬激励的方式和手段。

随着企业员工的年轻化，越来越多的"90后"员工走上工作岗位，他们追求时尚、发扬个性，原有国有企业的激励形式已经不能满足这部分员工的需求。从激励机制的出发点来看，最终是为了满足员工的需求，而员工的需求也存在差异性和动态性，所以，企业的激励机制也应定期调整。例如，对普通员工要提供相应的技术培训；对技术人员和管理人员，除了提供培训机会之外，还应该有一系列的较高待遇。但是不少企业对全部员工采用同样的激励机制，没考虑员工需求的差异性。虽然少数企业也会给予特别优秀的员工年终奖励，但相应的奖励机制还不够完善，所以企业管理者应联系企业实际情况与员工需求，发展出一套具有多样性和针对性的激励机制。

（4）优化高管薪酬制度，规范高管股权激励。

国有企业由于受传统计划经济体制的影响，近几年一直在进行改革，但其发展参差不齐，呈现出"竞争型"国有企业步伐快于"公益型"国有企业的现象，这其中包括对高管的薪酬管理。普遍存在的现象是，以前对高管的激励多注重职务和级别，将股权引入高管薪酬制度起步较晚，且高管持股没有明显提升高管薪酬对企业长期绩效的敏感性。因此要改进高管持股制度，规范股权激励，提高高管持股比例，这样才能有效发挥激励作用。国有企业可以借鉴相关上市公司的高管薪酬制度，结合企业发展的实际情况，健全职业经理人制度，改进高管的薪酬制度考核，可以与同行业进行横向与纵向的比较，再结合满意度调查进行评估，以保证国有企业高管的稳定性。

另外，国家有关部门也在从制度、机制等方面进一步规范高管薪酬。2016年4月，全国25个省份已经公布国有企业限薪令，大多数地区都将国有企业老总的基本年薪限制在了企业普通职工的2倍以内；同时还引入了任期激励收入，将包括基本年薪、绩效年薪和任期激励收入在内的三部分收入限制在了8倍以内。作为企业工资的宏观调控部门，人社部还负有对全社会各类企业工资收入分配行为进行政策指导和监督检查的职能，将逐步解决全国性的统一规范之下，各地区、行业、层级国有企业高管薪酬管理标准尺度不一、差别巨大的状况。这将进一步健全国企高管薪酬分配激励约束机制，明确有关原则，使国企高管权利与责任对等，杜绝国企经营者随意自定薪酬的现象。在理顺薪酬关系的同时，还会根据各个行业效益的不同，拟定一个参考系数，以保持一定的合理落差。

（5）建立完善的薪酬激励机制。

国有企业要发挥薪酬的激励作用，必须要完善薪酬体系，完善薪酬激励体系就必须建立科学的薪酬管理制度。只有使薪酬体系有制度保障，薪酬激励才会在实施中顺利发挥作用。首先,要构建合理的薪酬结构,发挥薪酬的保障和激励作用。改变国有企业长期以来薪酬结构单一的局面,不能只关注与岗位职能相关的保障性薪酬,还要关注与业绩相关的激励性薪酬。其次,国有企业实施薪酬制度时,不能只注重公司内部,还要考虑外部市场的薪酬水平,保持自己企业的薪酬在劳动力市场上有较大的竞争力。最后,国有企业在保证原有人才不流失的情况下,还需要建立具有竞争力的薪酬体系来吸引新的人才。当然,在员工积极性的调动方面,薪酬并不是唯一的有效方法,优秀的企业文化、良好的工作环境、和谐的管理风格都对员工是否留在企业具有重要影响,管理者的素质和人格魅力也是部分员工决定去留时考虑的问题。

2. 基于儒家思想的民营企业的薪酬激励

从起源上来看,多数民营企业采取家族式管理模式,它在企业初创阶段是合理且必须存在的,但是随着企业的发展壮大,家族式管理模式的局限性就会体现出来并严重制约着企业的进一步发展。尤其是落后的人力资源管理理念,是导致我国民营企业薪酬制度不完善的一个重要原因。

(1)激励方式需要多样化。

目前,大多数民营企业的工资分配形式单一,在激励时只考虑工资部分,没有考虑人们其他方面的需要,更没有体现知识、技术等生产要素参与收益分配的原则,使员工没有得到与付出相应的报酬。尤其是在一些中小民营企业中,企业管理者片面地认为,企业只要用高薪、高福利待遇就可以留住人才,但事实上效果并不理想。这正是因为忽视了员工的个性特征以及实际需要,限定了薪酬激励的范围,最终影响了激励效应的发挥。

(2)提高薪酬激励的公平性和竞争力。

公平是薪酬制度实施的必要条件,也是达到激励目的的重要因素之一,对于通过努力来获得薪酬的员工来说,没有让其得到与付出相应的薪酬,这会使他们缺乏对企业的信任度,丧失工作热情以及工作积极性,主动性也大打折扣,工作成就感更无从谈起。同时,在整个劳动力市场中,本企业的薪酬水平若低于本地区同行业的市场平均薪酬水平,就难以保证薪酬在市场中的竞争力,从而无法吸引并留住所需要的核心员工。

我国大多数民营企业缺乏系统的薪酬管理制度,员工工资多为企业管理层"拍脑袋"决定。这与民营企业管理者素质还没有成熟有很大关系。首先,民营企业主文化素质普遍不高。从我国某地区的统计资料来看,民营企业管理者或主要投资人的文化水平为:文盲程度0.3%,小学程度6.4%,初中程度31.4%,高中程度41.7%,大学本科与专科程度19.5%,研究生程度0.7%。由于自身文化水平的限制,40%的企业主看不懂财务报表。然后,相当一部分民营企业主思想陈旧、观念落后,致使民营企业无法给出相对公平的薪酬。

(3)完善企业员工薪酬考核机制。

我国民营企业制定的绩效考核体系,普遍存在定性多、定量少,指标分解不清晰、不准确等问题,不利于企业考核员工的工作绩效。企业的绩效考核难以执行,不仅会影响员工的工作积极性,还会导致员工"搭便车"现象的确生,无法真正发挥绩效工资对员工的激励作用。

此外,在考核中要围绕岗位竞争,健全考核评价的内容。要坚持以员工的业绩为考核的核心,以德和才为基础,要进一步细化考核内容。同时,根据岗位职责的不同,确定客观的评价标准,避免考核过于笼统烦琐和抽象,使考核的内容和等次相结合，力求减少考核的误差。也要注重平时考核，把对员工的年终考核和平时考核结合起来，加强考核的全面性。根据正负激励的指导原则，考核结果要与对员工的奖惩相结合，奖罚分明，对考核优秀的给予奖励，对考核不合格的给予相应的惩罚。最后，考核结果要与企业员工的晋升相联系，考核要真正与员工的任用、奖惩、交流、培训挂钩、拉开奖金分配的档次，促使在组织内部形成竞争向上的环境。

（4）引入人性化的福利项目。

对于员工个人福利项目，要在强制性标准的基础上合理设计符合员工需求的其他项目。除社会保险外，年度旅游、健康检查、个人培训等都可以纳入单位福利范围。员工培训能拓展个人发展空间，不但有利于单位健全人才培养机制，还将个人职业发展与单位长期发展相结合，从多方面为员工提供实现自身价值的舞台，使员工感觉到工作的获得感、安全感。企业福利设置根据员工的年龄、性别、素质以及不同行业、不同市场环境提供细化的适合的保障与福利项目。根据员工的特点、列出一些医疗与养老保障方案，并按国家有关规定与员工签订用工合同。在实际操作中，应根据员工的工作成绩及个人需求安排对应的福利项目。

（5）加强薪酬沟通，构建员工沟通机制。

沟通很重要，要让员工知其然，也知道其所以然。沟通目标的确定是指就什么进行沟通及通过沟通要达到怎样的目的。当企业设计了新的薪酬体系或是对原有薪酬体系进行了改动时，企业的薪酬政策及薪酬体系的执行方式通常也需要进行相应的变革。而薪酬沟通不仅能够传达有关薪酬的最新信息，同时还能影响到员工的态度和行为方式，使他们按照组织希望的方式行事。因此，企业就薪酬问题进行沟通的目标既在于把新的薪酬体系告知所涉及的员工和管理者，更在于要把新的薪酬体系推销给整个企业，得到组织的认可和接受。这一目的能否实现，将直接影响到新的薪酬体系的设计和执行结果。薪酬沟通的目标主要包括以下三个方面：第一，确保员工完全理解新的薪酬体系；第二，改变员工对于自身薪酬决定方式的既有看法；第三，鼓励员工在新的薪酬体系之下做出最大的努力。

3. 基于儒家思想的外资企业的薪酬激励

近年来，中国良好的营商环境吸引了大型跨国公司的投资，并把中国纳入其全球经营网络中。这些外资企业在适应中国独特的经营环境的同时，都在不断加强本土化的人才战略，他们的薪酬体系在全面实施母公司或者国外激励政策的同时，不断改进，形成了适合我国企业及员工文化的激励措施。结合儒家思想的管理精髓，正视东西方文化的差异，对外资企业薪酬激励进行整合，有利于扬长避短，汲取精华，建立规范科学的薪酬制度。

（1）加强员工对企业文化及企业战略的认同感和归属感。

在企业文化方面，外企崇尚开放式的人本文化，倡导业绩与能力导向，强调企业文化服务企业战略，在组织文化、理念文化、行为文化与制度文化上都有成熟的制度形成支撑。在西方的企业文化中，员工对企业的忠诚很少涉及对个人的忠诚。而在中国，员工不仅会体现对企业的忠诚，还会表现出对上司的忠诚。外资企业高层领导应该逐步实现管理层本土化，保证管理层从价值观、文化理念和思维方式上，与员工建立紧密有效的工作关系，这对强化外企员工的认同感和归属感有重要的作用，让他们有机会参与组织决策，从而提高他们对决策结果的认同度和工作的积极性。

（2）聚焦内在薪酬，重视知识型员工的个人成长。

除了传统的薪酬激励方法外，外资企业的激励手段也向多样性转变，开始重视员工的个人发展和成长，重视工作的挑战性和创造性、业务成就等，努力为员工创造良好的工作环境和成长环境。在考虑员工的真实需求的基础上，重视分析员工的个性特点。外企员工中，一部分人希望在管理职务上得到晋升，另一部分人希望在专业技术能力上获得提升。因此，我国外资企业应采用管理与技术两种职业发展路径。同时，企业应根据员工在各发展阶段的特点和需求，为其安排适宜的工作，最大限度地发挥其个人的能力，有效地满足员工个人发展需要，实现企业与个人发展的双赢。

与其他类型的员工相比，知识型员工更注重个人的发展成长、个人能力的提升和职业生涯的规划，以及自身不断增值和长远发展。外资企业应充分考虑优秀的知识型人才的成长，尽可能采取内部选拔领导人才，使优秀人才获得充分的成长空间。另外，还要关注知识型员工职业发展规划，为其提供内部晋升和职责扩展的机会；允许成长中的知识型员工参与企业决策，结合企业发展和个人成长需要安排适当培训发展的机会，使知识型员工不断成长、成熟，并在企业中找到适合自身发展的机会。

（3）重视员工的薪酬和福利的增长。

为了吸引、激励、留住和培养人才，除了富有竞争力的工资之外，完备的福利计划也是外企重要的人力资源战略。我国外资企业已经从以往的单纯以高薪酬水平为手段来吸引人才，发展到针对不同员工采取多样化的福利激励措施（补充养老保险、商业医疗保险等）。同时，外资企业在工作条件和环境方面的改善，办公设备的配备等，都体现出由对工作任务的关注转向对人的关注，增强了人员队伍的稳定性。在具体福利方面，多数外企会提供补充养老保险、车贴、房贴，驻外工作津贴等优厚的待遇。有的外企更是推出"家属参观日"等精神福利措施。如，汉高公司会根据员工的具体表现提供各种福利，像员工住宅福利、膳食补助金、圣诞节奖金等。

（4）建立以多元化的绩效管理机制为基础的薪酬体系。

对于外资企业员工而言，以绩效为基础的工作内容本身及个体在工作中的自我价值的实现等因素，对他们能起到明显的激励效果。因此，企业应建立多方位、多层次、多样化的绩效管理方法，从技能、价值观以及目标实现多个维度进行评价，使团队绩效和个人绩效相结合，加强管理层和员工的双向沟通，将个人绩效改进和职业发展进行有效的结合。外企一般都有非常明确的工资结构。公司会根据职位范围的大小、工作的复杂度等来确定工资的级别，工资的增长跟员工的业绩是紧密相连的。多数外企的薪资，是按照"3P+2M"的原则，以实际业绩（Performance）、岗位职责（Position）、个人能力（People）为依据，再参照行业市场（Industry Market）和人才市场（Talent Market）而制订。

（5）健全薪酬保障制度。

据调查，目前我国企业员工仍然把提高收入作为首要的激励因素，物质财富的激励明显处于优势。从总体上来看，本土企业薪酬水平较外资企业同类人员要低一些。在工资水平方面，外资企业不像国有企业，受传统的等级工资制的影响，他们更注重员工的绩效、技术、能力和爱好。因此，外资企业应该继续把薪酬因素放在激励的首要位置，充分发挥收入的激励作用，根据不同人员的水平和贡献，采取灵活的工资制度。许多外国投资者到中国投资仅仅看到员工的基本工资较低。然而，把奖金和补贴加上，实际上总的报酬也是很高的。但是，考虑到国家政策对本土员工的保护，外资企业并没有绝对的权力决定工资。所以，由于缺乏明确的、完善的法律和规章制度的约束，常常使外资企业很难确定报酬和福利的水平，这就需要相关部门加强对外资企业的薪酬保障制度的完善。

5. 基于儒家思想的知识型企业的薪酬激励

知识型企业是指运用新知识、新技术、创造高附加值产品的企业，比起其他企业，知识型企业更加注重知识管理、重视创新研发和学习。知识型企业以知识产权战略和知识发展战略作为主要发展战略。在知识型企业中，薪酬系统的建立和管理所面对的对象是知识型员工，所以，企业在设计薪酬模式时，必须考虑到知识型企业的经营特点和知识型员工的内在特质。薪酬体系也必然要带有知识型企业特有的烙印。

在知识型企业中，员工的薪酬已经不仅仅停留在简单的收入分配上，而是成为知识型人才价值实现的一种形式。企业制定合理的薪酬模式，不仅是吸引一流知识型人才的前提，也是人力资本不断增值的重要基础，令员工满意的薪酬并不单纯意味着高额的收入，还包括许多金钱以外的内容。知识型员工的收入要高于非知识型员工和普通传统工人，所以他们的需求层次早已超越了温饱层面，而是更加注重自我价值的实现以及令人满意的工作环境。

（1）坚持人本管理，尊重员工的个人价值。

知识型企业以知识或技术的创造、创新为主要经营原则，这就需要给知识型员工提供广阔的发展空间，以充分实现其个人价值。知识型企业作为市场经济生活中最具活力的企业组织形式,往往被知识型员工视为展示自我、实现自身价值的最佳平台。如果企业忽视人本管理,不懂得以人为本,对人性缺乏基本的了解和尊重,忽视了人才的个人价值,使员工的个人价值不能得到发挥,个人的成长不能得到满足,企业留住人才、吸引人才就无从谈起。

以人为本的现代管理理念,不仅仅强调把提高企业经济效益放在首位,更注重管理行为和管理活动的人性化、情感化。管理行为不再是冷冰冰的命令型、强制型,而是贯穿着激励、信任、关心、尊重,时时处处体现着管理者对人性的高度理解和重视。在知识型员工占据多数的企业中,管理者不但要以满足其生存需求和物质利益作为管理契机,更要注重员工的被尊重、自我实现等高层次精神需求,以提供创造性的工作、鼓励个性发挥的环境来调动员工的积极性,在平等的引导和交流中,建立起企业的经营理念和企业文化,使每个员工自发地形成对企业的忠诚感和责任感,进而使员工的个人价值实现与企业的生存发展归于一途。

现实中,比起其他普通员工,知识型员工更加看重他人、企业及社会对自己的评价。他们关注自身才能是否得到充分发挥,自我价值是否得到相应承认,为此,企业不仅要从员工的薪酬、福利等方面满足其需要,而且应该为知识型员工实现个人价值提供充分的发展空间,让他们最大限度地发挥自己的聪明才智和内在潜力,在富于挑战性和创造性的工作中展示其才华和智慧,从而在更高程度上实现自我。

(2)重视授权,提高员工的参与度。

知识型员工出于高度自信和自我实现的需求,通常具有挑战环境、挑战自我的强烈欲望。这就需要企业管理者充分挖掘和发现知识型员工的潜力,在合适的时机，合适的岗位，给予合适的授权，促使受激励者变压力为动力，快速适应岗位需要。根据知识型员工从事创造性工作，注重独立性、自主性的特点，企业要允许员工自主选择他们自己认为是最好的工作方法，而不宜进行过细的指导和监督，更切忌采用行政命令的方式强制性地发布指令。事实证明，让知识型员工参与他们分工业务或利益直接相关的决策，可以充分表达企业对他们的信任和尊重。知识型员工由于拥有专业知识和技能，往往最了解问题的状况、改进的方式，以及客户的真实想法。一旦员工对公司事务有了更强的参与感和更多的自主性，他们对工作的责任感就会大大增加。而仅仅通过授权，公司就可以用很低的成本得到更高的效率，同时也助力于员工职业生涯的规划和快速成长。

（3）塑造创新型文化氛围，营造宽松的工作环境。

知识型企业在市场竞争中获取优势的关键在于其掌握的知识资源，因此知识型企业需要不断创造新的知识来谋求企业的发展，提高企业的竞争能力。创新的知识、创新的技术需要企业塑造创新的文化，这就要求企业拥有知识型的员工和良好的学习环境。知识型员工是指在一个企业组织中用脑力创造的价值高于其体力创造的价值的员工。他们一方面利用现代科学技术知识提高工作的效率，另一方面他们本身就具备较强的学习知识和创造知识的能力。知识型员工一般具有自主性、创造性、流动性，其核心特征是创造性。知识型员工在新型的组织形式应用先进的知识管理工作并不断创造企业的新的知识是知识型企业获得市场竞争力的重要保证。

对知识员工而言，活力和热情对出色地完成工作极为重要。活力和热情不仅与心态有关，也与工作环境和氛围有关。企业员工既然是为了共同的目的而合作，就必须充分发挥个人的创造性，并建立彼此之间信任、支持、尊重、团结和融洽的环境氛围。研究表明，美国人每年因氛围的压力而损耗的经济成本估计为 1 000 亿美元。氛围在很大程度上受人际关系影响。对知识型企业而言，人际关系最大的挑战是信任、热心和尊重。要确保企业成员得到这种信任、热心和尊重，知识型企业的管理者必须做到：容忍个性，以善于提出问题来领导；建立保证相互支持的内部契约关系；确保足够的信息沟通。作为知识型企业管理者，必须充分认可和尊重员工的专业特长、知识和技能，避免走靠权力树立威信的老路。知识型企业中的员工只有在自己适应的环境和氛围中，才能发挥最大的独创性。

（4）加强教育培训，畅通人才培养和选拔通道。

管理大师彼得·德鲁克曾说，员工的培训与教育是使员工不断成长的动力与源泉。在知识经济时代，这种培训与教育也是企业吸引人才、留住人才的重要条件。为此，企业应将教育与培训贯穿于员工的整个职业生涯，使员工能够在工作中不断更新知识结构，随时学习到最先进的知识与技术，保持与企业同步发展，从而成为企业最稳定可靠的人才资源。

高素质的、具有创新能力的知识型员工是企业发展的灵魂。随着事业的发展，企业对知识型员工的倚重将不断增加。许多知识型员工将从单纯的技术岗位和局部性工作，转向承担更具综合性、全局性的管理和领导工作。技术专家与管理者身份的融合将成为企业对人才需求的新趋向。为此，企业在发挥知识型员工作用的同时，需要加强对他们的全面培养，使之与企业的发展同步成长，并能在未来的发展中承担重任。

为使优秀的知识型人才尽快成长，企业为其提供的成长阶梯是十分重要的。

而从企业内部选拔领导人才，则是许多成功企业的共同经验。柯达公司一直强调领导人才要从内部寻找，认为这样不仅可以发挥知识型员工的潜力，而且可以为企业造就一个人才库。西门子公司的各级主管都明确指出：员工是企业内的企业家。在西门子，要让员工有充分施展才华的机会。员工工作一段时间后，如果表现出色都会得到提升。即使本部门没有空缺，也会被安排到其他部门。优秀员工可以根据个人的能力和志向，设定自己的发展轨迹，一级一级地向前发展。

（5）设置宽带化薪酬幅度，保持薪酬水平的领先性。

知识型企业出现扁平化的组织结构趋势，多采用团队工作方式。以前的工作等级和薪酬等级已经不能满足知识型企业发展的需要，以往的根据员工的职位高低确定员工工资等级，限制了低职位员工的工资幅度上升，遏制了他们的工作积极性，限制了员工的职业发展空间。宽带工资结构能帮助解决这些问题，宽带工资打破了以前工作种类繁多、等级多的局面，减少了工作的类别，并减少了工作的层次，加宽了每级工资的浮动幅度。

人力资源是知识型企业关键的稀缺资源，人力资源市场也需要像企业经济活动一样受到市场的调节，充分发挥市场在薪酬制度确定中的作用。知识型企业的薪酬制度也要体现市场经济规律的要求，由于知识型企业人才的稀缺性导致其价格上涨，这就需要企业采用领先或相当市场工资率的薪酬水平。根据知识型企业的特征，以及人力资本理论，知识型企业的关键人力资源是知识型员工，知识型员工的人力资本投资大。因此，知识型企业也必须支付高于市场平均水平的工资补偿人力资本的投资，尤其是专业性人力资本的投资。效率工资理论也认为，知识型企业需要吸引优秀的人才获取竞争优势，员工的工作任务相对复杂，专业要求比较高，因此，需要用相对较高水平的工资来吸引和激励员工。此外，知识型企业的关键技术都掌握在关键岗位的员工手中，因此关键的人力资本是企业发展所依赖的资源，企业为吸引留住关键岗位的员工，需要给他们支付更高的工资。

6. 基于儒家思想的互联网企业的薪酬激励

当今时代是互联网改变生活的时代，互联网企业的管理者对技术的重视已经到了前所未有的程度，技术与人才不可分离，因此关于人尤其是核心人才在企业成败中的重要性也越来越受到重视。随着这些管理者对核心人才引进和流失等问题的重视，薪酬管理作为激励和保留人才的直接手段，将在激励人才方面拥有更多提升空间。互联网企业作为轻资产运营的公司，核心资源就是人才，如何能够吸引人才、留住人才，薪酬激励机制发挥着关键作用。但与此同时，经济规模较小、管理水平较低，特别是在薪酬管理方面水平的不足，在互联网创业企业中却表现得尤为明显。

（1）坚持动态薪酬，维护企业内部公平。

很多互联网企业的创业团队成员跟着公司一起成长，起始薪资较低，而随着业务的扩张，公司需要引进更多高尖端人才支撑业务发展，这会涉及新老员工的薪酬倒挂问题，即新入职员工的工资高于老员工，这会让很多老员工心理失衡。这时，可以每半年进行一次核薪，每次核薪要梳理员工各方面的胜任力，同时参考其月评季考结果，标出员工的能力值并将该能力值与薪酬对应，每个人的薪酬又根据绩效高低处在薪酬区间的不同位置，同时需要定期做回顾。因为一切都是动态的——员工的行为是动态的；绩效是按周期在不断统计的，因此也是动态的;员工的能力变化了,可能晋升到新的职级上;外部的市场变化了,薪酬竞争力也会变化,等等。

有调查显示,58%的互联网企业一年会进行一次调薪,36%的互联网企业一年会进行两次调薪,其中多数企业会选在1月和4月调薪。几乎每家正常经营的企业都会考虑在每年进行一次调薪,由于财务预算和结算周期等因素的影响,再加上人力资源管理活动周期的原因,年底要忙于一整年的考核、奖金发放等,因此调薪都会安排在次年年初。在长期的管理活动中,很多企业都约定俗成地把调薪生效日期设定在每年的4月1日。此外,薪酬动态调整过程中遵循"28原则",即一家企业80%的利润由20%的员工创造,因此,在制定薪酬政策时切忌平均主义,而应根据"28原则"将薪酬向核心人员倾斜。

(2) 根据企业战略,灵活定制薪酬体系。

在互联网企业中,需要在其发展的不同时期灵活地定制各种小的激励方案来构成整个薪酬体系。且在这个强调敏捷性的时代,组织战略的调整频率越来越快,对应的薪酬体系也应跟上组织变革的步伐做相应变动。考虑互联网企业所处的整个环境的不确定性,无论是互联网自身的发展变化还是国家的管控政策,都使得处在其中的企业经常衍生出新的业务端口或者新产品。因此,互联网企业的战略处于灵活多变的状态,管理者会随之牵头进行战略的重新设计与执行。当通过员工的努力,完成或超额完成某一战略目标时,企业可以为相关团队人员发放一笔战略奖励以示激励。

(3) 打造业务团队,实现收益共享。

对于互联网企业,如互联网金融企业中的业务团队,可以采用的是事业合伙人机制,即不仅用薪酬来激发他们的主动性,同时关联其整个职业生涯,利

第 5 章 基于儒家思想的企业薪酬激励的设计

用类合伙人机制将其与公司命运捆绑在一起,激发其创造性。同时,企业可以为员工提供自主创业平台,创业团队可以从这个平台中得到品牌、财务、人力资源、法务等支持。同时,企业可以设置一定保护期来助力创业团队成长,一般来说,企业的保护期为 3~6 个月,即在 3~6 个月内,该创业团队的亏损由企业承担,之后则开始独立运营这个小规模的企业。收益按照平分的原则与企业共享,但为了保证整体项目的合理性、稳定性及安全性,应将收益分批发放,如在每年 4 月份的时候发放一半收益,另一半则放在下半年发放。在保护期外若有亏损,则基于成本管控原则,逐层承担亏损。当然,具体设计方案还需依据各企业的实际情况进行财务测算。

（4）重视弹性福利,完善薪酬架构。

现代企业薪酬管理工作开展过程中,整体薪酬架构是薪酬管理工作的重要核心,一般由二维薪酬级别和薪酬档位组成,依据现代宽带薪酬管理观念,现代互联网企业进行薪酬管理时,一定要全面根据自身经营发展现状、业务特征以及企业员工个人差异性及未来自身职业生涯规划,来制定行之有效的薪酬管理工作内容,并确保薪酬管理架构简单易懂。能够把总体薪酬成本量划分为现金和非现金两类,现金收入包含稳定收入和变换收入。稳定收入也就是基础薪资和补贴薪资,而变动收入则主要包含绩效薪资和企业奖金。与此同时,互联网企业管理人员还需要注意的是,薪酬架构设计过程中务必要重视弹性福利部分的设计工作,实际设计时可以将弹性福利部分设定为办公用品补助费用、交通出行补助费用、通信补助费用等,企业员工凭借符合要求的发票就能够到财务部门进行报销。这一过程中最好以大额报销为主,以便减轻企业财务报销审核工作量。这种弹性福利的薪酬管理方式,能够进一步增强企业员工的幸福感和归属感,对带动员工投入到实际工作中有着极其重要的作用。

(5)重视基层员工的实际需求。

就互联网企业而言,其实际经营发展过程中,技术类人才的成本投入较高,其他专业人才的成本投入则远远低于技术人才。因此,为了进一步缩小各行业专业人才的薪酬差距,消除其心理情绪,互联网创业企业薪酬管理工作必须具备较强的激励效果,这就要求管理人员务必要确保薪酬管理工作具体内容能够满足基层员工的实际需求。实际互联网创业企业薪酬管理工作体制构建过程中,管理人员务必要加强和基层员工的交流沟通,只有这样才能够全面了解基层员工的真实需求,并根据基层员工的真实需求制定科学有效的薪酬管理工作体制,这样不仅有利于激励基层员工的工作积极性,还能够让基层员工根据具体考核方案进行努力,有利于为企业创造更高的价值。

5.3.6 基于儒家思想的企业不同群体的薪酬激励体系的设计

1. 企业管理层薪酬激励体系的确定

对于管理人员而言,薪酬支付是一种基本需求的满足,同时辅以较为优秀的工作条件支付他们高效率的工作,并设置长期激励计划与福利措施,以鼓励他们将个人事业前途与公司的发展连为一体。因此,企业管理人员的薪酬模式宜采用年薪制和长期激励计划。

第5章　基于儒家思想的企业薪酬激励的设计

（1）借鉴儒家思想的管理人员薪酬体系设计的指导思想。

管理者的良好行为、模范作用、以身作则就是一种无声的命令，有力地激发被管理者的积极性。另外还可树立一些榜样，并对其大力宣扬，使之成为大众学习的楷模。古代儒家提倡"修己安人"，讲究"并建圣哲"，非常注重权威的榜样作用。孔子曰："其身正，不令而行；其身不正，虽令不从。"（《论语·子路》）因此，设计高激励性的针对企业管理层的薪酬体系是极其重要的。

第一，按照赫茨伯格的双因素理论，基本工资作为一种保健因素，不会引发管理者内在的积极性；但作为一种基本生活的保障，又必须得到满足。

第二，管理者的薪酬中必须加入风险收入。如果报酬是固定的，报酬中没有风险收入，在这种情况下，就会如美国通用食品公司总裁弗朗西克所分析的一样："你可以买到一个人的时间，你可以雇到一个人到指定的工作岗位，你可以买到按时或按日计算的技术操作，但你买不到热情，你买不到创造性，你买不到全身心的投入。"因此，企业管理者的薪酬结构应该是多元化的，除了包括固定报酬满足其生存需要外，还应包括风险收入部分。儒家在肯定合理的低层次需要的同时，更看中也更提倡追求合理的高层次需要，从而实现"君子"的社会理想，达到自我实现。儒家提倡的合理的高层次需要主要指"仁""义"等道德追求。

（2）薪酬的构成。

在现代企业制度中，企业家作为代理人，主要是以其人力资本投入企业经营管理活动并承担经营风险。企业家的人力资本作为一种独立的投入要素，理应同其他资本要素一样获得风险报酬。魏杰等人认为："企业家的收入中不仅包含劳动报酬因素，而且包含责任、才能、风险等因素。"经营者风险收入具有多渠道、多样化和比例高的特征，考虑激励因素，更应该多方位长短结合。经营者的薪酬结构是一个由一系列层级组成的报酬束。由于企业情况千差万别，不应该也不可能设计统一的薪酬方案，应该根据企业的实际情况具体制定。

企业管理人员的总薪酬一般由年薪、长期激励计划、福利构成，其中年薪由基本年薪和风险收入两部分构成，基本年薪占50%，风险收入（如奖金、股票期权等）占50%。管理人员年薪的设计主要考虑两方面的因素：一方面，设计基本年薪是用以保障经营者的基本生活所需，也是对其所付出劳动的基本回报；另一方面，风险收入的设计是一种长期激励，应主要根据企业的年度经营绩效来确定。为了兼顾以上两个方面，基本年薪和风险收入各占50%。企业管理人员的年薪在发放时，基本年薪平分到月，每月在公司的工资发放日发放，风险收入在年度结束后根据公司的整体业绩确定。❶

由于不同形式的收入对管理者行为具有不同的激励约束作用，管理层的薪酬结构常常是多元化的，虽然各国企业管理层的薪酬构成比例有差异，但薪酬形式多元化是共同的，表5.9是不同国家或地区上市公司首席执行官的薪酬结构。

---

❶ 方少华，2007. 薪酬管理咨询 [M]. 北京：机械工业出版社：134.

第5章 基于儒家思想的企业薪酬激励的设计

表5.9 不同国家或地区上市公司首席执行官的薪酬结构

国家或地区	年薪总额(万元)	年薪构成（%）			
		基本工资	奖金	其他	股票期权
美国	1 072 000	38	15	12	35
英国	646 000	46	10	26	18
德国	398 000	62	17	21	—
法国	520 000	48	9	28	15
中国香港地区	681 000	51	15	22	12
巴西	701 000	43	12	33	12

（3）基本年薪标准。

年薪制是一种体现经营者人力资本价值的薪酬激励方式。它以年度为单位确定经营者的基本收入，并视其经营成果分档浮动支付效益年薪，是一种在公司制企业条件下对经营者人力资本进行间接货币定价的制度。这一制度通过将经营者收入与其经营业绩挂钩的分配机制，旨在体现经营者的人力资本价值，更好地发挥经营者的积极性和创造性，以推动企业的快速健康发展，这是一种富有竞争力的薪酬激励方式。

年薪制的本质，是要求年薪收入者的报酬来自于企业经营的效益分享，高效高薪，低效低薪，无效无薪。但由于年薪收入者是劳动者，具有劳动能力再生产的权利保障，因此无效无薪是相对的，仅指不能取得与经营效益挂钩的效益奖酬。因此年薪收入者的薪酬包括两个部分：保底价格和企业效益分享，具体表现为基本工资与分红。即

$$S = W + B \tag{5-1}$$

式（5-1）中，S 为年薪，W 为固定工资，B 为分红。二者之中，由于工资体现人力资本的保底价格，通常由市场确定；分红体现效益分享方式，取决于企业和高管之间的契约。如何确定 B，是企业进行年薪制设计的关键。在实践中，常常是把 W 作为基础，乘上一个变量求得。即

$$S = W + W \cdot X \qquad (5\text{-}2)$$

式（5-2）中，X 的确定方式，取决于三个方面的考虑：（1）绩效奖酬的比重（A）；（2）业绩考核的得分（B）；（3）企业奖惩的力度（C）。即

$$S = W + W \cdot A \cdot C \qquad (5\text{-}3)$$

式（5-3）中，绩效奖酬的比重（A）是对收入结构的设计，决定效益分享在年薪总额中占多大比例。由于实际效益奖酬的数量到经营期末才能确定，因此这一比重的设计只是一种预期。业绩考核得分（B）是对年薪收入者工作绩效的评估，得分状况受考核标准制约。考核标准必须在经营期的初期予以确定，它对工作进程起引导作用。企业奖惩力度（C）是对绩效得分与薪酬水平之间关系的调节系数，根据企业需要确定，取决于企业奖酬政策的倾向。

由此可见，企业年薪制设计的实际内容，是对 W，A，B，C 四个变量进行处理。在具体操作中，W 的取值依据是企业状况和职务特点，通常参照某些替代指标计算。A 的取值范围，是风险收益对经营者的约束激励强度。它与 C 紧密相关，体现企业奖酬政策。而 B 的取值范围，是对经营者工作目标的责任要求，其设计是否恰当，直接影响管理者的努力强度。

把上述方面综合起来，就形成了管理者年薪收入变化的动态线段。如图 5.11 所示。

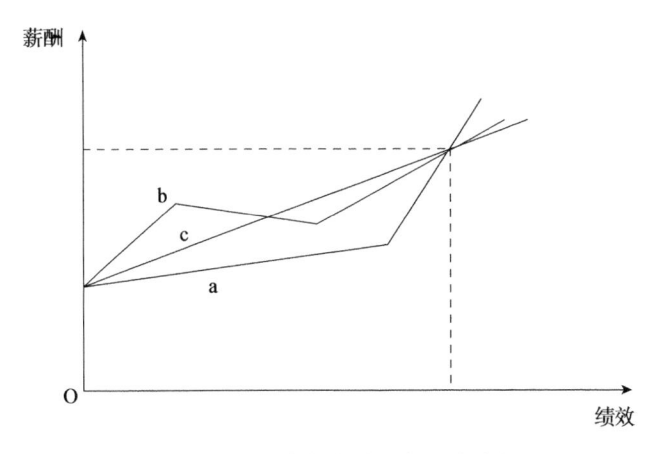

图 5.11 管理者年薪收入变化的动态

图中，a，b，c 三条线表示年薪变化的三种方式，虽然三条线的走势都体现薪酬与绩效正相关，但关联状况是不一样的：在 a 线段中，绩效提高到一定程度时，薪酬上升幅度加快；在 b 线段中，绩效与薪酬的关联在不同区间也呈现出明显差异，开始时薪酬上升快，之后变慢，到达一定点后又迅速加快；而 c 线段中，绩效与年薪同步增长。不同线段的变化方式，体现了对于年薪收入者的不同激励政策。企业年薪制设计的任务，是根据自身特点寻找合适的线段，实现对年薪收入者约束激励效率的最大化，以达到提高企业经营效益的目的。

（4）风险收入的计算。

风险收入的确定由于要与管理者的综合经营成果挂钩，所以较为复杂。主要涉及三个方面的问题。首先是如何考核管理者的经营成果才能做到全面、公平、合理；其次是如何将考核结果量化，并与风险收入直接挂钩；最后是管理者年薪与企业中一般员工收入有多大差距才合理等一系列问题。为了解决以上问题，有关专家提出了一种比重评分法，公式如下：

$$I = I_0 + I_0 \cdot R（K-100\%）\quad (5-4)$$

式（5-4）中，I 为风险收入；I_0 为基本风险收入；R 为收入系数；K 为综合评价系数。

① 基本风险收入。

基本风险收入，就是管理者通过生产经营，总体经营效果刚好达到规定要求时，得到的风险报酬。一般要根据企业规模大小及所有者要求达到目标的难易程度而定。规模越大，要求越高，则基本风险收入越高。可以看出，在此模型中管理者风险收入是以基本风险收入为基准，随着企业经营情况的好坏而上下浮动的，所以基本风险收入直接影响着经营者年薪的数量。鉴于我国的企业长期以来受平均主义的影响，企业员工对收入差距的承受能力不是很强，差距过大，必然会挫伤广大员工的工作积极性。但如果这部分收入过低，则对管理者形成的激励又不够，因此基本风险收入是根据企业和管理者协商，共同制定的。

② 综合评价系数。

综合评价系数是对企业整体经营状况，通过一套科学、完整的指标体系，经过综合评价而得出的量化指标，其计算公式如表 5.10 所示 ❶。

---

❶ 哈罗德·孔茨，海因茨·韦里克，1998. 管理学 [M]. 10 版. 张晓君，译. 北京：经济科学出版社：312-315.

第 5 章 基于儒家思想的企业薪酬激励的设计

表 5.10 综合评价系数计算公式

指标	权数（K_i）	基准比率（R_i）	实际比率（r_i）	相对比率（r_i/R_i）	综合评价系数（K）
总资产报酬率	0.40	20%	25%	1.250	50%
资本保值、增值率	0.20	110%	120%	1.091	21.82%
社会贡献率	0.05	20%	18%	0.900	4.5%
社会积累率	0.05	20%	18%	0.900	4.5%
全员劳动生产率	0.05	10 万	11 万	1.100	5.5%
成本费用利润率	0.05	30%	32%	1.067	5.33%
流动比率	0.05	200%	180%	0.900	4.5%
速动比率	0.05	100%	95%	0.950	4%
技术创新投入率	0.05	5%	4%	0.800	4%
市场份额增长率	0.05	120%	125%	1.042	5.21%
合计（K）	1.00	—	—	—	115.82%

注：综合评价指数（K）= $K_i \times r_i / R_i \times 100\%$。

由于企业经营者在企业中的特殊地位和特殊的职能，对经营者的经营成果就应该从多个侧面综合考察，这样才能合理地反映其经营成果。因此，对其风险收入的确定设计了多个考评指标。

第一，企业是以盈利为目的的，只有盈利，企业才有存在的价值。所以，通过总资产报酬率来反映企业的盈利能力，并赋予相当大的权数为 0.40。

第二，企业只有发展，才能在竞争中求得生存。而发展是要靠企业的资本积累。为了防止企业资产的流失和经营者行为短期化对劳动工具和劳动对象造成的损坏或损失，提高企业的积累率，使企业资产保值、增值，所以设置了资本保值、增值率，权数为 0.20。

第三，企业作为社会组织中的一员，对国家肩负着不可推卸的责任，为了强化经营者的社会贡献意识，所以设置了社会贡献率和社会积累率两个指标。

第四，成本费用利润率、全员劳动生产率分别是从资金和人力两个方面考察企业管理效率和管理水平的。

第五，从企业安全性角度来说，为了避免经营者片面追求短期效益，过度举债经营，设定了流动比率和速动比率两个指标来考核其安全性和偿债能力。

最后，考核不仅要考核企业的短期目标，还要注重企业的长远发展，技术创新投入率和市场份额增长率两个指标从不同的侧面反映了企业的发展潜力。

③ 收入系数。

收入系数 R 的设置，加大了年薪制的激励约束力度，使年薪制给经营者造成一定压力和动力。收入系数可以由所有者视激励程度和激励成本之间的关系而定。从比重评分法的公式可以看出，当综合评价系数每升降 1%，经营者收入就随之升降 R% 个基本风险收入。表 5.10 中的基准比率综合反映了所有者对经营者提出的要求，数值视企业的具体情况而定。以表中的数据为例，设企业经营者的基础年薪为是公司员工平均薪酬的 3 倍，为 3.8382 万元；基本风险收入为 2.8 万元，收入系数 R 为 3，通过全面考核，其综合评价系数为 115.82%，则通过公式（5-4）可以计算出其风险收入为

$$I = I_0 + I_0 \cdot R（K-100\%）\quad (5\text{-}5)$$
$$= 2.8 + 2.8·3（115.82\%-100\%）$$
$$= 4.129 \text{ 万元}$$

年薪总额为 3.8382 + 4.129 = 7.9672 万元。

（5）股票期权部分的确定。

① 在企业内部诊断的基础上，建立适合该企业经营特点的虚拟股票系统。

根据当年资产总值、当年产值及当年利润等数据，来反映企业经营综合绩效、综合规模等企业概况；根据企业当年的预计经费、当年更新设备及厂房维护、新建投资、当年其他投资等来反映企业未来可经营资源保有量、未来企业科技创新量等综合未来发展前景。这些指标的选择既体现了企业现时竞争力，又反映了企业未来的发展潜力，符合股票特性的要求。在运用时，取准备建立虚拟股票系统的年份的各指标项目的加权算术和后的数据为起始股票的总价值，设每股一元，则得出起始股票总股数。行权时取该年份的各项指标项目的加权算术和后的数据为该年股票总市值，除以该年的总股本（总股本＝起始股票总股数＋历年股票赠予数之和），计算出股票当期价格以行权。设计虚拟股票期权的实质在于让被激励人员分享未来企业的发展，减少一些短期行为，形成利益共同体。

② 确立虚拟股票赠予方案。

a. 赠予条件。认股权应赠予对企业资源有主要支配权或对企业业绩有主要影响力的核心员工，在 HD 公司主要赠予对象是高级管理层和技术骨干。赠予时，应对赠予对象进行资格考核，考核内容除了要验证上述身份条件外，还应该检查其是否具有良好的职业道德、工作操守，是否有财务问题和不良记录等。赠予后，有关专门组织有权根据协议和赠予对象的工作表现在一定时期授予一定数量行权。

b. 赠予数量。不同对象的赠予数量不同，主要考虑的因素有业绩表现及工作重要性、竞争企业同类人才的赠予数量及薪酬水平等。获得股票期权的员工需与企业签订协议书，规定认股只认权利，不缴认股款，行权时获得差价。

c.行权时间及行权价格。

协议书约定行权时间应为被赠予对象获得行权之日的六年后，具体行权时间及行权价格由行权人自己掌握，但其一般在期权的最大可能价值时执行。

由于股票期权具有未来获益性，它既可激励企业经理人和技术骨干设计长远的规划，又将经理人和技术骨干的利益与企业的长远发展捆在一起，故俗称"金手铐"制。如果拥有期权的员工离职或被免职，所获得的期权也就自动失去，其长期性的激励薪酬化为乌有。因此，虚拟股票期权制度的实施在一定程度上可解决长期困扰民营企业的骨干人员流失问题。

2. 企业专业技术人员薪酬激励体系的确定

尼尔·贝尔曾说过，前工业社会的主要资源为土地，工业社会为机器，后工业社会主要为知识。在这种背景下产生的现代人力资本理论也就顺理成章地承认了知识、技能是资本。❶随着知识、技术和信息对经济发展的贡献日益巨大，人类进入了知识经济一体化的新时代，价值创造的手段发生了重大的变革，传统的分配格局必然将被打破，按"知"分配的方式应运而生。按"知"分配又称按知识（智力）贡献分配，其核心是建立在以现代知识分工基础之上，以知识资源的占有、配置、开发和使用为重要因素，并以此衡量其所创造贡献大小的一种新型分配方式。在按"知"分配方式中，知识贡献是价值分配的核心要素。

---

❶ 魏刚，2000.高级管理层激励机制与上市公司经营绩效[J].经济研究（3）：32-39.

（1）借鉴儒家思想的专业技术人员薪酬体系设计的指导思想。

如果可以通过某种方式培养并满足员工的成就感，使他们感到自己的工作是有意义、有价值的，就会大大提高被管理者的热情和积极性，变消极被动的"要我做"为积极主动的"我要做"，从而取得事半功倍的效果。儒家的"尊贤使能""俊杰在位"的用人标准，体现了尊重知识，尊重人才的激励思想，倡导通过满足贤能者的成就需要，实现个人价值和社会价值的统一。企业的专业技术人才作为企业中知识层次较高的群体，他们更注重自我价值的实现，针对专业技术人员的薪酬体系的设计要充分考虑到技术人员创造性的发挥。

首先，营造一个"尊重科技，尊重人才"的良好的企业文化氛围，使专业技术人员产生安全感、归宿感、自尊感、满足感、社会荣誉感，让他们学得安心、干得顺心、拼得欢心、活得舒心。

其次，将专业技术人员的职业管理与薪酬管理有机结合起来，满足专业技术人员职业期望需求。企业要通过加强职业管理，将专业技术人员的职业目标与组织的战略目标有机统一，并通过制定相应的薪酬策略促进专业技术人员职业目标的实现，促进员工与企业共同成长。

最后，将专业技术骨干人员纳入企业长期激励体系。在产权清晰、公司治理结构建立、健全的情况下可以通过设计和实施适当的虚拟股票期权计划，将技术骨干人员纳入企业的长期激励体系，使其与企业结成命运共同体，以期达到长期激励使用目标。

（2）薪酬的构成。

企业的薪酬策略应采用什么手段吸引和留住高素质研发人才？如何给专业技术人员定薪？本书根据专业技术人员的特点，本着薪酬要充分体现专业技术人才的价值和贡献的原则，为他们设计了价值取向型薪酬激励方案。所谓价值取向型薪资体系就是企业将体现专业技术人员技能和业绩的因素价值化，根据员工所拥有的技能和业绩因素的多少或者等级确定其薪酬。

专业技术人员薪资的基本模式为：

薪资总额＝绩效薪酬＋知识价值＋虚拟股票期权

（3）知识价值的确定。

专业技术人员的知识价值由学历、职称、科技成果、评优评先等四个付酬因素确定，某公司确定知识价值的依据如下，可供参考。

a. 学历价值，即根据专业技术人员所拥有的不同的学历按月计发不同的薪酬。计发标准为：中专70元／月（中专以下的按中专计算），大专150元／月，本科300元／月，硕士研究生600元／月。

b. 职称价值，即按照每个专业技术人员所拥有的职称等级的不同按月计发不同的薪酬，计发标准如下：技术员50元／月；助理工程师80元／月；工程师120元／月；副高级工程师180元／月；正高级工程师260元／月。

c. 科技成果价值，是指两年内专业技术人员在企业的技术活动中所取得的成果的价值，根据所取得成果的档次不同，核定不同的系数，根据累计系数给予不同的薪资，系数最高为9，可拿到3 600元／月（每0.1个系数计发薪资40元／月）。在确定科技成果系数时，规定项目主持人可拿到该项目的全额系数，项目参与人可拿该项目全额系数的1/20。

d. 评优评先价值，是指专业技术人员在年度专业技术职称考核和年度科技人员评先中，被评为优秀、良好及优秀科技工作者，按月计发一定的薪资。根据该公司规定：国家优秀科技工作者400元／月，省优秀科技工作者200元／月，

第5章 基于儒家思想的企业薪酬激励的设计

市优秀科技工作者150元/月,公司科技标兵80元/月,年度考核评优40元/月,年度考核评良30元/月。

价值取向型薪酬体系实质上也是一种结构薪酬体系,所不同的是,这种体系设计在考虑付酬因素时,针对专业技术人员的特点,强化了技能因素和业绩因素在薪资结构构建中的作用,并将这些因素直接量化为员工的薪资,增加了薪酬的透明度。该薪酬模式把员工专业技术能力、员工业绩与其薪酬紧密地结合在一起,克服了技能取向型薪酬体系忽视员工业绩的不足之处,在一定程度上保证了企业人力投入的产出效率。

(4)虚拟股票期权部分的确定。

对于企业中的技术骨干人员薪酬,除了专业技术人员的基本方案外还增加了虚拟股票期权部分。这样设计的目的是企业充分承认他们在企业中的核心作用,让他们的知识价值参与企业的分配。

虚拟股票期权由企业具体管理部门根据企业代表的决定授予相关人员一定的额度。分配的额度应根据企业现实资产经营效益的好坏及企业认为技术骨干人员的创新发展潜能、实现贡献价值等的好坏呈"递增"或"递减"的函数状态(期权的价格、实施方式等同下节的高级管理人员期权的操作)。实施"虚拟股票期权收入"制的最大优点就在于它将企业价值变成了知识价值贡献者收入函数中的一个重要变量,实现知识价值贡献和企业资产增值的"潜在收益最大化"的一致性,以不断激活知识贡献者的技术创新潜能,鼓励他们为企业多出科技成果,带动企业技术创新水平整体提高,进而使企业综合发展实力再上台阶,具体的操作参见高层管理人员薪酬激励方案设计中的虚拟股票期权部分。

3. 企业生产人员薪酬激励体系的确定

面对激烈的竞争，现代企业在经营管理上把此压力适度转移到员工身上的最佳方式就是通过绩效管理让员工承担绩效的压力，培养员工关注绩效的文化氛围，让绩效评估的结果与员工的薪酬直接联系在一起，但绩效评估的作用不仅限于薪酬发放，最终目的是为了激励员工的工作积极性和创造性，以促成企业目标的实现。

（1）借鉴儒家思想的生产人员薪酬体系设计的指导思想。

管理者以关怀和厚爱去激励员工，满足人对爱的需要。管理者通过对下属的关心、爱护，使上下级之间建立起良好的人际关系，从而达到"人为知己者事，士为知己者用"的效果。孔子提出"仁"，主张"施仁政"，强调国家的统治者要像爱护亲人一样对待臣民。荀子主张"利民"更要"爱民"，也是要求对民众施以仁政。针对生产人员的薪酬激励体系更要体现"利民""爱民"，施以仁政。

第一，按劳分配。生产人员薪酬的确定应符合同工同酬、多劳多得的内在要求，凡是按照生存操作要求，完成或超额完成生产任务的，都应获得按业绩、按岗位企业确定的薪酬。因此，生产人员的薪酬要尽可能地与其完成的合格产品相联系。

第二，薪酬计算方式尽量做到简化通俗。生产人员，一般文化水平比较低，如果设计的薪酬方案过于复杂，不便于生产人员自己计算其应得的薪酬，将不利于调动广大生产人员的生产积极性。因此，生产人员薪酬方案的设计应做到薪酬标准单一、价格应明了。

第5章 基于儒家思想的企业薪酬激励的设计

第三，体现工作价值的原则。在企业内，不同的工作对企业的经营具有不同的作用，在设计生产人员薪酬方案时，必须充分考虑各个工作或岗位在企业中的相对价值，对那些直接关系到企业主导产品生产的岗位或工作，应给予较高的薪酬回报。

（2）薪酬的构成。

对于生产人员实行的是岗位技能绩效薪酬制度，这种制度既能体现不同岗位的重要程度，又能体现不同岗位对员工的技能要求，更能体现薪酬与个人在岗位上的技能表现与企业整体业绩及个人业绩的相互关系。生产员工的薪酬计算公式如下：

员工薪酬 = 岗位薪酬 + 技能绩效薪酬 = 岗位工资基数 × 岗位系数 + 技能绩效工资基数 × 技能绩效系数

（3）岗位薪酬的确定。

为了避免岗位系数设定上的主观性，本书中的岗位系数是在专家指导下采用因素记点法确定的，其过程如图5.12所示。因素记点法是目前最流行的岗位评估方法。首先确定影响所有岗位的共有因素，并将这些因素分级、定义和配点（分），以建立评价标准；其次，依据评价标准，对所有的岗位进行评价并汇总每一岗位的总点数（分数）；最后，将岗位评价点数转化为货币数量，即岗位工资率或工资标准。这种方法可避免一定的主观随意性，透明度高，因此在薪酬方案中岗位工资部分岗位系数的确定采用了因素记点法。

图 5.12　因素记点法的过程

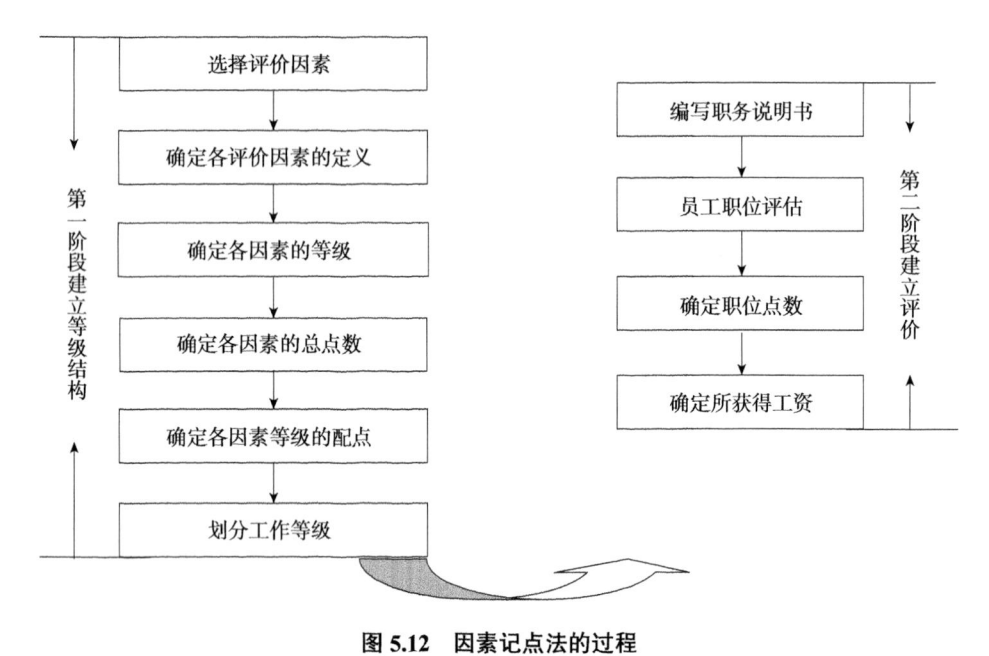

　　因素记点法是在专家的指导下，确定影响所有岗位的因素，并将这些因素分级、定义和配点，以建立评价标准。这种方法把各种因素以点数来量化，然后根据每个员工的工作表现来考核其获得的点数，并依次确定其相对价值。

　　具体的步骤为：首先，确定关键因素。根据企业的要求，找出最关键的主要因素。在对生产人员岗位薪酬设计方面的关键要素为智力、技能、体力、工作责任、工作环境等五大方面。其次，确定关键因素中的子因素。具体又分学识水平、工作创新性、业务熟练程度、沟通复杂程度、工作难度、工作紧张程度、体力要求、管理、业务范围、工作独立程度、过失影响程度、工作时间特征、环境舒适性等 12 个要素。再次，确定每个子因素的等级，并具体规定每个等级的标准。根据企业中生产线的特点，将每个子因素分为5个等级。确定每个子因素的权重，根据子因素的重要性程度分别赋予一定的权重（表5.11为某公司员工工作评价各要素指标体系及权重分配），在计算时加权计算。最后，据各岗位对应的要求，计算各个岗位的总点数。

按照表5.11岗位评价要素各等级的分配，对各岗位评价打分得出来的测评总分值做如表5.12的调整，从而确定较符合实际的岗位系数及岗级表，由此得出不同岗位的薪酬。

表5.11 测评要素各等级的分配

因素	指标名称	权重	一等	二等	三等	四等	五等
智力	1.学识水平	5	5	10	15	20	25
	2.工作创新性	15	15	30	45	60	75
技能	3.业务熟练程度	8	8	16	24	32	40
	4.沟通复杂程度	8	8	16	24	32	40
	5.工作难度	15	15	30	45	60	75
体力	6.工作紧张程度	10	10	20	30	40	50
	7.体力要求	5	5	10	15	20	25
工作责任	8.管理业务范围	15	15	30	45	60	75
	9.工作独立程度	2	2	4	6	8	10
	10.过失影响程度	10	10	20	30	40	50
工作环境	11.工作时间特征	5	5	10	15	20	25
	12.环境舒适性	2	2	4	6	8	10
	合计	100	100	200	300	400	500

表 5.12 测评总分值与岗位系数对应表

分值范围	岗级	岗位系数	分值范围	岗级	岗位系数
100 分及以下	1	1.0	341~360 分	11	3.0
101~140 分	2	1.2	361~380 分	12	3.2
141~180 分	3	1.4	381~400 分	13	3.4
181~220 分	4	1.6	401~420 分	14	3.6
221~240 分	5	1.8	421~440 分	15	3.8
241~260 分	6	2.0	441~460 分	16	4.0
261~280 分	7	2.2	461~475 分	17	4.2
281~300 分	8	2.4	476~490 分	18	4.4
301~320 分	9	2.6	490~499 分	19	4.6
321~340 分	10	2.8	500 分以上	20	5.0

（4）技能绩效薪酬的确定。

建立薪酬和绩效之间的联系是相当重要的。制定合适的衡量绩效的标准，与下级进行绩效评估方面的沟通，使其接受，识别对员工真正重要的薪酬措施，或者控制薪酬的发放，使能者多得。这些因素直接影响着员工对绩效—薪酬联系的认识。技能绩效评价的标准应能够客观化、数字化，企业中对个人或团队业绩考评的手段应可靠、公正和客观，以便尽量摆脱评价人员的主观因素的影响。员工对评估目标一定要接受、认可，业绩评估目标一定要在上下级之间、主管和下级之间充分交流的基础上制定；评估后，要将规划业绩和事实业绩的差别及时反馈给评估者，达到及时沟通的目的；对于非业绩优秀者，要帮助和督促被评估者制订完善的计划，根据计划有针对性地进行培训，或提供改进条件，达到鞭策后进的目的。绩效评估的不完善之处在于容易导致仅对绩优者的奖励有方，但对绩劣者的约束欠缺的现象，而且对绩优者奖励幅度过大时，容易造成一些员工虚报业绩的行为，因此对员工业绩的准确评估和有效监督是绩效系数实施的关键。

在确定员工绩效薪酬时可以运用尤森比较评价系数模型的思想（如表 5.13 所示），但根据企业的具体情况需要做适当的调整，使其能更好地和员工技能绩效评价结合起来。为了和技能绩效评价的结果相对应，可将个人绩效的等级从三个级别调整到五个级别。将前述个人的得分化为高、较高、一般、较低、低五类。通过全盘考虑员工个人技能绩效表现及企业综合业绩表现，与表 5.14 中进行比较，得出技能绩效系数。在表 5.14 的模型中，将员工个人表现最好者在企业中的最佳业绩年份的系数定为 5.0，而将个人表现最差者在公司业绩最差年份的综合评分定为 0。由此便可得出相对应的员工技能绩效的分值，进而算出员工技能绩效薪酬。

表 5.13 尤森综合业绩比较评价系数模型

评分		企业（部门）综合业绩表现				
		高	较高	一般	较低	低
个人技能绩效表现	一级：好（80 分以上）	5.0	4.5	4.0	3.0	2.0
	二级：较好（61~80 分）	4.0	3.5	2.5	2.0	1.5
	三级：一般（41~60 分）	3.0	2.5	2.0	1.5	1.0
	四级：较差（21~40 分）	2.5	2.0	1.5	1.0	0.5
	五级：差（20 分以下）	1.0	0.8	0.6	0.3	0.0

表 5.14　员工个人业绩与部门综合业绩比较评价系数模型

评分		企业（部门）综合业绩表现				
		高	较高	一般	较低	低
个人技能绩效表现	一级：好（80 分以上）	5.0	4.5	4.0	3.0	2.0
	二级：较好（61~80 分）	4.0	3.5	2.5	2.0	1.5
	三级：一般（41~60 分）	3.0	2.5	2.0	1.5	1.0
	四级：较差（21~40 分）	2.5	2.0	1.5	1.0	0.5
	五级：差（20 分以下）	1.0	0.8	0.6	0.3	0.0

4. 企业销售人员薪酬激励体系的确定

在现代市场经济条件下，营销竞争作为市场竞争的重要内容，已经越来越受到企业的重视。企业在营销人员管理方面最头疼的问题是营销人员的流动率太高，营销队伍不稳定。调查表明，影响营销人员流失的一个直接原因就是企业薪酬体系不合理。因此，设计出一套科学合理，具有战略意义的薪酬方案，是企业吸引高素质的营销人员和减少营销人员流失的关键。

（1）借鉴儒家思想的销售人员薪酬体系设计的指导思想。

儒家思想倡导使用民力要选择合适的时间，尽量减轻人民的负担，对百姓要坚持"爱而用之"的原则，"不爱而用之，不如爱而后用之之功也。"（《荀子·富国》）只有爱民、利民，才能达到"故有社稷者而不能爱民，不能利民，而求民之亲爱己，不可得也。民不亲不爱，而求其为己用，为己死不可得也……故君人者，爱民而安……"的激励效果。对于销售人员要充分了解其心理，合理衡量他们的业绩，设计出适合销售人员的薪酬激励方案。

第一，以销售量为基础设计销售人员的薪酬方案。这种方式是依据销售人员所销售产品数量或签订的合同数量来设计其薪酬标准。其薪酬水平的高低取决于产品销售的难易程度。

第二，以销售额为基础设计营销人员的薪酬方案。这种方法是将营销人员的薪酬与其销售金额联系起来，不同的销售金额对应不同的薪酬水平。在化妆品、药品等产品种类较多且单位销售量小的行业通常采用这一方法。

第三，以销售额加权数的方法设计销售人员的薪酬方案。这种方法是依据商品的差别，对于不同类商品的营销额乘以一定的加权数来进行修正，最后求出折算后的销售额，并以此营销额确定营销人员的薪酬。此外，企业还可以对同一商品的不同营销状况，如货款回收期等设置不同的权数，其计算方法也相同。

（2）销售人员薪酬方案。

目前，我国企业中营销人员的薪酬分配制度主要有三种：纯薪金制、纯佣金制和薪金佣金混合制。

纯薪金制即提供给营销人员固定的薪水，并无其他佣金或奖金收入。它的作用是保证所有营销人员都有一份固定的收入，它通常以月工资的形式发放。在短期内，营销人员的工资与其工作业绩不直接相关。

纯佣金制是按销售额（毛利、利润）的一定比例进行提成，作为营销人员的销售报酬。这种制度使得销售人员没有任何固定工资，其报酬与一定期间的销售业绩直接相关，收入是完全变动式的。

佣金薪金混合制度实际上是佣金制和薪金制的有机结合，其中有一部分是固定的，为营销人员的基本生活提供了保障，使他们在心理上有一种安全感，而另一部分则来自于佣金、奖金，这是对他们工作业绩的肯定。

这三种薪酬分配制度的对比分析，如表 5.15 所示。

表 5.15　三种薪酬分配制度的对比分析

	优点	缺点	适用范围	企业风险
纯薪金制	制定方便，计算简单，使工资的预算更精确；工作调动或调整的阻力较小，营销队伍较稳定，营销人员有安全感	缺乏对营销人员的激励；员工工作积极性低，工作效率低	适用于需要集体努力或非销售性工作占比重大的工作	大
纯佣金制	薪酬和业绩挂钩，激励性强，避免了大锅饭	强化企业内部的竞争，产生一些短期效应，破坏企业的整体利益；人员流动性大	当营销人员的工作状况难以掌握或是企业需要进行产品推广时，对兼职人员薪酬的支付	小
佣金薪金混合制	薪金部分给营销人员以基本的收入保障，增强管理者对营销人员的控制能力。佣金部分激发销售人员的工作积极性，降低流动率，节约人力资源成本	佣金、薪金所占比率难以确定	适合于大多数企业	较大，和佣薪金的比例相关

（3）工作质量指标薪酬制度。

工作质量指标薪酬制是在佣薪金混合制的基础上提出的。主要原理是企业根据现阶段的具体情况、产品的特征、营销人员的个体特征及同行业竞争者的薪酬水平，确定出企业营销人员的总体薪酬水平。根据营销人员的职务、职责范围及工作复杂度等不同要素对营销部门中的各个职位进行科学的评定，确定各个职位在营销工作中相对重要性的大小，代表该职位在企业中的价值。一般来说，营销部门的工作是根据营销人员是否能完成企业所规定的一系列指标来决定的，因此，提出了将营销工作分解的工作质量指标制度。首先，企业把营销岗位的所有工作分解成一系列具体指标，并根据这些指标的重要程度，经过

第5章 基于儒家思想的企业薪酬激励的设计

专家评定对各个指标赋予相应的权重。其次，根据每个指标的权重把薪酬总额分解到各个指标上。同时要根据以往工作任务的完成情况对各项指标都制定一个标准，这个标准应高于平均水平，但营销人员经过努力可以达到。最后，月底对营销人员的当月业绩进行考核，并根据各项指标的完成情况来分配薪酬。如果完成了哪一项工作指标，该项指标被赋予的工资额就成为该岗位营销人员有效的薪酬数额，将各项指标所得的金额加总，即得出该岗位销售人员当月的薪酬总额。由于这些指标和营销人员收入密切相关，因此他们为了完成这些指标会积极努力工作以满足自己的需要。

工作质量指标薪酬制度就是详细说明这些指标并把它们传达给营销人员，把企业的目标（并不是简单、唯一的销售额）和营销人员报酬联系起来。这种薪酬制度的设计思路是将人的需求理论与企业利益有效结合，因而是一种人性化的薪酬制度。

（4）质量指标薪酬制度的操作步骤。

针对营销人员设计质量指标薪酬制度时，需要建立一套科学合理的技能和业绩指标体系，这里有几项工作非常重要：一是企业应该选取哪些技能和业绩指标作为营销人员的付酬因素，应该说付酬因素的选择既反映了企业战略的需求，也反映了企业的薪酬策略和分配哲学，即鼓励什么、肯定什么、提倡什么；二是所选取的付酬因素和指标之间权重比例如何确定；三是如何确定各付酬因素和指标的经济价值；另外还要考虑企业所在地区同类型人才的薪酬水平、企业过去的薪酬水平和企业内在公平性等问题。确定各付酬因素的相对价值是其中一项最具有挑战性的工作，因此要建立一套科学合理的指标体系，需要聘请专家参与，在专家指导下进行。

① 对营销人员的岗位进行分析。

就是对企业中营销人员的各项工作进行研究，确定每项工作的名称、工作内容、程序、环境等，并据此编制岗位说明书和岗位规范书。

② 确定岗位指标。

在对岗位进行工作分析的基础上确定岗位的付酬标准。不同类型的岗位会有不同的付酬标准，必须根据企业的具体特点及岗位的类型来制定。例如可以将营销人员岗位付酬的指标分为五大类：营销成果、顾客关系、工作知识、内部关系、人格特征。

③ 在岗位指标确定的基础上，给予岗位工资总额。

④ 确定各付酬指标的权重和等级。

各付酬指标的等级可以不同，等级的多少应取决于各项指标的相对权重及各等级界定与相互区分的难易；指标越重要，权重越大，等级越易确定，相互之间也越易区分，则级数也应该越多，具体数据见表 5.10 所示。

在确定了付酬指标并各自分好等级后，就必须对每一指标总体及各等级分别以简要的说明予以界定，以便在岗位评价的操作过程中据此评定每个岗位在一定指标方面的等级。

⑤ 确定岗位付酬指标的分值。

根据岗位付酬指标的相对重要性确定其应得的分值。对于每一付酬指标应赋予多少分，及这些分数在该指标的各等级之间应该如何分配并没有统一的标准，可视情况分别对待。表 5.16 为某企业营销人员岗位付酬指标等级划分及分数分配。

第 5 章 基于儒家思想的企业薪酬激励的设计

表 5.16 岗位付酬指标等级划分及分数分配

付酬指标	权重	1级	2级	3级	4级	5级
一、销售成果						
1. 销售量	20	20	40	60	80	100
2. 销售额与毛利	15	15	30	45	60	75
3 区域市场占有率	25	25	50	75	100	125
二、顾客关系						
1. 新增顾客数	10	10	20	30	40	50
2. 为顾客提供服务的能力	5	5	10	15	20	25
三、工作知识						
1. 对产品	5	5	10	15	20	25
2. 对市场、顾客	5	5	10	15	20	25
3. 开发市场的技巧、技巧	5	5	10	15	20	25
4. 对法律法规	5	5	10	15	20	25
四、内部关系						
1 和其他部门良好配合的能力	10	10	20	30	40	50
2. 和主管、同事有效沟通的能力	5	5	10	15	20	25
五、人格特征						
1. 态度	5	5	10	15	20	25
2. 工作独立性	5	5	10	15	20	25
3. 判断力	5	5	10	15	20	25
4. 语言表达能力	5	5	10	15	20	25

⑥ 采用评分法对岗位付酬指标进行测评。

就评级标准中每一付酬指标每月逐一对照，每一等级的说明评出相应的分数，并将各因素所评分数小计值求出，这小计分便代表了该岗位对本企业的相对价值。最后利用一张转换表，将分数转换为相应的工资金额，就可以得出营销人员的月薪，年终奖金是根据企业的整体情况来确定的。

第6章 基于儒家思想的企业薪酬激励体系的检验

6.1 薪酬战略与企业战略的匹配性检验

6.1.1 企业战略与薪酬战略的关系

"战略"(Strategy)一词最早出现在军事领域,是一种从全局考虑谋划实现全局目标的规划。"企业战略"一词最早是由定位学派的创始人迈克尔·波特提出。依据他的理论,企业战略的核心是获得竞争优势,而竞争优势取决于企业所处行业的盈利能力,即行业吸引力和企业在行业中的相对竞争地位。具体来说,企业战略是指企业根据环境变化,依据本身资源和实力选择适合的经营领域和产品,形成自己的核心竞争力,并通过差异化在竞争中取胜。企业战略是对企业各种战略的统称,其中包括竞争战略、营销战略、发展战略、品牌战略、融资战略、技术开发战略、人才开发战略、资源开发战略，等等。因此，薪酬战略作为企业战略管理的一部分，其首要任务就是构建合理的薪酬结构，发挥薪酬的激励作用，促进企业战略的实施，从而实现企业的经营目标。

薪酬战略是企业管理者在企业发展理念的指导下可以选择的薪酬标准及支付方式，这种特定的薪酬支付方式会对企业绩效管理和人力资源管理产生很大的影响，具体包括薪酬决定标准、薪酬支付结构、薪酬制度管理等。

实践证明，在人力资源管理发展过程中，企业薪酬制度的管理是企业实现可持续稳定发展的重要力量。也可以说战略性薪酬管理是人力资源管理的重要组成部分，也是企业管理的主要载体。薪酬体系的建立需要基于企业的经营战略，才能有效激励员工的工作积极性。现阶段，我国大多数企业的薪酬管理体系主要是以操作流程运转为基础，因此，检验薪酬制度与企业经营战略是否出现了分离现象，薪酬体系是否缺少战略性，就成为构建薪酬管理体系必不可少的一个环节。

6.1.2　薪酬战略的类型

企业薪酬战略要想促进企业战略目标的实现，支持企业文化的发展，控制企业经营成本，就必须先了解不同的薪酬战略所适应的企业战略类型，即企业实施什么样的战略就需要相应薪酬战略、薪酬制度来支持，战略变薪酬政策也应随之而变。例如，企业实施技术创新战略，在薪酬制度设计上就要考虑如何吸引、保留、激励创新性人才，在薪酬构成中体现技术创新的激励因素，从短期、长期激励着手调整总体薪酬，增强薪酬的市场竞争力，另外还可以从工作授权、弹性福利等方面增强激励。如果企业实施低成本领先战略，对应的薪酬制度应关注成本有效性问题，减少固定薪酬与福利的支出，增加可变薪酬的比重等。

1. 成本导向型薪酬战略

成本导向薪酬战略也叫低成本薪酬战略，即企业制定的薪酬水平主要根据企业自身的成本预算决定，以尽可能地节约企业成本为目的，较少考虑市场和竞争对手。低成本企业战略，决定了企业不但需要在产品研究与开发、生产与销售等各个环节降低成本，也需要在员工成本控制上做文章。此时企业一般会在不影响生产经营效益的情况下，采取低薪酬水平和降低奖励额度的低成本薪酬战略，以贯彻企业总体战略，以最少员工成本投入获取最大经济效益。

2. 差异化薪酬战略

企业选择的差异性竞争战略在很大程度上决定了差异化薪酬战略的应用，即企业以技术创新的方式方法，将自身的服务、产品及其他各个方面与其他类似企业之间进行对比分析。差异化竞争的关键在于企业产品开发与技术创新能力，这就需要企业培养一支能力强、稳定性高的产品研发和技术创新团队。因此，企业应根据自身的市场定位，在制定战略性薪酬管理体系时，侧重对技术创新的激励，适当调整薪酬结构以及薪酬发放方式，既要达到激励效果，又不失公平性、操作性、原则性。

3. 竞争性薪酬战略

竞争性薪酬战略主要是由企业采取的竞争战略所决定的，也就是企业集中全部资源专注于某一客户群体、产品、市场的一种竞争性策略，具有较强的针对性。这种战略类型中，企业需要在先进技术或服务能力的竞争中取得优势，保持一定的先进性，以此吸引更多这一专业领域中的技术人才。作为顶尖技术人才，其薪酬势必会很高，只有这样，才能够获取人才对企业的忠诚，从而留下更多人才，有效避免人才流失带来的风险。这就要求企业构建战略性薪酬体系的时候，采取以技术、人才为核心的等级战略性薪酬管理制度，并在薪酬结构上积极利用股权或期权等长期性薪酬激励计划。只有这样，才能使企业的薪酬水平在地区同行业中处于领先地位，以吸引高素质人才，满足企业自身高速发展的要求。

6.1.3 企业不同发展阶段的薪酬战略选择

在激烈的市场竞争中，薪酬战略已成为企业经营战略的一部分，企业在选择薪酬战略时，需要考虑薪酬战略与企业战略的匹配性。一般来讲，企业和薪酬战略之间的联系越紧密，彼此越适应，企业的效率会越高。企业处于不同的生命周期阶段，其战略目标、生产运营、财务状况等方面的管理要求和侧重点不同，与之匹配的薪酬管理要求和侧重点也不同。因此企业应根据自身所处生命周期的特点，设计不同的薪酬体系，使之成为企业发展壮大的有力手段。

1. 企业初创期

企业初创期指企业诞生的过程，此时企业刚刚创立，且没有足够资金以及资源，而这个阶段企业非常需要投入大量的资金进行产品或服务的生产和销售，以打开市场，在竞争中占领一席之地。这时企业人才相对匮乏，一般只有少数几个创始人，急需要发挥现有核心人才的作用，并鼓励创新，吸引和留住关键人才，轻物质薪酬重精神薪酬。并积极打造团结上进的企业文化，强调员工的集体归属感，重视员工的职业生涯规划，争取员工与企业的共同成长。在此阶段企业应该选择的薪酬战略是差异化的薪酬战略、成本导向型薪酬战略。薪酬体系设计应采用相对较低水平的基本薪酬，较高水平的激励薪酬。另外，感情留人、长期激励也是初创期普遍采用的薪酬激励方式，管理者的人格魅力以及与员工间的感情等外在薪酬激励显得格外重要，而未来的收益或职务承诺都会激励员工长期为企业奉献。

2. 企业成长期

成长期阶段企业的规模、人力资源、品牌等急剧增加，企业对中高级管理人员、技术人员的需求急剧增加。企业的成长期的扩张型战略需求直接决定了增长型薪酬战略的衍生，对市场扩展、产品研发、技术创新等战略给予高度关注。这一时期的基本薪酬、激励薪酬通常会高于市场水平，以获得需要的人才。此类型企业倡导与员工之间保持合作关系，共同承担经营风险，共同分享成功后的效益回报。薪酬战略选择一般趋于竞争性战略，而薪酬模式的选择主要是低水平定性薪酬和高水平的定量薪酬相结合，凸显出员工的绩效回报，并将股票与期权激励结合融入薪酬结构的设计中。

3. 企业成熟期

这一时期的企业在人力资源管理中，已经具备了成熟的技术员工队伍，企业在业务范围内自身所占领的市场已发展到最佳状态，薪酬战略的目标是确保其在竞争中处于稳定状态。在薪酬的构成上，往往强调企业管理制度的稳定性，不再强调与员工之间的风险分担，因而基本薪酬和间接薪酬高于市场水平而且较为稳定，激励薪酬低于市场水平。薪酬总体水平一般与市场持平或者略高。当然，如果企业财务状况允许，也可以采取更高的薪酬水平，吸引和留住核心员工。通常的做法是企业更多地考虑内部的公平性，很少考虑外部的竞争性，在薪酬设计中采取一定的措施来提高变动薪酬或奖金在薪酬构成中的比重，把薪酬成本控制在尽可能小的范围内。

4. 企业衰退期

衰退期企业规模锐减，市场占有率急剧下降，员工满意度不高，离职率不断攀升，企业业绩下滑，经营利润下降，甚至出现亏损，这时的企业即将走向破产或者转型，企业应根据现阶段的经营业务领域及时撤离或者收缩业务。业务的收缩决定薪酬战略必然以控制成本为导向，薪酬管理往往也是与裁员、剥离或者清算等联系在一起的。在此影响下，一方面企业构建战略性薪酬管理体系，需要重视核心业务与竞争力的关系，并加强对员工薪酬与业绩回报的关注。另一方面，如果企业准备拓展新的业务领域，则需要考虑外部环境的竞争性，运用竞争性的薪酬战略来招募新的业务人才，以培育新的业务增长点，完成企业的蜕变。

6.1.4 不同业务类型企业的薪酬战略选择

企业薪酬战略选择不但与企业的发展周期紧密相连,而且与企业所经营的业务息息相关,也即企业在选择做什么和不做什么的过程中已经确立了其战略,不同行业技术含量、技术工人的比例、产业发展程度等因素不一样,薪酬战略与薪酬水平就有较大的差异。一般来说,技术含量高、高技术工人多、人均资本占有量大的行业,多采取基于知识和技术的薪酬模式和竞争性的薪酬战略,且薪酬水平也较高。薪酬管理的战略性选择与企业的竞争优势是相互联系的,因为薪酬可通过员工个人、工作团队和企业整体创造出与企业总体发展方向相适应的内部和外部氛围,从而有效地推动企业的发展,服务于企业的管理,做到事半功倍。

1. 高新技术企业的薪酬战略

科学技术是第一生产力,高新技术企业持续进行科学技术的研究开发与技术成果转化,以形成企业拥有的核心自主知识产权,并以此为基础开展经营活动,它是知识密集、技术密集的经济实体。高新技术企业以创新为企业发展的根本动力,侧重知识技术、核心技术、核心人才在企业发展中的作用,由于其高知识层次人才和高新技术的特点决定了高新技术行业可采用基于创新的薪酬战略,即基于技术创新能力或知识技术的竞争性薪酬战略。从激励的有效期来看,高新技术企业适宜采用期权、技术股权等长期薪酬激励模式,以便减少核心技术人才的不必要流动。

2. 服务型企业的薪酬战略

服务型企业是指以提供无形的服务为主要经营活动的企业，包括餐饮、酒店、旅游、广告等行业企业。与制造型企业相比，服务型企业的一个最大特点就是人力资本在企业资本中的占比高，人力资本已经成为服务型企业的第一资源。服务型企业一切以顾客的需求为中心的经营理念，决定了其工作重心是以产品为载体，为顾客提供完整的服务，其提供服务所创造的利润在利润总额中占据重要比例。与传统的产品型企业相比，服务型企业能够更好地体现自身的服务特色，满足顾客的要求，提高顾客的满意度和忠诚度，形成服务品牌，从而增强服务型企业的市场竞争力。此类型的企业应以差异化的薪酬战略为主要选择，同时考虑核心人物对员工间的团结协作精神的重要作用。

3. 制造加工型企业的薪酬战略

制造业是指机械工业时代对制造资源，如物料、能源、设备、工具、资金、技术、信息和人力等按照市场的要求，通过制造过程，转化为可供人们使用和利用的大型工具、工业品与生活消费产品的行业。加工业是从事制成品生产的企业。它不同于制造业，有时既包括发电也包括产品加工。制度业和加工业共同的特点是资本和劳动力密集，且员工的绩效比较容易量化计算，所以在选择薪酬战略时需要充分考虑成本，薪酬模式可采用以岗位和计件等为主的薪酬模式。劳动密集型的企业应侧重考虑劳动负荷和劳动环境等要素，根据不同岗位工作性质和劳动特点确定薪酬模式。

6.1.5 企业薪酬战略与企业战略的匹配性评价

在企业战略的指导下,确定薪酬战略和构建薪酬体系主要是为了通过薪酬管理,体现并支持企业战略与人力资源战略。在进行薪酬战略选择或薪酬体系构建的时候,需要理清两大关系:第一,薪酬管理与企业之间的战略性关系。薪酬管理计划要想充分发挥企业的经营引导与支持作用,需要同时制订薪酬管理计划与组织变革,薪酬管理项目与企业的短期计划、长期战略目标之间应切实结合。第二,薪酬管理和企业人力资源战略之间的关系,就是指薪酬管理与企业战略间的连接,主要是以人力资源战略作为重要载体,通过对企业战略进行细化分解、实施落实、监督控制,特别是企业资源配置限制,以推动企业目标实现的全过程管理。为了更好地实现薪酬管理体系在企业经营目标中的作用,企业薪酬体系及薪酬战略的选择需要建立流程,明确企业经营战略的实现所需要的关键成功因素,所需执行的关键行动。具体流程如图 6.1 所示。

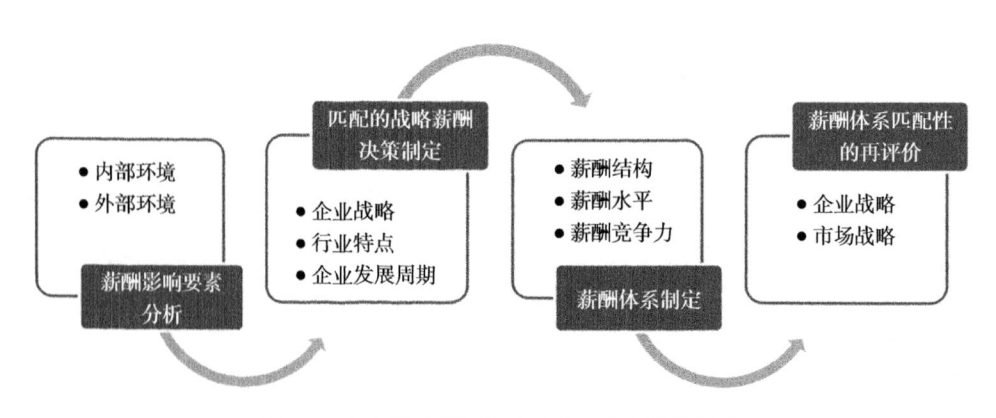

图 6.1 企业薪酬战略与企业战略的匹配性评价

6.2 薪酬结构的完整性分析

薪酬结构是指企业中各种工作或岗位之间薪酬水平的比例关系，反映的是同一组织内部的不同职位所得到的薪酬之间的相互关系，涉及内部一致性问题。薪酬结构设计属于薪酬体系中的一个子模块，因此在设计薪酬结构时必须确保薪酬体系既能够达到为企业节约成本，又能对企业员工起到激励作用。首先，薪酬结构是依据公司的经营战略、财务能力、人力资源战略和市场薪酬水平等为公司内不同的岗位、不同的员工群体制定不同的薪酬水平和薪酬要素，并且提供确认员工个人贡献的办法。另外，薪酬结构是指在同一企业内不同职位或不同技能员工薪酬水平的排列形式，强调薪酬水平等级的差别、决定薪酬级差的标准，它反映了企业中不同职务、不同岗位的重要性，以及他们对企业所做贡献的大小。

在对企业的薪酬结构进行分析确定时，一般从两方面考虑，一方面是看薪酬结构的制定过程是否科学、合理。另一方面是看薪酬之间差异是否合理。其设计思路一般有两种，一种是趋于平等的薪酬结构，一种是趋于等级化的薪酬结构。对企业的薪酬结构进行诊断就是判断企业的薪酬构成是否全面、薪酬组合是否符合多样性，以及薪酬体系是否因地制宜。

6.2.1 薪酬构成

从薪酬的含义上来看，广义的薪酬包括经济性薪酬和非经济性薪酬，不同的薪酬项目具有不同的特点，其对员工的激励效果也不同。企业所处的行业及发展周期决定了关键业务、关键岗位、关键人物的不同,从而决定了企业薪酬激励的侧重点也有所不同。因此,在进行薪酬体系的设计时,也一定会选择不同的薪酬组合,达到不同的激励效果。从企业薪酬的组成结构来看,薪酬结构是由基本薪酬、福利薪酬、各种津贴、薪酬的柔性部分、激励薪酬构成的。

第一,基本薪酬:又叫基本工资,由职位工资加技能工资两部分组成。职位工资是通过对各类不同职位的价值进行评价分析后将其分为若干个等级,并与相应的薪酬相对应。技能工资需要根据任职者本人的学历、功能、能力等因素确定等级,并与相应的薪酬相对应。但是由于职位评价分析和技能等级评定是个系统工程,需要完善的管理体系及在岗位相对固定的情况下才能进行。

第二,福利薪酬:福利薪酬是另一种形式的薪酬,强调对员工的未来提供保障,也即习惯上所称的五险一金,如医疗保险、失业保险、养老保险等。

第三,各种津贴:各种津贴是薪酬的补充。它是员工所在工作岗位、所处工作环境比较特殊时,或员工在企业中担任特殊职务、做出特殊贡献时,有权接受的特殊优惠待遇。

第四,柔性薪酬:薪酬的柔性部分是指个人晋升、预期收入、教育培训、文化生活、休假制度、员工俱乐部等。这是除了物质激励以外的精神激励,而且对员工来说,它的分量举足轻重,是一种让员工终身受益的薪酬项目。

第五,绩效薪酬:绩效工资的浮动部分,按照企业绩效考核标准对每一个员工的工作表现及工作业绩进行考核,根据考核结果确定每月员工应享受的绩效工资。绩效薪酬将员工个人业绩及企业总体业绩相结合,将员工个人利益同企业利益相挂钩,体现多劳多得的分配原则,充分调动了员工潜能。绩效工资按月发放。

第六,长期激励:长期激励是企业为实现自身的长期发展目标,通过给予某一特定员工群体以约定的价格,购买未来一定时期内公司股份的权利来约束和激励员工以及高层管理者的一项激励措施。通过长期激励,可以实现企业经营管理者与员工共同努力,并使员工能够稳定地在企业工作,并着眼于企业的未来发展和长期效益。

最常见的长期激励计划形式是员工持股计划和高级人员的股份期权,除此之外还有很多的长期激励形式,如溢价股票期权、长期期权、外部标准的长期激励、职业津贴等。

企业还可以通过查看不同人群的薪酬构成,判断企业薪酬构成的多样性,是否形成了多元的薪酬组合。按企业中的员工群体进行分类,有多种分类标准。按照不同的业务领域可以分为生产部门、销售部门、职能部门等,按行政级别分可以分为高层管理者、中层管理者、基层管理者、普通员工等,按任职资格分可以分为初级、中级、高级。根据不同的员工的薪酬组成,分析各薪酬项目是否符合该类员工群体的需求,是否符合该业务特点,是否符合岗位特点,能否形成全面的薪酬结构。

6.2.2 薪酬组合的多样性

薪酬组合是由各种薪酬项目组成的,这些薪酬项目一般可分为固定薪酬、浮动薪酬和福利津贴三类。从薪酬项目所发挥的激励作用来看,不同的薪酬项目具有不同的功能，也有不同的适用对象和群体，很难说哪一个单一的薪酬项目能满足企业的薪酬激励需要和经营管理需要，因此，企业一般会在分析企业总体战略、核心业务、关键岗位、关键人物的基础上，综合企业各类员工的需求和偏好，对各个薪酬项目进行合理组合，经过有机组成，体现为绩效驱动型、市场跟进型、平衡型、保障型等几种类型。

第一，绩效驱动型：高绩效驱动也即基本工资所占比例不高，与业绩联系紧密的奖金和长期激励所占比重较大，且除法定福利外，企业福利常常与个人绩效挂钩，形成浮动福利，以激励个人的良好绩效。绩效驱动型的薪酬组合一般适用于以利润为中心或者市场处于快速扩张期的企业。

第二，市场跟进型：与行业市场或劳动力市场行情保持一致，相对绩效驱动型，该组合形式基本工资所占比重较大，而奖金和长期激励比重较小，福利也保持在适当水平，总之就是跟随市场行情和标杆企业的做法，确保一定的竞争力。市场跟进型的薪酬组合适用于以成本为中心的企业经营战略类型。

第三，平衡稳定型：注重员工工作与生活的平衡，基本工资虽然不高，但是福利所占比例较大，奖金和长期激励则保持在恰当的水平，这种激励比较稳定，能够维护长期和短期的平衡，可以给员工营造安全稳定的环境。平衡型薪酬组合一般适用于成熟期经济效益良好的企业。

第四，保障型：只由基本工资和法定基本福利两个项目组成，基本工资在几种薪酬组合中所占比重最大，薪酬基本固定，个人所得与个人绩效之间几乎没有联系，类似于"吃大锅饭"的现象。保障型的薪酬组合一般出现在以前的国有企业或者处于衰退期的企业中。

6.2.3 薪酬组成的调整

在薪酬项目构成的不同组合中，不同的薪酬要素分别起着不同的作用。其中，基本薪酬和福利薪酬主要承担适应劳动力市场外部竞争力的功能，而浮动薪酬则主要通过薪酬内部的一致性达到降低成本与刺激业绩增长的目的。薪酬组合调整重点在于是否增加新的薪酬项目。薪酬组合调整方式可以在薪酬水平不变的情况下，重新配置固定薪酬与浮动薪酬之间的比例，也可以通过薪酬水平变动的机会，增加某一部分薪酬比例。

从各个薪酬项目所占比重的角度进行调整，一是可以加大员工薪酬中奖金和激励薪酬的比例，拉大绩优员工与其他员工之间的报酬差距；二是采取风险薪酬激励方式，可以增强员工的忧患意识，使员工的基础薪酬部分也处于变动中，从而使员工的稳定收入比重缩小，不稳定收入比重增加；三是将以工作量为基础的薪酬组合转变为以技能和绩效为主的薪酬组合体系，使报酬向高技能和高绩效员工倾斜。

6.3 薪酬体系的公平性检验

早在1967年，美国心理学教授亚当斯就提出了著名的公平理论，该理论对企业薪酬公平理论进行了深入分析与研究。亚当斯教授指出：公司职工的工作动机主要来源于自身收入和他人收入，在工作过程中，每个人都会将自己所付出的劳动和所获取的薪酬跟周边人的劳动和所得薪酬进行对比，或者与自己之前的收入进行对比，从而获得一种心理上的平衡或者不平衡，而这种心理状态又会影响职工的工作积极性。

基于公平理论，企业薪酬体系公平性是指企业员工对薪酬体系和管理环节的公平性、公正性的认可程度。企业在薪酬管理中能否做到公平地对待所有员工，极大地影响着员工的满意度和忠诚度，进而影响着员工工作的积极性、进取心甚至员工的去留。因此，薪酬分配的公平性成为企业薪酬管理的一个基本目标，也是组织薪酬管理设计的重要原则，这直接关系着薪酬对员工的激励作用，也即合理的、科学的薪酬体系必须是建立在公平的基础之上的。一般而言，薪酬体系的制定所涉及的公平性问题，主要包括外部公平性、内部公平性、个人公平性、过程公平性四个方面。

6.3.1 薪酬的外部公平性

所谓的外部公平即外部竞争性，强调的是本企业薪酬水平同竞争对手的薪酬水平的相对高低，以及由此产生的企业在劳动力市场上竞争能力大小。在现代市场竞争中，薪酬的外部公平性不是一个宽泛的概念，而是一个具体的概念，也就是说，如果将一个企业所有员工的平均薪酬水平与另外一家企业的全体员工平均薪酬水平进行比较，那么应该说，比较的结果对于企业薪酬决策的作用越来越小。薪酬外部公平性的比较基础，则更多地侧重不同企业中的类似职位或者职位族之间，而不可能简单地停留在企业整体层面上。

企业作为劳动力市场形成价格的接受者，外部公平性应采用市场上劳动力供求函数所确定的工资率，来确定企业在人才市场上加强竞争力所需要的工资水平。决定工资率与就业水平的因素包括：劳动力需求、劳动力供给、外部工资结构。把握这几种因素的关系，使企业能用最合理的薪酬招聘到最合适的员工，以最合理的人力成本留住现有人才则是薪酬公平性的作用所在。如果企业对薪酬外部公平性把握不准确、不均衡，则不可能达到人力资源管理的目的，或者招募不到合适的员工，甚至现有的员工队伍也会不稳定，导致企业因为人才的缺失而降低竞争能力。

为了达到外部公平，企业在制定薪酬政策时，首先要考察同区域、同行业的整体薪酬水平，此时可以借鉴国外管企业理者通常采用的薪酬调查方式，这样能够了解到各具体岗位的薪酬标准，以及其他同类型企业所采取的薪酬战略，便于企业管理者做出有依据性的薪酬决策。同时，影响企业薪酬外部公平性的薪酬水平、薪酬体系、薪酬战略的决策并不是盲目的，需要根据企业所处行业、所处发展周期，未来的总体经营战略等综合考虑来决定。此外，企业所处的宏观经济环境、所在区域的整体薪酬水平等也是薪酬外部公平性必须参照的指标。

6.3.2 薪酬的内部公平性

内部公平性是指企业内部不同人群、不同职务序列、不同薪资等级的设定，以及不同薪酬范围的人群分布等状况。所谓的内部公平就是薪酬政策中的内部一致性。这里讲的决定报酬的内部公平准则依据的不是从事这一工作的员工个人特征而是工作本身。这意味着企业内部报酬水平的相对高低应该以工作的内容为基础，或者以工作所需要的技能的复杂程度为基础，当然也可以是工作内容或技能要求的某种组合。总之，内部公平强调的重点是根据各种工作对企业整体目标实现的相对贡献大小来支付报酬。

内部公平性的目的是企业需要设定合适的工资水平以适合职务的内在价值。内部公平性产生于职务内容本身，具有一定的客观性，在决定薪酬水平的过程中起着重要作用。内部公平除了体现薪酬的定量标准外，更重要的是，它能反映内部员工的心理感受和平衡状态，这种平衡的关键之处就在于让员工对薪酬的公平性感到满意。如果员工认为薪酬不公平，则公司的薪酬没有达到内部均衡；员工对薪酬公平性认同越高，薪酬的内部均衡性就越好。在企业的薪酬管理中，解决内部公平性的重中之重是，如何把优秀员工和普通员工的薪酬都设置到一个合适的位置，让双方都能满意。

1. 薪酬内部公平的特点

第一，薪酬的内部公平是员工的主观感受。作为员工的一种主观感受，内部公平具有明显的个性特色。首先，个体的差异性决定了员工的公平观念不可能完全一致。员工是通过比较收入与付出来判断企业的薪酬是否具有内部公平性的，但个人的收入和付出具体内容并没有准确的衡量标准。在没有统一标准的前提下，公平或不公平多为员工的自我理解和判断，与员工个人的素质和企业的信息公开程度密切相关。其次，员工个体的多变性决定了员工的公平观念不可能是固定不变的，同一员工对薪酬内部公平性的判断，也会随着时间和环境的变化发生改变。此外，员工在判断过程中，出于自身利益的考虑，往往具有很强的主观性，存在夸大自身付出、低估他人付出等倾向。

第二，内部比较是产生内部公平的途径。公平作为一种相对平衡的心理感受是通过衡量、比较产生的。员工对薪酬的内部公平感是通过内部比较获得的，而比较本身并没有具体的量化指标和衡量标准，通常是根据员工之间的交流、企业薪酬体系的设置等等来进行比较。因此，比较行为的发生是产生公平或不公平的前提，不进行比较，员工就不会对薪酬产生公平或不公平感。

第三，薪酬的内部公平是基于过程公平的结果公平。在薪酬比较中，员工并不仅将自己的收入与企业其他员工的收入进行比较，而且还会将自己的收入付出比或工作的性价比与他人进行比较。在判断薪酬是否具有内部公平性的时候，员工之所以关注自己和他人的付出，实际上是要求薪酬体现出彼此在劳动付出方面的差异，追求收入和付出正相关。具体而言，薪酬应该体现出各种工作岗位的价值含量，体现出各个员工不同的劳动技能。因此，员工要求个人薪酬的决定过程要公平，要求考虑员工劳动的多样性、能动性，也就是薪酬要能够在个人薪酬中体现出员工在工作上的差异，而不是平均的。

2. 薪酬内部不公平的原因分析

薪酬的内部不均衡，可能是由以下情况造成的。

第一，薪酬级差不合理。级差，是指每个薪酬等级的最大值与最小值的差，说明薪酬两个极端标志值的差异范围，也是反映薪酬拉开幅度的一个重要指标。薪酬差距需要根据行业、地区和企业的实际情况综合考虑确定，薪酬差距过小会让优秀的员工感到不公平，他们会认为自己的付出大于自己的回报，从而影响了他们的工作热情和效率；薪酬差距过大会让普通的员工感到不公平，他们会认为自己不被公司认可和重视，从而影响了他们的工作热情和效率。这就需要薪酬管理者适时地对员工薪酬进行调整，使薪酬差距保持在相对合理的水平，同时兼顾不同群体的工作积极性。

第二，职位价值评估影响公平性。企业在职位价值的评估中如果没有合理的岗位等级标准以及评价体系，缺乏企业内部公平分配的基础，就会造成企业的评价的不公，影响企业员工的士气，造成员工的流失。

第三，薪酬的确定还未能建立依据能力的绩效管理方式。如果企业在绩效、工作价值等考核中无法依据员工的个人表现以及工作的能力来确定他们的工资，就会使员工的薪酬具有一定的刚性，不能很好地表现薪酬的激励作用。

6.3.3 薪酬的个人公平性

个人公平性是将个人的投入产出比率同他人比较，来决定个人的满足程度，最终使个人感到公平，感到满意。员工对薪酬管理的满意程度是衡量薪酬管理水平高低的最主要标准。让员工对薪酬满意，使其能更好地为公司工作，是进行薪酬管理的根本目的。员工对薪酬管理的满意程度越高，薪酬的激励效果就越明显，员工就会更好地工作，于是就会得到更高的薪酬，这是一种良性循环；如果员工对薪酬的满意程度较低，则会陷入恶性循环，长此以往，会造成员工的流失。

6.3.4 薪酬的过程公平性

薪酬的管理过程及薪酬的实施方式也会影响到员工对企业的薪酬公平性原

则的看法,如企业中如果存在暗箱操作来决定薪酬水准及不必要薪酬保密的政策,就可能会导致员工对企业薪酬制度的不认可。所以公开透明以及充分与员工进行沟通后定制的薪酬制度,才容易被企业员工所认同,使其更加容易接受这种薪酬管理。尤其在薪酬制定或者薪酬改革时,员工的参与权、知情权能够体现薪酬的过程公平性,这时就需要企业充分发扬民主,充分听取员工代表的意见,切实做到薪酬体系制定过程的公平性。

6.3.5 实现薪酬公平性的措施

研究表明,员工的各种不公平感大多数都是因经过比较后认为自己的报酬低而产生的。薪酬管理人员应注意采用以下方法来消除员工的不公平感:一是采用多种形式的工资发放形式,如计时工资制、计件工资制等;二是红包激励法,使员工彼此不了解对方所得多少;三是报酬标准数量化,且有可比性、可操作性;四是尽力避免受管理者的主观情绪干扰。

薪酬公平要做到分配、过程、机会三方面的公平。分配公平即企业在进行人事决策与奖励措施时符合公平的要求;过程公平即企业依据的标准方法要符合公平性,程序过程要公开、公平、公正;机会公平即企业要给员工提供相同的发展机会,不搞内部认定制等潜规则。为实现公平性的薪酬制度,在制定薪酬管理策略时,需要从薪酬的外部公平性、内部公平性、个人公平性、薪酬激励机制、薪酬文化等方面做全方位的考虑,采取切实可行的措施来实现薪酬的公平性。

1. 建立内部的薪酬评价体系

内部公平的核心,是如何衡量职位和员工的相对价值差异,从而使员工对比投入和报酬感到公平。首先,构建完善的评价指标体系,应该包括知识和技能、综合素质、职业道德等方面的内容,并细化为可量化的评价指标。在此基础上,通过选择合适的评价方法如加权求和的方式来获得评价结果。其次,企业要对员工能力进行动态评价,并利用信息管理系统进行记录,特别是要在员工进修、职务职称晋升后进行动态评价。为专业技术型岗位建立能力模型,建立相应的能力分析和认证的评价体系,并将技能和能力评价划分的等级作为确定任职员工的薪酬水平和差距的重要依据。

此外,可以通过企业内部的薪酬满意度调查去收集员工对薪酬福利水平、薪酬结构、薪酬的决定性因素、薪酬的调整等方面的意见和建议,了解员工对企业薪酬管理的评价和期望,做到真正了解员工的需求,然后在薪酬的设计过程中做出相应的调整,以达到有的放矢的目的。

2. 薪酬市场调查

薪酬市场调查主要解决外部公平性问题。外部公平的核心,是选择符合企业实际的薪酬策略,保证企业对外具有竞争力,从而使员工对比投入和报酬感到公平。企业在确定工资水平时,需要参考劳动力市场的工资水平,市场薪酬调查主要解决薪酬的对外竞争力问题,通过市场薪酬调查可以确定标杆职位的薪酬水平,其他职位的薪酬水平可以根据其与标杆职位的相对价值和标杆岗位的薪酬水平来确定。企业在进行薪酬调查前,首先要确定将要调查的标杆岗位、调查的对象、薪酬调查的内容。其次要选择调查的渠道、方式，设计调查表进行调查。企业可以选择的调查渠道有政府部门、管理咨询机构、媒体、学术研究机构，他们的薪酬调查各有自己的优缺点，企业要结合自己的情况选择调查渠道。问卷调查、电话访谈、派出调查人员实地访谈、集体访谈等是常见的调查方式。

企业在经过薪酬市场调查之后可以掌握到整个市场的薪酬水准及其动态，尤其是同行业其他企业的薪酬水准，以此来确保自身各个岗位薪酬水准的合理性，确保自身所设置的薪酬水准在人才市场上的竞争力。就一般情况来说，企业的薪酬水准要高于市场上的平均水平才具有竞争力。根据薪酬调查的结果，通过统计分析，由调查数据绘制出薪酬曲线，这样可以直观地反映企业的薪酬水平与同行业相比处于什么位置，制定与市场水平相当的薪酬是企业吸收和保留人才的关键。企业可以根据自己不同的情况选择不同薪酬策略，以进一步提高薪酬外部竞争力。

此外，在确定企业的薪酬水平的时候还要分析企业的支付能力。因为，提高员工的薪酬水平后给企业带来效益的同时也会增加企业的成本支出，如何找寻到一个相匹配的契合点是关键，这就需要企业在薪酬管理过程中去深入探析。

3. 合理的绩效考核

合理的绩效考核是解决个人公平的关键。个人公平的核心，是建立一个员工绩效导向的分配制度，从而使员工对比投入和报酬感到公平。制订合理的绩效奖励计划，首先要确定绩效薪酬的支付依据，工作本身的性质应该成为选择绩效薪酬支付依据的首要因素。一般说来，当员工本人对自己的工作进度和工作完成情况有充分控制能力，最终业绩明确并可以进行准确衡量时，适宜采用基于个人业绩的薪酬支付方式；当工作产出是团队合作的结果，个人在其中的贡献无法得到衡量时，适宜采用基于团队业绩的薪酬支付方式；当某些个人或部门的工作难以加以准确衡量，个人或部门的表现与企业整体业绩息息相关时，通常就以组织业绩作为支付绩效薪酬的基础。其次，确定绩效薪酬的支付额度。支付额度主要由绩效薪酬在薪酬总额中所占份额以及绩效薪酬自身的波动幅度来决定，在实际操作时，企业需要根据实际需求确定绩效薪酬与基本薪酬、绩效薪酬自身波动的合适比例。最后，还要确定绩效薪酬的支付频率，支付频率的选择与不同的绩效考核对象相对应，主要的支付频率有按月度、季度、年度支付以及按项目支付等几种方式。在选择支付频率时，企业应该综合考虑所在行业种类、经营战略、成本开支、部门工作性质等众多因素，将多种方式结合起来运用。

此外，对员工的薪酬定位不能是一个固态的结果，而应该是一个动态的体系。薪酬管理中应该根据员工的工作能力对工作绩效做一下浮动和适时的调整。由此看来在科学的考核系统下，企业应该对员工考核和薪酬级别的浮动制定出合理公平的规定，以此来确定不同的绩效考核等级对应不同的薪酬级别，把员工对企业做出的业绩和贡献度融入薪酬系统中来，这样才能展现出薪酬的导向性作用，在确保了企业薪酬设计的内部公平性的同时又很好地激发了员工工作的动力。

4. 科学有效的激励机制

科学有效的激励机制能够让员工发挥出最佳的潜能，为企业创造更大的价值。激励的方法很多，但是薪酬是一种非常重要的、最易运用的方法。由于现阶段的经济结构和经济发展水平所限,劳动密集型的加工贸易企业很多,再加上我国的劳动人口比较充裕,这就必然导致普通员工的工资薪酬低下。然而从薪酬的含义看,员工的收入除了工资收入之外,还包含教育培训、晋升机会、发展前景、心理收入、生活质量等非物质回报。通过对这些概念的明确,让员工在衡量自己的贡献与回报的时候有一个科学的认识,可以减少员工的不公平感。最后,通过薪酬激励,将短、中、长期经济利益相结合,使员工的利益及发展目标与企业相一致,从而促进员工与企业结成利益共同体,最终达到合作共享、互利双赢。

5. 营造公平的薪酬文化

良好的企业文化可以对公平的薪酬管理起到激励和推动作用,而公平的薪酬管理反过来又可以提升企业文化内涵。要保证员工公平感的形成,就要在企业内部倡导公平、公开、公正的文化氛围,通过企业精神和价值观的灌输,使企业对员工形成强大的凝聚力和向心力。倡导尊重员工个性的公平气氛,并落实到具体的行为、制度和政策上,这也是在许多企业文化纲领中反复强调的。企业可采取灵活多样的薪酬激励形式,如健康咨询、特色保险、奖励旅游等,与员工的贡献度严格挂钩。

6.4 薪酬激励效果验证

薪酬是指劳动者依靠劳动获得的所有劳动报酬的总和。激励,简而言之,就是调动人的工作积极性，使其充分发挥潜能。薪酬激励就是有效地提高员工工作的积极性，在此基础上促进效率的提高，最终促进企业的发展。在企业盈利的同时，员工的能力也能得到很好的提升，实现自我价值。

有效的薪酬激励只是相对于传统的利用工资、金钱等外在的物质因素来促使员工完成企业工作目标而言的，它更多地从尊重员工的"能力""愿望""个人决策"和"自主选择"角度出发，从而能更好地创造员工个人与企业利益的"一体化"氛围。对企业薪酬体系的检验中，激励的有效性是十分重要的衡量指标，即企业在对员工支付报酬的同时，还应关注这种人力资本的投入所带来的收益，也就是能否对员工起到激励作用，或者对员工的激励程度的大小。

6.4.1 薪酬激励的构成要素

1. 基于岗位的技能工资制

基于岗位的技能工资制是岗位工资体系上的创新，这是一种强调个人知识水平和技能，推动员工通过个人素质的提高实现工资增长的工资体系。不同于岗位工资体系，不是单纯根据岗位本身的特征来决定岗位承担者的工资额，而是将岗位承担者所担任的工作内容和完成工作时能力发挥的程度，作为工资多少的关键因素。在这种工资体系下，公司对知识水平高、能力强的员工的吸引力大大加强，同时也减少了这类员工从公司流失的可能性；另外，也可以激励员工不断提高自身的能力，最终能为企业做出更大贡献。

2. 灵活的奖金制度

奖金作为薪酬的一部分，相对于工资，其主要目的是能在员工为公司做出额外贡献时给予激励。但国内大部分企业的奖金在相当程度上已经失去了奖励的意义，变成了固定的附加工资。美国通用电气在研究了奖金发放中的利弊后，建立奖金制度时，为了体现奖金发放的灵活性，特别遵循了以下原则：一是割断奖金与权利之间的"脐带"。通用电气废除了奖金多寡与职位高低联系的旧做法，使奖金的发放与职位高低脱离，给人们提供了更多的不需提高职位而增加报酬的机会，让奖金真正起到激励先进的作用，也防止高层领导养成放松工作、不劳而获的官僚作风。二是奖金可逆性。不把奖金固定化，否则员工会把奖金看作理所当然，"奖金"也就沦为一种"额外工资"了，无法起到应有的作用。通用电气根据员工表现的变化随时调整奖金数额，让员工有成就感，更有危机感，从而鞭策员工做好本职工作，长期不懈。

3. 自助式福利体系

在兼顾公平的前提下，员工所享有的福利和工作业绩密切相连。不同的部门有不同的业绩评估体系，员工定期的绩效评估结果决定福利的档次差距，其目的在于激励广大员工力争上游，从体制上杜绝福利平均的弊端。

以上三个要素是企业在构建自身的薪酬体系时需要重点考虑的，但是否选择实际上取决于企业的行业特点、经营战略和文化背景以及员工的素质和需求等。同时保持薪酬管理与其他管理活动的一致也是企业在考虑薪酬激励时必须注意到的。

6.4.2　影响薪酬激励有效性的因素

影响薪酬激励有效性的因素很多，其中薪酬公平、薪酬结构以及薪酬弹性三个因素影响最大。

1. 薪酬公平

企业的薪酬公平与否对于薪酬激励有效性影响很大，薪酬公平主要包括外部公平、内部公平、个人公平以及过程公平四个方面，任何一个方面的不公平都会影响到薪酬激励的有效性。如果企业薪酬水平整体上来看要落后于竞争对手，与同类型企业相同职位工资相比不具有竞争性，那么员工就会产生不满情绪，这是薪酬的外部不公平。

如果企业内部员工业绩相同薪酬却不同，这是薪酬的内部不公平。一般来讲，员工都会高估自己的付出，低估自己的收入，当不公平客观存在的时候，员工的不满感受会进一步放大，产生抵触情绪。如果员工的薪酬与其付出、创造的价值不成比例，则员工的薪酬满意度就会受到影响，这是薪酬的个人不公平。

2. 薪酬结构

薪酬结构恰当与否同样会影响到薪酬激励的有效性，在薪酬水平基本一致的情况下，不同的结构带给员工薪酬的满意度差别往往很大。薪酬结构通常被划分为基本薪酬以及绩效薪酬两个部分，基本薪酬是基于员工岗位价值进行设置，一般变化不大，绩效薪酬是基于员工的绩效设置的薪酬，其变化较大。很多企业的基本薪酬比例往往很低,绩效薪酬的比例很高,这种基本薪酬较低,绩效薪酬较高的结构,其目的是为了激发员工的工作积极性,确保员工在具体工作的开展中时刻有一种紧迫感以及压力感。这种薪酬激励结构中,基本薪酬水平低的话,很难保证员工有一个能够满足自身基本生活需要的固定收入,薪酬的有效性就会因此受到影响。

3. 薪酬弹性

福利是薪酬的重要内容之一,薪酬中福利这部分内容体现了企业对于员工的一种物质关怀,其对于员工心理层面的作用是工资、奖金等无法替代的。不同的员工对于福利的偏好是不同的,如果薪酬中这部分内容没有弹性的话,将会不可避免地影响到激励的效果。很多企业的福利形式单一、弹性不足,没有充分考虑到员工的差异化需求,弹性不足的福利往往导致员工怨声载道,这种福利模式必然不会发挥其激励的作用。

6.4.3 薪酬激励效果的体现

基于企业战略所建立的薪酬体系是否真正发挥了预期的薪酬激励效果,薪酬体系是否有效,可以从薪酬激励效果的几种表现中找到答案。具体来说,薪酬激励效果一般可从四个方面来体现:第一是员工的直接感受;第二是一段时间内的员工士气的提升情况;第三是员工的业绩表现及企业的业绩表现;第四是薪酬投入产出比。

1. 员工的直接感受

激励效果分析的第一层面体现在各种激励措施实施后员工的直接感受，如是否满意，是否达到预期，是否有激励作用等。这些可以通过开展问卷调查来获取第一手资料，但调查分析有一个前提，即最好在薪酬激励措施采取之前也有同样的调查数据，可以用来对比分析，使员工的直接感受发生的变化更加清晰和明了。

关于员工的直接感受的调查分析可以从以下几方面着手：一是员工的基本信息，例如，在企业中所处的职位，现有的薪酬层次；二是员工对现有激励措施的认识或看法，如对现有的薪酬激励措施满意与否，认为它是否公平，是否有更好的激励措施；三是对薪酬激励的希望，如需要增加什么类型的激励，调整或改变什么类型的激励，或者其他的建议等；四是对个人薪酬的满意程度，如完全满意、基本满意、不满意等。通过调查分析，可以了解不同员工群体对薪酬激励的认识以及需求偏好，既能回归现实，又能在此基础上明确进一步改进的方向。

2. 员工士气的提升

任何形式的激励手段，都是通过满足感来激发员工从事与工作岗位相关的价值活动的意愿。也即千方百计调动员工的工作积极性、主动性，提高他们对企业的忠诚度、敬业度，并最终通过营造企业的文化氛围，发挥正能量，提高员工的士气。士气是否提升，即激励的效果如何，这往往需要一个过程才能体现出来，因为激励对象需要感受到激励所带来的满足感与成就感，或是员工基

第 6 章　基于儒家思想的企业薪酬激励体系的检验

本可以确定能从中获得极大的满足，或取得很大的收获，这时员工才会逐渐改变自己行为，提高自己工作积极性。

对士气提升的检验通常需要借助企业的相关调研结果，或者访谈结果来分析，开展调查活动的前提是，对激励效果的分析需要一定的时间跨度，一般会在激励实施后的半年或一年后开展调研，从员工的满意度、精神风貌等方面获取员工在士气提升方面的效果，员工认为的收入与付出比，对公平性的总体心理评价、工作挑战等都是员工士气的衡量指标。

3. 员工绩效、企业业绩

企业的薪酬激励经过一段时间的实施，员工的直观感受及士气最终会反映到岗位贡献或者企业经济效益的结果上，即激励的第三层效果，通过对这些指标的分析，企业能够了解薪酬激励所带来的收益。它包括个人层面和企业层面的结果。

个人层面的激励效果主要体现在员工的流动性和个人绩效的改变上。员工的流动性如离职率、新进率等表明薪酬体系对人才的吸引和保留效果；个人绩效的改变最直观的体现是业绩是否有提升、效率是否提高，员工在实现个人绩效的过程中的团队协作性、客户满意度等，也能体现薪酬激励对个人行为及结果带来的改观。

企业层面的业绩则是经营成果方面的体现，包括效果类和效率类。效果类如营业收入户、利润、收款、市场占有率、客户满意度的变化等，效率类如人均收款、人均利润、生产率、薪酬成本含量、有效薪酬比率等的改进。这些都可以通过绩效考核结果来分析。

4. 投入产出比

从企业角度讲,对薪酬激励效果的关注不能仅停留在产出的增长上,必须将投入产出放在一起进行分析,也就是薪酬激励的第四层效果,才能真正体现薪酬激励的最终成效。

在计算薪酬激励的投入产出比前,首先要明确衡量周期,即哪个时间段的薪酬激励,然后界定该时期内的投入和产出,并计算投入产出比。周期是指企业薪酬激励的业绩产出需要一定的时间,所以衡量薪酬激励的投入产出比最好选择一年或更长的时间。投入分为原有投入和增量投入。在某个周期内,企业新增的薪酬投入是增量投入,按原有薪酬标准的持续投入是原有投入。增量投入加上原有投入就是这个周期的薪酬总投入。产出是指这个周期结束后的时点计算得出的企业价值,如收入,就是这个周期的总产出,为了得到这个周期内增量薪酬投入带来的产出,也就是企业增量产出,可以运用简易经验型的方法,如将总产出减去上一个周期的总产出,或是减去上几个周期的平均总产出来得到这个周期的增量产出。投入产出比既可考察薪酬投入总量的投入产出比,也可以考察薪酬投入增量的投入产出比,公式如下:

总量投入产出比 = 薪酬总投入 / 企业总产出

增量投入产出比 = 薪酬增量投入 / 企业增量产出

在计算中,不管是总量投入产出比还是增量投入产出比,一般会换算成"1∶N"的形式,表明单位投入得到的产出。N 值越大,表明薪酬激励的效果也就越好。

5. U 形薪酬激励效果

理想的薪酬激励效果应该是 U 形的,即"二高一低",高人均薪酬、低人工成本含量、高薪酬投入产出。如图 6.2 所示。

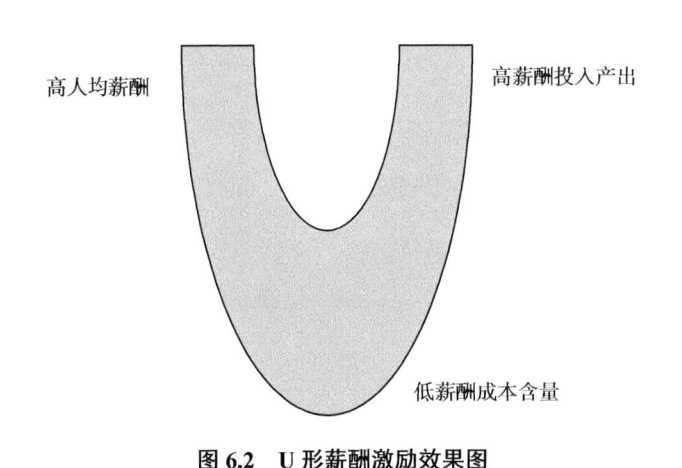

图 6.2 U 形薪酬激励效果图

高人均薪酬:人均薪酬=薪酬总额/企业人数。高人均薪酬说明企业人均薪酬水平高,具有市场竞争力、员工福利待遇水平高。

低薪酬成本含量:薪酬成本含量=(薪酬投入总额/企业总成本)×100%。低薪酬成本含量说明企业总成本中薪酬投入所占的比重低,即劳动效率提高。

高薪酬投入产出:单位薪酬投入产出值即上文提到的"1:N"中的 N 值。高薪酬投入产出也就是 N 值高,表明单位薪酬投入带来的产出增加值多,薪酬投入有效,达到薪酬激励的良性循环;若 N 值太低,表明人均产出系数低,人员效能未能充分开发,薪酬激励效果有限。

综上所述，通过直接感受、士气提升、绩效/业绩、投入产出比的逐层分析，可获得企业薪酬激励体系的效果检验，从而全面复盘、进一步优化和提升原有的薪酬体系。

6.4.4 增加薪酬激励效果的方法

企业管理者要想使薪酬既具有良好的激励效果，又有利于员工队伍保持稳定，就要在薪酬体系的设计中重视激励功能，同时在实际操作中应探索一些可行性较强的方法。

1. 完善薪酬的结构

按照双因素理论的激励原理，从对员工的激励角度来看，可以将广义的薪酬分为两类：一类是保健性因素，如工资、固定津贴、社会强制性福利、公司内部统一的福利项目等；另一类是激励性因素，如奖金、物质奖励、股份激励、教育培训等。如果保健性因素达不到员工期望，会使员工感到不安全，出现士气下降、人员流失，甚至招聘不到人员等现象。另外，尽管高额工资和多种福利项目能够吸引员工加入并留住员工，但这些常常被员工视为应得的待遇，难以起到激励作用。真正能调动员工工作热情的，是激励性因素。因此，完善的薪酬结构能够从保健和激励两方面激发员工的工作热情，调动员工的积极性。

如果企业中员工的工作热情不高、员工比较懒散，要想加大激励力度，可以在薪酬结构中增加激励性因素部分，例如，采用高弹性的薪酬模式，即加大浮动工资、股份激励等的构成比例，缩小刚性成分。相反，如果企业处于初创时期或者困难时期，出现招聘困难的现象，可以采用高稳定的薪酬模式，增加薪酬中的保健因素，让员工有充分的安全感。

2. 提供具有公平性和竞争力的薪酬

公平性是实现薪酬激励目的的重要成分之一。对于积极工作，希望通过自身的努力来获得更高薪酬的员工来说，必须让他们相信付出与收获一定是成正比的，也要让他们相信高薪酬会倾向于努力上进的员工。如果企业未能建立可信度，那么员工对于薪酬的信任感也将受损，工作积极性与主动性将大打折扣。

企业员工对薪酬分配的公平感，也就是对薪酬发放是否公正的判断和认识，是设计薪酬制度和进行管理时的首要考虑因素。企业内部公平性是指同一企业中不同职务所获得薪酬应与各自的贡献成正比，只要比值一致，便是公平。也就是说，在薪酬激励中，要敢于发挥人才优势，制定员工薪酬的分水岭。在企业内部，使薪酬分配合理拉开差距，首先做好企业内部的岗位评价和岗位分析。分析岗位工作的复杂性、工作的难易程度、工作时所需承担的责任以及所需要的知识和能力、工作态度等方面来对岗位的价值进行量化评估，也是从根本上解决薪酬对内公平的关键所在。对外公平性，是指企业提供的薪酬至少不低于本地区同行业相似规模的企业，这样才能在市场中保持竞争力，能吸引并留住所需要的核心员工。

3. 为员工设计弹性福利项目

完善的福利系统对吸引和留住员工非常重要，它也是公司人力资源系统是否健全的一个重要标志。福利项目设计得好，不仅能给员工带来方便，解除后顾之忧，增加员工对公司的忠诚度，而且可以节省在个人所得税上的支出，同时有利于提高公司的社会声望。

员工个人的福利项目可以按照政府的规定分成两类。一类是强制性福利，企业必须按政府规定的标准执行，如养老保险、失业保险、医疗保险、工伤保险、住房公积金等。另一类是企业自行设计的福利项目，常见的如人身意外保险、医疗保险、家庭财产保险、旅游、服装、误餐补助或免费工作餐、健康检查、俱乐部会费、提供住房或购房支持计划、提供公车或报销一定的交通费、特殊津贴、带薪假期等。员工有时会把这些福利折算成收入，用以比较企业是否具有物质吸引力。

对企业而言，福利是一笔庞大的开支，但对员工而言，其激励性不大，有的员工甚至还不领情。最好的办法是采用菜单式福利，即根据员工的特点和具体需求，列出一些福利项目，并规定一定的福利总值，让员工自由选择，各取所需。这种方式区别于传统的整齐划一的福利计划，具有很强的灵活性，很受员工的欢迎。这样既达到了激励的效果，又合理地控制了企业的成本，可谓两全其美。

4. 采用分层次的薪酬支付方式

马斯洛（Maslow）的需求五层次理论说明，人的需求是分层次的，只有满足了低层次的需求之后，才能考虑高层次的需求。因此，在薪酬支付上，对于一般员工可以多应用工资、津贴、奖金、红包等经济性的薪酬，确保他们的基本生存需求得到满足；而对于高层次人才，应将经济性薪酬和非经济性薪酬有机地结合起来，除了较高的工资，还应根据他们的前途发展需要和个人业余爱好，采用教育培训、学习考察等不同的薪酬支付方式，为员工追求更高层次的需求提供条件。

从薪酬支付的时间上，企业应及时发放工资和奖金。适当缩短奖励工资的时间，有助于取得最佳激励效果。通常，频繁的小规模的奖励会比大规模的奖励更为有效。减少常规定期的奖励，增加不定期的奖励，让员工有更多的意外的惊喜，也能增强激励效果。

5. 选用具有激励性的计酬方式

计酬方式通常包括按时计酬、按件计酬、按绩计酬等。最缺乏激励效果的是按时计酬，其激励作用只是体现在每年调薪前后的一段时间，很难持久。但它也有明显的优点：收入稳定，给员工以安全感，便于留人和招聘；实施方便；劳动力成本易于预测；不会因为强调产出数量而忽视质量等。计件薪酬对员工的激励作用十分明显，但它仅适用于产出数量容易计量、质量标准明晰的工作，对知识型员工的工作很难计件。在IT行业，最通常采用的是按时计酬与按绩效计酬相结合。它需要事先设定具体的工作目标（指标），考核期结束时或项目完成后根据实际工作业绩评估结果计算浮动工资或提取佣金。业绩工资由团队业绩和个人业绩两部分决定。对高级职位，企业利润常作为重要业绩指标而与薪酬挂钩。由于薪酬与可量化的业绩挂钩，因而更具激励性和公平性。这种方法需要有合理的目标设定和良好的绩效考评系统做支持。

对于高科技公司里的研发人员，根据项目管理法则，可以按研发项目中的若干关键阶段设置多个"里程碑"，对按计划完成者实行奖励，而不是按工作时间行赏。另外，将研发人员的部分薪酬与产品的销售状况挂钩、增加加薪机会，可使薪酬支付更加灵敏地体现员工的业绩。

6. 重视对团队的奖励

尽管从激励效果来看，奖励团队比奖励个人的效果要弱，但为了促使团队成员之间相互合作，同时防止上下级之间由于工资差距过大导致低层人员心态不平衡，很有必要建立团队奖励计划。有些成功企业，用在奖励团队方面的资金往往占员工收入的很大比重。对优秀团队的考核标准和奖励标准，要事先定义清楚并保证团队成员都能理解。具体的奖励分配形式可归纳为三类。第一类是以节约成本为基础的奖励，如斯坎伦计划，将员工节约的成本乘以一定的百分比，奖励给员工所在团队。第二类是以分享利润为基础的奖励，也可以把它看成是一种分红的方式。第三类是在工资总额中拿出一部分设定为奖励基金，根据团队目标的完成情况、企业文化的倡导方向设定考核和评选标准进行奖励。

7. 注重与员工的薪酬沟通

企业与员工在薪酬方面沟通的目的让员工明白公司为他们所付出的代价，实际就是让企业的薪酬制度透明化。如果管理者确信企业的薪酬具有竞争力，为了让员工信服，不妨将企业在薪酬方面的调查结果公开，甚至让员工参与薪酬方案的设计与推动。即使因为企业遇到暂时困难而不得不减薪，只要管理者坦诚相见，公平对待，同时再把薪酬以外的优势尽可能展现出来，相信员工也会理解并能与企业同舟共济。

第6章 基于儒家思想的企业薪酬激励体系的检验

关于薪酬的支付方式应该公开还是应该保密，这个问题一直存在比较大的争议。毕竟保密的薪酬制度使薪酬应有的激励作用大打折扣。而且，实行保密薪酬制度的企业经常出现这样的现象：一些好奇心强的员工总是通过各种渠道打听同事的工资额，使得保密的薪酬很快变得公开化了，即使制定严格的保密制度也很难防止这种现象。既然保密薪酬起不到保密作用，不如直接使用透明薪酬。实行薪酬透明化，实际上是向员工传达了这样一个信息：薪酬高的人自有其高的道理，薪酬低的人也自有其不足之处。当然，薪酬透明化必须是建立在公平、公正和公开的基础上的，否则将适得其反。

第 7 章　基于儒家思想的企业薪酬成本控制

可以说，对成本的关注和控制是企业永恒不变的主题。薪酬成本作为成本的一部分，对其进行合理控制是薪酬体系设计中必不可少的环节。薪酬成本的控制是寻求员工收入最大化与企业利润最大化之间的平衡点。企业在薪酬成本方面的预算和支出是有限的，不能超过其承受能力，同时也要考虑必要的经济利润，以适应未来发展的需要。不少企业的薪酬成本占到了企业总成本的 30%以上，为了合理地控制薪酬成本，就要做薪酬预算，进行薪酬成本分析，并建立起一个合适的薪酬制度，既确保企业盈利，又能让员工满意。

7.1　人工成本及薪酬成本

7.1.1　人工成本

人工成本是指企业在一定时期内，在生产、经营和提供劳务活动中，由于人力资源引进、配置和使用而支付的所有直接费用和间接费用的总和。

总人工成本取决于员工人数及人均现金报酬及各项福利费用，通常包括员工工资总额、社会保险费用、员工福利费用、员工教育培训费用、劳动保护费用和员工住房费用，以及工会会费、外聘人员费用、咨询费用、其他劳动费用和特殊奖励费等费用支出项目。其中，员工工资总额、社会保险费用、员工福利费用属于"薪酬成本"项目，也就是薪酬预算的重点内容。简单来讲，人工成本亦称"劳动成本"，指企业在生产经营中由投入劳动力要素所发生的一切费用，包括企业支付给员工的工资性报酬和福利性供给，是企业总成本的组成部分。可见，薪酬成本是人工成本的主要组成部分，但人工成本的范围比薪酬成本更广。有时，企业的人工成本也被称为"广义的薪酬成本"。

7.1.2 薪酬成本分析

薪酬激励在发挥激励效果的同时，必须对薪酬成本进行管理并合理控制，这样才算得上成功的、完整的薪酬激励过程。薪酬成本管理是由薪酬预算、薪酬支付、薪酬调整组成的循环。薪酬预算是组织在薪酬管理过程中进行的一系列人工成本开支方面的权衡和取舍。薪酬成本管理详细分析成本构成以及成本变化趋势，是企业进行薪酬预算的首要工作。

薪酬管理成本要正确判断企业目前的薪酬水平是否合理，薪酬成本是否在企业所能承受的范围内，以及薪酬成本未来发展变化的趋势等，必须要有量化的指标准确地反映企业薪酬支出状况，这是薪酬成本分析和成本控制的依据。

薪酬成本指标主要有水平指标、结构指标、投入产出指标和成本指数指标四种。

（1）水平指标包括人均成本和单位产品成本两方面，反映的是企业人工成本总量水平。

（2）人工成本结构指标有两个：一是人工成本占产品总成本的比例。二是人工成本中各项构成比例关系，主要指工资成本占人工成本的比例。

（3）投入产出指标采用人工成本利用率、劳动分配率、收入人工成本率来表示。

（4）成本指数指标包括工资总额增长率、人工成本总额增长率和人均成本增长率。

7.2 薪酬预算

7.2.1 薪酬预算的含义

薪酬预算是企业管理者在薪酬管理过程中进行的一系列成本开支方面的权衡和取舍。具体地说，薪酬预算就是在核算总人工成本与收益分析的基础上，重点对计划期内的薪酬成本总额、水平和结构进行财务核算，进而为组织薪酬战略管理目标的实现提供有力的财务保障和资金支持。

薪酬预算是薪酬控制的重要环节，准确的预算可以保证企业在未来一段时间内的薪酬支付受到一定程度的协调和控制。薪酬预算要求管理者在进行薪酬决策时，综合考虑企业的财务状况、薪酬结构及企业所处的市场环境因素的影响，确保企业的薪酬成本不超出企业的承受能力。举例来说，在新的财务年度，管理者需要综合考虑外部市场的薪酬水平、员工个人的工作绩效、企业的经营业绩以及生活成本的变动情况等各种要素，并权衡这些要素在加薪中所占据的比重；这种权衡还发生在长期奖金和短期奖金之间、绩效加薪和根据资历加薪之间以及直接货币报酬和间接福利支出之间；此外，是主要以薪酬作为激励手段还是用其他人力资源管理手段来激励员工，同样是一个值得管理者们考虑的问题。

7.2.2 薪酬预算应该考虑的因素

薪酬预算除了要解决薪酬总额控制在企业承受范围内的问题，还要考虑所支付的薪酬是否能吸引、保留人才，薪酬应当如何调整才能充分激励员工。所以，薪酬预算并不仅仅是根据公司预期利润或者收入按一定比例列出一块来就可以了，还需要综合考虑薪酬结构、薪酬水平、薪酬等级设置、薪酬差距、激励因素、薪酬发放方式、员工流动率、员工技能成长以及市场薪酬水平等多种因素。

1. 组织因素分析

内部环境分析是企业自上而下对于组织层面的一些影响因素进行分析。包括对企业薪酬支付能力、薪酬策略、薪酬结构、上年度的增薪幅度、企业的技术进步、人力资源流动情况、招聘计划、晋升计划、薪酬满意度等人力资源政策各方面的了解。

（1）企业支付能力：包括劳动分配率、薪酬比率和薪酬利润率三项指标，一般选用同行业平均水平或标杆企业同指标进行比较，同时还要结合企业计划期内经济效益的可能变化情况。

（2）薪酬策略与政策：一方面是薪酬水平策略，即领先型、追随型还是滞后型。另一方面是薪酬激励策略，包括：应重点激励哪些人群，激励条件、激励方式和激励力度如何，外部竞争性和内部一致性所起的作用哪一个更大一些。

（3）薪酬结构：即薪酬分几个等级，层级之间的差距与重叠范围多大，薪酬由几部分构成，分别占多少比例，是高弹性结构还是高稳定结构。

（4）上年度的增薪幅度：相对于企业本年度的薪酬预算而言，上年度的增薪幅度可以充当一种参照物。采用相近的增薪率或增薪幅度，可以确保企业能够尽量保持不同年份之间薪酬政策的一致性和连贯性。

（5）企业的技术进步：当科学技术的发展带来了企业技能水平的总体上升时，可能会减少职位及员工的数量，如富士康公司大量使用机器人而减少了工人的雇佣。但职位技术含量的提高，又可能拉动员工薪酬水平也相应提高。这时，即使员工总数下降或薪酬总额降低，但平均薪酬水平却可能会有所上升。

（6）薪酬满意度：员工对薪酬的满意程度，对薪酬的哪些方面最不满意。

2.员工因素分析

员工是薪酬支付的对象，是薪酬支出的接受者，员工数量的多少、员工流动情况、员工薪酬的增减情况等都会对薪酬成本造成影响，同时，对员工的分析也是薪酬预算需要考虑的重要因素之一。

（1）员工自身生活开支水平：一般来说，员工的基本生活费用支出由消费品物价数、货币购买力、基本生活消费品的项目等因素确定。基本生活费用应该随着物价和生活水平的提高而上升。在分析这一因素时，要时刻关注政府发布的物价指数情况、最低工资水平等，注意地区间的生活水平的差异。

（2）员工薪酬的增长幅度：结合员工平均薪酬水平考虑总体增薪幅度，以及员工的职务、能力和绩效提升等带来的个体增薪空间。

（3）员工数量的增减以及员工流动情况：分析人员流动情况实际上是对人力资源需求和供给的预测，同时应结合相应的招聘计划、晋升计划以及薪酬计划。主要包括总人数的预测、有多少员工被提拔到上一层级、晋升员工应给予什么样的薪酬待遇、新增加多少员工、有多少员工离职等。通常情况下，员工人数的增加和流动的加剧都会降低企业的平均薪酬水平，而当员工人数减少或是流动速度缓慢时，则会产生相反的效应。当然，如果企业打算招聘更多的有经验者或更高素质的人才，人员流动的加剧也可能提高企业平均薪酬水平。

3. 外部因素分析

外部环境分析主要是对市场情况、市场薪酬水平、市场薪酬变化趋势、标杆企业或竞争对手的薪酬支付水平、人力资源供求状况等方面的了解。

（1）市场情况：即企业在未来一年中会快速增长、稳定增长还是萎缩，这决定了企业的战略和对人力资源的需求。

（2）市场薪酬水平：包括基准职位的市场薪酬水平和分布（主要是25分位、50分位、75分位、90分位等关键点）、该职位的平均薪酬水平、最高水平和最低水平、该职位薪酬水平分布最集中的区域、该职位薪酬的一般构成比例等。市场薪酬比较比率是反映薪酬水平的市场竞争力的一个重要指标。计算公式为：

市场比较比率＝企业某薪酬等级的中位值÷市场薪酬等级的中位值

（3）大多数企业常采用薪酬的市场追随策略或市场匹配策略，也就是努力将实际平均薪酬水平与市场平均水平之间的比较比率控制在100%左右。

（4）市场薪酬变化趋势：薪酬是匀速增长、迅速增长还是下降。

（5）标杆企业或竞争对手的薪酬支付水平：企业目前的薪酬支付水平、薪酬总额、关键岗位的薪酬水平等是否有差距。

（6）人力资源供求状况：了解不同职位的人力资源在人才市场上的紧俏状况。

7.2.3　薪酬激励与人工成本

人工成本预算控制和薪酬激励永远是一对矛盾体，其矛盾在于：一是人工成本控制是自上而下的，是基于企业业绩、物价水平的总体控制，而薪酬激励是自下而上的，需要考虑各部门、各员工的收入与业绩的关系；二是人工成本控制需要考虑的是员工的平均收入水平，而薪酬激励则需要考虑每一位员工的收入，实际发放的薪酬总是围绕人工成本预算上下波动；三是人工成本控制是依据公司整体业绩，如收入或利润，而薪酬激励则需要依据具体部门或员工的个体业绩进行调整；四是人工成本控制是基于较长时间段的预算，而薪酬激励则需要即时性发放。总的来说，人工成本控制是刚性的，总是希望把所有可能控制在自己手中，而薪酬激励则是弹性的，需要不断挑战已有的规则，以适应员工个性化的发展需求。要在对人工成本进行控制的同时，不断发挥薪酬的激励作用，需要做到以下几个方面。

1. 弹性化人工成本预算

既然薪酬变得越来越弹性化,外部经营环境也同样变化剧烈,再追求精确的人工成本预算控制就失去了意义,所以我们应当在制定人工成本预算时保持适当的弹性。这一弹性应当在两方面体现:一是人工成本预算时留有一定比例的弹性空间,而非一个点的确定值。二是设定依据一定情景变化的人工成本预算,例如,设定当市场情况变化到一定程度时随之调整的人工成本预算。这样,在保持人工成本控制的总体原则不变的前提下,我们就可以得到尽量贴合实际、具备激励性的人工成本。

2. 模块化人工成本

模块化人工成本预算有两方面的含义:一是我们可以根据薪酬结构将人工成本分为不同的模块,例如,固定工资与浮动工资,然后再根据不同的影响因素使人工成本预算尽量贴近实际。二是根据不同业务模块的价值创造将人工成本进行切块后分别预算控制,而不是全部与收入或者利润挂钩,例如,生产一线人员的工资是计入生产成本的,生产车间不是利润中心,而是成本中心,这一部分人员的人工成本预算控制就应当与成本而非销售收入或利润挂钩。

3. 零基预算

目前人工成本预算和控制的方法通常是基于过去人工成本的基础上,根据预期收入或利润的增长、工资水平调整幅度、物价变动幅度、人均劳效变化等因素进行适当调整。但这种方法对快速增长型企业和外部环境变化剧烈的企业意义不大，因此对此类企业而言，可以采用零基预算的方法来控制人工成本，即不考虑过去人工成本，而仅依据薪酬激励的原则从零开始设定人工成本。

7.3 薪酬控制

激励性强的薪酬体系对企业来说是必要的，但鉴于薪酬问题在经济上的敏感性及其对于企业财务状况的重要影响，薪酬成本的控制也就理所当然地成为企业战略决策过程中的一个关键问题。这就要求管理者在进行薪酬体系设计及决策的时候，必须把企业的财务状况、所面临的市场竞争压力以及薪酬预算、薪酬控制等问题放在一起加以综合考虑。

7.3.1 薪酬控制的含义

薪酬控制是指企业对支付的薪酬总额进行测算和监控，以维持正常的薪酬成本开支，避免给企业带来过重的财务负担。企业薪酬控制通过适度控制薪酬总额，追求合理的薪酬效益，其实质是追求企业利润最大化和薪酬效益的最大化，以实现企业利润和员工收入的双赢。对于任何一个企业来说，对日常经营活动（包括薪酬管理）进行监督和控制都不是一件轻松的事情，实际的控制要受到多种因素的制约甚至阻碍。而这种情况之所以会出现，主要是因为控制行为本身的复杂性所致。

7.3.2 薪酬控制的主要问题

1. 企业经营管理中忽视薪酬控制

很多企业平常不重视薪酬控制，薪酬支出缺乏有效预算，经济形势不好时直接采取裁员降薪或变相裁员的做法控制人工成本。这种做法尽管短期效果较好，但从长期看，副作用相当明显，往往造成大量熟练工人流失、员工士气低落和企业认同度降低。不仅实际的财务业绩达不到预期水平，而且直接影响企业人力资本储备和长期发展。其实，薪酬控制追求的是企业利润最大化和薪酬效益最大化，注重和薪酬激励效果之间的平衡，应该贯穿企业经营的始终。

2. 企业营运效率低下

劳动生产率是控制薪酬成本的内在机制，它的提高意味着单位产品的薪酬成本降低，而劳动生产率既取决于员工素质和工作积极性，也与企业营运效率有重要关系，提高企业营运效率可以直接提高劳动生产率，从而合理控制薪酬支出。另外，企业员工规模直接影响薪酬总额，在人均薪酬水平一定的情况下，所使用的员工人数越少，薪酬总额越低。然而，一些企业组织结构设计往往不尽合理，既没有结合工作分析加强劳动定员定额管理，有效管控人员编制，也没有结合核心能力进行流程再造，合理配置人力资源，造成组织营运效率低下，既降低了劳动生产率，也增加了薪酬成本。

3. 缺乏对员工的时间管理导致效率低下

企业管理粗放、员工职业化程度整体不高，员工上班时间玩电脑、干私活等行为比较严重,甚至上班时间故意拖拉,通过加班获取加班工资,从而提高薪酬的相对水平。当然,一些企业也会通过变相延长员工工作时间的做法(如无限额的计件工资制)来达到降低薪酬成本的目的。但从长期看,这种做法往往造成员工压力过大,工作效率降低,迫使员工跳槽,甚至损害其身心健康,最终提高企业成本。

4. 薪酬构成不合理导致薪酬刚性严重

薪酬构成指基本工资、可变工资和福利支出等构成项目及其所占比例。其中基本工资主要根据岗位价值和员工能力水平支付,刚性很强,重在保障;可变工资主要根据员工个人、所在团队乃至企业整体绩效支付,灵活性强,重在激励;福利旨在改善员工工作生活质量,提高其满意度,刚性介于两者之间。各项目特性不同,对企业薪酬总额的影响也不同,为控制薪酬总额,应进行合理设计。然而,很多企业基本工资比重过大,员工薪酬和绩效关系不大,当企业整体绩效下滑时,薪酬总额却很难降低,不得不进行裁员或者降低薪酬。

5. 薪酬水平及其增长机制不合理

许多企业对薪酬控制缺乏正确认识,认为薪酬控制就是尽可能降低员工薪酬的水平。如果企业工会不能真正参与制定关系员工切身利益的重大决策,工资水平及其增长就只能由企业单方面决定。结果,一些企业纷纷采取措施尽可能降低工资标准或"只涨利润不涨工资",甚至直接对一线工人实行当地最低工资标准。这种做法不仅难以招到合格的员工,而且会引发消极怠工和跳槽等负面行为,进而降低劳动效率,提高薪酬相对水平,出现"低工资导致高成本"现象。

7.3.3 薪酬控制的方法

薪酬总额的确定要结合影响薪酬水平的诸多因素来考虑,尤其是企业的支付能力、员工的基本生活费用、薪酬的市场行情等因素。其中,根据企业经营情况所确定的薪酬总额是对企业薪酬水平的一个硬约束,它有利于企业的薪酬控制,也是进行薪酬总额测算的主要途径。下面主要介绍两种方法。

1. 薪酬比率推算法

薪酬比率给出的是每获得一个单位的销售收入(营业收入)需投入的人工费用的概念。在企业采取的各种薪酬预算方法中,这是最简单、最基本的分析方法之一,如果企业的经营业绩稳定且适度,则可使用本企业过去的经营实绩推导出薪酬比率,以此预算未来合理的薪酬总额;若企业经营状态不稳定,则应参考同行业中等水平来确定合理的薪酬比率,进而推算出合理的薪酬总额。薪酬比率的计算公式如下:

薪酬比率 = 薪酬总额 ÷ 销售总额
   = (薪酬费用总额 ÷ 员工人数) ÷ (销售总额 ÷ 员工人数)
   = 人均薪酬水平 ÷ 人均销售额

由上式可知,如果要在维持一个合理的薪酬比率的前提下,使薪酬总额有所上升的话,就必须增加销售额。而且,平均薪酬的提高必定低于每一员工的平均销售产品额上升率,换言之,薪酬水平的提高必须在员工的平均销售额的上升率范围之内。应该注意的是,这里所说的薪酬费用是指为所有员工支付的一切费用，不仅包括基本薪酬、可变薪酬，还包括各种福利费用（含企业为员工支付的社会保险），甚至包括录用、培训员工所发生的一切费用。

对企业而言，如果人均薪酬水平高而薪酬比率（或人工费比率）低，一般来说，这种情况就是人力资源高投入、高产出、高效益的表现。与此相反，如果人均薪酬水平低而薪酬比率（或人工费比率）高，则是人力资源低投入、低产出、低效益的表现。根据一般经验，薪酬与销售额的比例大致为11%到14%，其具体情况又与企业的规模行业有关，大企业薪酬比率略小。

2. 根据盈亏平衡点推断适当的薪酬费用

所谓盈亏平衡点，是指在该点处企业销售产品和服务所获得的收益恰好能够弥补总成本（含固定成本和可变动成本）而没有额外的盈利（这里所说的没有盈利，是指没有经济利润，并不是指没有会计利润，它已经包含了机会成本的概念）。也就是说，企业处于不赢不亏但尚可维持的状态。这种状态可以用图7.1中的点A加以表示。

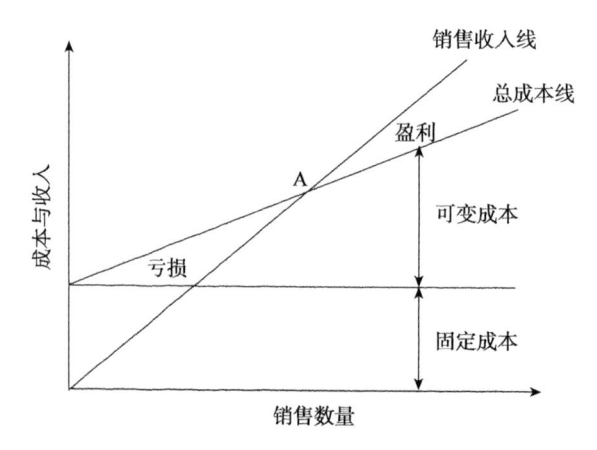

图7.1 盈亏平衡点与企业的薪酬费用比率决策

除了盈亏平衡点外，还需要用到边际盈利点和安全赢利点两个概念。其中，边际盈利点是指销售商品和服务带来的收益不仅能够弥补全部成本支出，而且还可以付给股东适当的股息；安全盈利点则是在确保股息之外，企业还能得到足以应付未来可能发生的危机或风险的一定的盈余。显然，这三个点与企业销售量的大小是密切相关的，而可能实现的销售量的多少又直接关系到薪酬费用水平的高低。

盈亏平衡点、边际盈利点和安全盈利点所要求的销售额的计算公式分别是：

盈亏平衡点＝固定成本÷1－变动成本比率

边际盈利点＝（固定成本＋股息分配）÷1－变动成本比率

安全盈利点＝（固定成本＋股息分配＋企业盈利保留）÷1－变动成本比率

根据以上三个公式，可以推断出企业支付薪酬成本的各种比率：

薪酬支付的最高比率＝薪酬成本总额÷盈亏平衡点

薪酬支付的可能限度＝薪酬成本总额÷边际盈利点

薪酬支付的安全限度＝薪酬成本总额÷安全盈利点

7.3.4 薪酬控制的途径

1. 通过雇佣量进行薪酬控制

众所周知，雇佣量取决于企业里的工人数和他们相应的工作时数，而通过控制这两个要素来管理劳动力成本可能也是最为简单和最为直接的一种做法。

很显然，在支付的薪酬水平一定的情况下，企业里的员工越少，企业的经济压力也就相应的越小。然而，如果薪酬水平能够保持不变，但是每位员工的工作时间却可以延长，那么企业就有更为有利可图了。

在对员工数量进行控制时可将员工分为核心员工和非核心员工，并与其保持不同的关系。与核心员工建立长期稳定的劳动关系并强化其心理承诺，与非核心员工之间则保持短期关系，劳动合同只局限于某个特定时期。与核心员工相比，非核心员工的薪酬水平相对较低，流动性更高，企业可以在不触及核心员工利益的前提下，通过扩张或收缩非核心员工的规模来增强员工的数量弹性，实现薪酬控制的目的。根据现行法律，我国的临时性非核心用工主要是非全日制用工和劳务派遣用工。非全日制用工可随时终止，劳务派遣工合同期相对较短，而且只需提供与工作岗位相关的福利，两者都有利于薪酬控制。此外，也可根据实际情况使用兼职和实习生，具体需要在比较不同用工形式薪酬成本的基础上进行选择。

2. 控制薪酬水平

对薪酬的控制，更主要的还是要通过对薪酬水平的调整来实现。此处的薪酬水平主要是指企业总体上的平均薪酬水平。影响企业薪酬水平的因素很多，包括产品市场、劳动力市场、政府规制、企业组织特征等，需要根据企业发展阶段、战略目标、外部市场行情和物价水平等众多因素确定。比较理想的做法是，制定竞争进取的薪酬战略，保证人均薪酬水平（即薪酬绝对水平）略高于竞争对手，而薪酬费用比率和劳动分配率（即薪酬相对水平）低于竞争对手。从实践经验看，员工薪酬水平比行业同类岗位的平均水平高15%左右为宜，此时薪酬水平不会过高影响企业在产品市场上的竞争力,也不会过低损害企业在劳动力市场上的竞争力。

此外,在工资增长方面企业应建立随经济效益变化的工资增长机制和工资的劳资双方共决机制。薪酬水平控制必须兼顾企业的经济效益与长远发展以及员工的经济利益,鉴于市场经济条件下企业经济效益的不确定性,一方面应引入工资浮动机制,使员工工资随企业经济效益的变化合理调整。在确定工资总额和工资水平的增长幅度时,确保工资总额的增长低于企业经济效益的增长,平均工资的增长低于劳动生产率的增长。另一方面,为防止企业恶意降低员工工资水平,保护广大员工利益,切实提高员工积极性,降低企业薪酬的相对成本,劳动行政主管部门应加大力度推行工资集体协商,建立工资的劳资双方共决机制,结合企业发展目标、经济效益和工资指导线等调整工资水平。

3. 优化薪酬结构

薪酬结构则主要涉及基本薪酬、可变薪酬和福利支出这样一些薪酬的构成以及各个具体组成部分所占的比重大小。各种薪酬组成的水平高低不同和所占的份额大小不同,对于企业薪酬成本的影响也是不同的。

第一,降低基本工资比例而增加可变工资比例。相对较高的可变工资比例有利于增强薪酬总额和个人及企业整体绩效的相关性,当企业效益下滑时,薪酬总额也会相应下降,从而降低薪酬成本,缓解企业压力,并因提高员工工资和绩效的相关性而更好地激励员工。正因为如此,越来越多的企业开始使用可变薪酬方案,包括计件工资、利润分享、团队奖励等,企业常犯的一个错误是,员工绩效工资只和其个人绩效挂钩而没和企业整体绩效挂钩。结果,当企业效益下滑时，除了销售等部门员工的绩效会相应下滑外，一些职能部门员工的绩效却不太可能下滑，其绩效工资不能相应减少，导致企业薪酬难以控制。从利润分享的角度讲，降低浮动薪酬较容易得到员工理解，而基本工资是向下刚性的，调整余地不大。因此，浮动薪酬相对于基本薪酬所占的比例越高，企业劳动力成本的变化余地也就越大，而管理者可以采取的控制预算开支的余地也就越大。

第二，减少绩效加薪而增加绩效奖金。也就是根据员工绩效调整其基本工资和支付奖金，前者是基本工资的永久性增加，由于工资刚性的作用，工资基数滚雪球般越滚越大；后者则是奖金的一次性支付，不会增加工资基数。显然，绩效奖金更有利于薪酬控制。另外，绩效奖金不仅避免了绩效加薪的工资成本累积效应，而且有效解决了工资水平处于对应的工资区间顶端的那部分员工的工资不断上升、突破该等级最高工资标准的问题。同时，绩效奖金还增强了工资和绩效的联系，激励作用更大，有利于提高工资效益。

第三，实现工资与福利的有效匹配。按照规定，法定部分的"五险一金"等福利基本上都与工资总额的一定比例挂钩，其中企业支付的部分会占到工资总额的很大比例。因此，在确定工资标准时一定要适度，以有效管控对应的福利支出。

第四，缩小福利及其他费用支出。基本工资的刚性最强，不宜变动。但福利、津贴和奖金等项目则柔性比较强，尤其是各种企业自主性的福利项目弹性较大，如娱乐活动、带薪假期、免费旅游等。这样，通过适当压缩部分福利项目的开支，可以避免强行降薪带来的不利影响。例如，调整差旅费支出，禁止乘坐一等舱位，限制各种公费娱乐活动等。当然，法定福利是不能随意减小的，压缩福利开支主要针对的是企业自主福利。

4. 通过薪酬技术进行潜在的薪酬控制

一般说来，每一薪酬等级都会具体规定出该级别的最高薪酬水平和最低薪酬水平。其中，最高薪酬水平对于企业薪酬控制的意义是比较大的，因为它规定出了特定职位能够提供的产出在组织里的最高价值。一旦由于特殊原因而导致员工所得高于这一限额，就会使得企业不得不支付"赤字薪酬"。此外，数字的说服力往往是最强的，相信这也是成本分析最有力的工具之一。在理想状况下，企业处于某薪酬等级的全体员工的实际所获平均薪酬应该等于该等级的薪酬中值。薪酬中值体现了企业结合自身薪酬战略，为适应外部竞争而制定的薪酬政策线，是处于某一薪酬等级的员工，当其绩效表现合格时理应得到的薪酬水平。在实际控制时，如果前者等于后者，表示刚好实现薪酬控制目标，小于后者表示薪酬支付不足，大于后者则表示薪酬支付过多。无论是支付不足还是过多都需要在深入分析的基础上采取有针对性的改善措施。

5. 将薪酬控制系统化、整体化

薪酬控制并非单纯的人工成本总量的控制。企业应该在明确薪酬战略目标的基础上，参考同行业情况，结合本企业薪酬的历史数据，计算历年的人工费用比率和劳动分配率，并据此确定一个相对合理的比率作为薪酬总额预算的依据，然后，再结合企业经营计划，制定标准薪酬成本作为薪酬控制的标准。同时，加强薪酬结算工作，对比年初的薪酬预算方案，分析薪酬控制的效果，并对存在的问题进行有针对性的改进。另外，每一次薪酬调整都必须深入分析可能带来的经济影响，并通过薪酬成本测算来达到合理控制薪酬的目的。还有，薪酬预决算需要比较专业的财会知识，需要财务人员的参与，确保预决算的准确性。当人工成本过高时，或企业在遇到了一时难以解决的资金紧张问题时，企业还可以采取暂时冻结提薪、提高获得奖金的难度、减薪等方式缓解压力。但以上这些措施都只是短期的权宜之计，最根本的途径还是要通过经济效益的改善来提高企业的薪酬支付能力，这才是一种积极的途径。

7.4 现实中的薪酬成本增长及应对

7.4.1 薪酬成本增长的原因分析

近几年以来，随着物价上涨、新技术、新行业的冲击以及劳动力结构的变化，薪酬成本正在不断上升。从企业的实践看，薪酬成本正以每年8%~10%的比例在不断增长之中，这让人力资源管理人员和企业管理者都倍感压力；同时，由于薪酬成本的不断增长，企业的利润率也在逐年下滑，尤其是以人力资源成本为主要成本的企业。企业要想应对不断增长的薪酬成本，首先必须掌握导致薪酬成本增长的因素。

一是基础薪资在增加。受通货膨胀的影响，各地区的最低工资标准和平均工资标准每年都在上涨，以北京为例，近十年来，除了个别年份，每年北京市社会平均工资都以10%左右的比例在增长，导致企业的基础薪资基本上都以10%以上的比例增长。

二是法定福利额在增长。由于法定福利，尤其是社会保险和住房公积金都是以社会平均工资的三倍作为缴费上限的，基础薪资的增加，加上社会平均工资的增加，导致企业给员工缴纳的社会保险、住房公积金额度也在等比例上涨。

三是受新技术行业的薪资冲击，传统行业的薪资在上涨。随着社会的发展，有一些新型行业，如互联网，这些行业由于人才短缺，为了增强竞争力，都在不断提高薪酬水平来吸引人才，导致传统行业的优秀人才流入新型行业，而传统行业为了保持竞争力，也不得不滚动提升薪酬水平。

四是员工流动加剧引起薪资上涨。由于市场的发展、企业的变化、新生代就业人员的产生，多种因素引起员工流动的加剧。而且，员工对于企业的忠诚度也在不断下降，流动的员工都有薪资增长的期望，企业由于人员的流动也不得不付出更多的成本招聘新人。

五是员工对于薪酬上涨的预期增加，导致企业想留人不得不增薪。由于受通货膨胀等影响，员工的薪酬实际购买力在下降，导致员工对于薪酬增长的预期不断增加，这种预期也影响了企业对员工的激励，为了加强对优秀员工的激励程度，企业不得不靠提升薪资来增强激励，这也导致薪酬成本不断上涨。

六是其他因素引起的薪酬成本增加。除了以上因素外，员工流动引起的人员替换成本增加、员工忠诚度下降引起的企业人才培养成本增加、为了提升员工满意度增加更多的福利等，均最终归结为薪酬成本的整体上涨。

7.4.2 应对薪酬成本上升的方法

首先，要关注的就是企业薪酬成本与企业效益的关系，促进薪酬成本的增长转化为企业效益的增加，最终实现良性循环。虽然，在现今企业运作中，由于薪酬成本的不断上涨，已经导致企业利润率在逐年下滑，但在企业薪酬成本转化为企业效益的良性循环中，仍然有很多可为之处。例如，降低固定薪酬比例，增加与企业效益关联的绩效薪酬比例；切小薪酬核算单元，关注各级业务单元的薪酬利润率；增加薪酬中的长期激励手段，降低短期的薪酬成本；减少隐形福利，增加具体直接激励性的显性福利；贯彻薪酬总额与企业效益动态浮动的管理机制；等等。这些正成为越来越多的企业所采用的薪酬管理手段。

其次，在现今的企业管理中，增加薪酬竞争力的同时，严格控制人员数量及薪酬总额已经是一种必然趋势。随着薪酬成本的增长，人越来越成为一种昂贵的资源。如何精细化用人，如何用最少的人干最多的事，已经成为企业管理人员必须要研究的课题。

在实践管理中，导向性的人才引进策略、精细的人员编制管理、引入灵活性的用工机制，以及研究并强化薪酬总额与企业效益比例关系、缩短薪酬总额管理的时间维度等，均可以较为有效地控制人员数量及薪酬总额。

最后，从合理关注与控制人员数量和薪酬成本支出，到通过薪酬成本的支出提升人才的竞争力，才是最终克服薪酬成本增长带给企业挑战的解决之道。简单地说，支付同样的薪酬，人才在有的企业能发挥更大的效益，在有的企业却事倍功半、进取心不足，这才是企业在人力资源管理方面最大的不同。

第8章 基于儒家思想的企业薪酬激励体系的实施、反馈、调整

8.1 基于儒家思想的企业薪酬激励体系实施的配套措施

薪酬制度改革是整个企业改革系统工程的一个重要组成部分,不可孤军突进,要与其他方面的改革配套进行。

8.1.1 营造激励的企业文化氛围

企业文化具有促进企业凝聚力的作用,通过观念及目标的引导,使组织中的成员产生强烈的归属感和认同感,对企业的发展前途充满责任感和自信心,主动将个人利益和企业的利益联系在一起,与企业结成命运共同体。同时,共

有的价值观、行为准则和规范已经内化于员工的思想中，形成员工对本企业文化的自然适应。培养按劳分配、多劳多得、鼓励竞争、按能力绩效取得相应薪酬的企业文化，形成员工共同的价值取向，使员工全面参与关注薪酬激励机制的建立，并使得这个机制顺利实施，进而让员工在这样的激励氛围中为实现自我价值和企业目标而积极工作。

8.1.2 建立科学的绩效考核体系

一个结构合理、管理良好的绩效考核制度，不但能留住优秀的员工，淘汰表现较差的员工，更重要的是可以使员工竭尽全力，把自己的潜能都释放出来。在企业管理人员的管理和任用上，推行量化考核和动态管理相结合的办法，使人员的任用能上能下；在用工制度上，形成能进能出、优胜劣汰的动态人力资源管理制度。在企业中，绩效评估应该成为各类部门人力资源管理的核心职能，公平评估考核是企业"知人善任"、进行薪酬管理的强有力的依据。要使考核本身也成为一种激励因素，成为奖赏成就和进步、抑制不足和过失的手段，关键是要做到公正、公平。客观、公正的评价是对知识员工努力工作的肯定，使员工保持旺盛的工作热情，实现自身价值的升华。

绩效考核体系是由一组既独立又相互关联并能较完整地表达评价要求的考核指标组成的评价系统。绩效考核体系的建立，有利于评价员工工作状况，是进行员工考核工作的基础，也是保证考核结果准确、合理的重要因素。考核指标是能够反映业绩目标完成情况、工作态度、能力等级的数据，是绩效考核体系的基本单位。企业充分发挥薪酬的激励作用需要建立一套完整的激励性薪酬体系，通过工作分析确定岗位价值，进而确定员工的工作价值，同时根据市场水平和企业自身情况确定企业的薪酬水平，这也决定了企业激励性薪酬体系的建立是一个系统工程，需要一系列管理上及技术上的配套支持。激励性薪酬体系的建立、实施和完善，需要企业全体员工的参与和支持，以发挥薪酬的激励作用，促进企业和员工的共同发展。否则，薪酬制度的改革容易走向形式主义和大锅饭。另外，薪酬制度的设计应该和企业的经营战略相适应，这样才能发挥系统的整体功能。

8.1.3 建立现代的财务和审计制度

企业财务审计，是指审计机关按照《中华人民共和国审计法》及其实施条例和企业财务审计准则规定的程序和方法对企业的资产、负债、损益的真实、合法、效益进行审计监督，其目的是揭露和反映企业资产、负债和盈亏的真实情况，查处企业财务收支中各种违法违规问题。薪酬是企业支付给职工的劳动报酬，也是企业最重要的现金结算款项，但由于会计主体的利益驱动和会计人员对企业管理者存在着明显的依附关系，应付工资也是较容易出问题的一种流动负债。所以，对应付工资存在的弊端进行分析，有着重要的现实意义。

薪酬审计主要对薪酬制度建立健全及执行情况、绩效考核的有效性、领导干部执行企业年薪管理的规定的情况等内容进行监督。这对企业提高人力资源管理水平、规范薪酬激励机制的重要性不言而喻，但目前大多数中小企业实行薪酬保密制度，如果审计人员考虑不周、组织不力，实施薪酬审计时就会遇到不小的矛盾和麻烦。例如，主要管理者对薪酬审计的目的认识不清；被审部门有抵触情绪,提供资料不完整,对审计意见不及时做出答复;参审人员发现自身薪酬待遇和他人相比较低时,因不满情绪导致保密信息泄露等都会影响审计效果。因此,要保证审计的独立性和客观性,还必须通过实施严格的保密措施来作保障。否则以考核为基础的绩效薪酬根本无法推行。

8.1.4 劳动力资本化

在以分工为基础的现代市场经济中,委托—代理关系是普遍存在的。代理问题产生的深层原因在于信息的不对称分布,要解决由信息不对称引起的经营者激励问题,一个必不可少的配套制度安排就是劳动力资本化。把企业职工的劳动力转化为资本,并设计成可以分享企业利润及参与企业所有权的内部治理。有了这样的制度条件,企业外部的通用性劳动力资本市场,以及企业内部劳动力资本的再评价市场的协同作用,就能给出充分的信息,并能通过相应的制度安排,矫正企业治理过程中信息分布不对称问题、代理人的逆向选择和道德风险问题,从而较好地解决委托—代理制度运行的成本问题,让薪酬激励机制发挥作用。

8.1.5 成立薪酬委员会

成立由各种层面员工参与的薪酬制度讨论委员会,针对薪酬制度及存在的问题进行沟通、参与薪酬制度的设计、促进管理者与员工之间的相互信任,这可以使薪酬制度更加有效地实施。沟通和参与会显著影响人们对薪酬的看法，对薪酬制度的正确理解、支持以及对薪酬制度的信息反馈。加大宣传，解释薪酬制度是如何运作的，员工从中可以得到什么利益，如何才能有更大的利益，要让员工感到自己是公司的一分子，是企业的主人，从而提高他们的工作积极性。

我国的《公司法》和《上市公司治理准则》中明确规定，上市公司应该设立董事会薪酬委员会，并根据公司的具体情况制定符合本公司实际的实施细则。其目的就是为了让我国的上市公司建立健全公司董事及高级管理人员的考核和薪酬管理制度，完善公司治理结构。薪酬委员会是公司董事会中的专门委员会，主要负责对公司高级管理人员的薪酬政策与体系设计提出建议，具体审查一般管理人员的薪酬结构与水平，制定管理人员的奖金、期权等激励方案。

8.1.6 不能忽视精神方面的激励

精神激励即内在激励，是指精神方面的无形激励，包括向员工授权、对他们的工作绩效的认可，公平、公开的晋升制度，提供学习和发展、进一步提升自己的机会，实行灵活多样的弹性工作时间制度以及制定适合每个人特点的职业生涯发展道路，等等。精神激励是一项深入细致、复杂多变、应用广泛，影响深远的工作，它是管理者用思想教育的手段倡导企业精神，是调动员工积极性、主动性和创造性的有效方式。

精神激励是我国经济建设中的一个优良传统。特别是在今后相当长的一段时期内，我国的市场经济体制还不完善、不成熟，物质激励的充分实施还缺乏足够条件的情况下，要善于运用精神激励作为薪酬激励的有益补充。当员工取得优秀的业绩时，除了给予必要的物质奖励外，还应该加大精神激励的力度，大力倡导奉献精神，营造对员工社会价值的认可机制，利用这种社会价值的认可机制形成一种促使其继续积极向上的动力，产生一种精神上的激励力量。

8.2 基于儒家思想的企业薪酬激励体系的反馈与沟通

8.2.1 薪酬激励中反馈与沟通的意义

薪酬的激励作用毋庸置疑，它不仅可以满足员工不同层次的需要，为员工提供衣食住行，为其发展个人业余爱好、追求更高层次的需求提供条件，此外，薪酬还是成就的象征，员工们常常会把薪酬看成是企业对他们工作的认可和欣赏。然而，薪酬在发挥首要作用，即体现企业对员工所完成工作的经济回报以后，还具有一个更高层次的作用，就是能够搭建公司与员工沟通的最重要平台。如果企业只是发工资而不做沟通，激励强化就无法真正发挥作用。因为很多员工拿到钱后，不了解自己怎么拿这么多。企业要想让辛辛苦苦制定的薪酬方案真正有效地发挥其激励作用，一定要坚持一个前提，就是坚持反馈与沟通。要让员工知其然，也知其所以然。无数事实证明，良好的企业必然存在着良好沟通。正如美国著名未来学家奈斯比特指出的那样："未来的竞争是管理的竞争，竞争的焦点在于每个社会组织内部成员之间及其外部组织的有效沟通上。"

在薪酬管理中，有一个很重要的原则："Payment is Communication"，即薪酬就是沟通。如果员工不知道为什么拿钱，那么企业就是发再多钱对员工也起不到激励作用。因此，在企业制定和执行新的薪酬方案的时候，进行有效沟通无疑是至关重要的。有些人力资源专家甚至说，在今天的企业里，沟通已经成为每一位企业成员，无论是普通员工还是管理者的第一责任。如企业完成工作分析体系的建立、岗位价值评估体系的建立、公司岗位薪酬体系的建立以后，如果想进一步改进薪酬体系，就必须基于沟通平台来对薪酬进行设计。基于沟通的薪酬更能发挥其强大的激励作用。

8.2.2 薪酬沟通

1. 薪酬沟通的含义

薪酬沟通是指为了实现企业的战略目标，管理者与员工在互动过程中通过某种途径或方式将薪酬信息、思想情感相互传达交流，并获取理解的过程。也就是说，薪酬沟通主要指企业在薪酬战略体系的设计、决策中就各种薪酬信息（主要指企业薪酬战略、薪酬制度、薪酬水平、薪酬结构、薪酬价值取向等内容以及员工满意度调查和员工合理化建议），跟员工全面沟通，让员工充分参与，并对薪酬体系执行情况予以反馈，再进一步完善体系；同时，员工的情感、思想与企业对员工的期望形成交流互动，相互理解，达成共识，共同努力推动企业战略目标的实现。

2. 薪酬沟通的特点

薪酬沟通必须是公开、诚实和直截了当的。在很多时候，无知——包括对薪酬的无知会让人觉得恐惧。因此，在条件允许的情况下，企业应该及时、准确地将其有关薪酬方面的各种信息传递给员工。这些信息包括企业的薪酬结构是怎样的，员工们的薪酬是如何决定的，在什么情况下员工能够得到加薪，等等。具体来说，主要包括以下几个方面。

首先，沟通前需要做好充分准备。在新的薪酬方案开始运作之前，应以企业总经理的名义向员工发放备忘录，具体解释新方案的设计目的以及企业即将采取的步骤。这样做的目的在于告知每一位员工，企业有信心取得成功，而员工做出的卓越成绩也会得到丰厚的回报。事实上，作为一种人与人之间的互动方式，薪酬沟通比其他很多管理举措都更为复杂，对管理人员的个人素质和沟通技巧方面提出的要求也相对更高一些。但是，如果想把企业经营好，赢得和保持企业在市场上的竞争优势，薪酬沟通绝对是一个不可忽视的关键环节。

其次，薪酬沟通要重视少数关键人群。与关键的管理人员进行会谈，就薪酬方案进行沟通，并争取他们的支持，强调执行该薪酬方案的重要性以及要得到大家的支持的重要性，并确定由谁负责具体沟通事宜。在我国大多数企业中，员工对企业的薪酬政策和薪酬制度知之甚少，每月只知道领了多少薪水，薪水有多少项，但为什么领这个数目却不清楚。企业管理者也一直错误地认为薪酬管理工作只是企业人力资源部门的事情，与普通员工无关，甚至认为员工对薪酬制度了解得越多，问题和麻烦也就越多，因而员工们应该无条件地接受。

最后，薪酬沟通要发挥带动效应。与员工保持持续的沟通，确保他们对新的薪酬方案的执行具有一定的参与意识，能够了解到具体的运作环节，并且对新方案的执行情况保持持续关注和兴奋。在企业进行薪酬沟通，不仅能够传达新的薪酬体系的最新信息，同时还将影响到企业员工的态度和行为方式，使他们按照企业希望的方式行事。在这种情况下，就薪酬问题进行沟通的目标就不仅仅在于把新的薪酬体系告诉相关员工和管理者，更重要的是要把它推销给整个企业，得到员工的普遍认可和接受。而这一目的能否达到，将直接影响到最新薪酬体系的设计和执行结果。

3. 薪酬沟通的方式

薪酬沟通是企业薪酬管理中不可或缺的组成部分，也是企业激励机制中极为重要的一项内容。它贯穿于企业薪酬管理的整个流程中，贯穿于薪酬方案由制定到实施、控制、调整的全过程。薪酬沟通要采用书面、口头、访谈等多种形式结合的方式，以扬长避短，发挥不同沟通方式的优势，更好地为薪酬沟通提供有力的保障。

第一，书面沟通。是指将薪酬设计的理念导向，如薪酬体系的价值导向、薪酬设计原则、薪酬框架，薪酬套改方案等以书面方式公布，或者以内部通知的方式传达给员工。薪酬满意度调查是实现企业内部薪酬沟通经常采用的方法，通过调查问卷的形式，可以获得关于薪酬体系中一系列问题的第一手资料，使之服务于企业的薪酬决策。

第二，面对面沟通。是指各级管理者在书面通知的基础上，可以通过与下属员工个别谈话的方式进行薪酬交流。面对面交流虽然方式灵活，但访谈者需要注意围绕交流的主题来展开谈话。面对面沟通并不是无目的、无组织的谈话，而是根据事先设计好的谈话提纲或者谈话要点来进行，切忌漫无目的。交流可以包括与员工个人密切相关的薪酬调整以及职业发展等内容。针对薪酬发生变化的不同类型员工进行个性化的沟通，了解员工的思想动态，对有情绪的员工要做到耐心解释，做好思想安抚工作；对涨薪的员工，可以从企业认可和发展期望的角度来进行沟通，以达到激励目的。

4. 薪酬沟通的作用

随着市场竞争的日益激烈化，企业对员工的重视程度越来越高，依赖也越来越强，并且大多数企业已经深刻认识到薪酬体系的设计和良好沟通将成为有效激励员工、提高企业赢利能力的关键要素，薪酬沟通在实现薪酬激励的同时，也在无形之中通过其他方式发挥着其不可替代的作用。

第一，薪酬沟通有利于改善员工工作环境。薪酬沟通能够为员工创造良好的工作"软环境"，使员工生活和工作在一种人际关系和谐、心情舒畅的工作氛围中，激发员工的工作热情，增强员工对企业的认同感和归属感。

第二，薪酬沟通有利于实现员工与企业的双赢。薪酬沟通可以把企业价值理念、企业目标有效地传导给员工，把企业目标分解成员工个人成长目标，使企业和员工融合为一体，引导员工行为使之与企业发展目标一致，从而极大地调动员工的积极性与热情，企业效益得到提高。

第三，薪酬沟通具有预防性。在企业与员工或外界沟通过程中，可以发现企业中存在的矛盾，便于及时调整各种关系，消除员工的不满情绪，解决企业内部存在的矛盾，促进企业平稳快速发展。

第四，薪酬沟通能起到约束员工的作用。薪酬沟通是一种激励中隐含约束的机制，薪酬沟通不仅具有激励员工的作用，同时还可以通过沟通这座桥梁让员工清楚地知道哪些是企业期望的，哪些是企业禁止的，指明了员工努力的方向。

8.3 基于儒家思想的企业薪酬激励体系的调整

企业薪酬方案设计完后，并没有完成所有的工作，由于企业的薪酬受很多因素的影响，加之随着企业经营业务状况的变化，可能现行的薪酬体系难以适应企业业务发展的需要。因此，要保证企业薪酬制度的有效性和适应性，必须对其做适时的调整，使企业的薪酬制度既能够及时根据人才市场的价格状况随时调整其薪酬水平，以保证薪酬对员工的吸引与稳定作用；同时还要考虑到员工在企业中的成长，使其能力、素质得以提高，随着员工人力资本的增值而调整其薪酬。

薪酬调整是保持薪酬动态平衡、实现组织薪酬目标的重要手段，也是薪酬管理的日常工作。薪酬调整包括薪酬策略调整、薪酬水平调整、薪酬结构调整和薪酬构成调整三个方面。

8.3.1 薪酬策略调整

根据企业经营发展战略的调整，企业薪酬策略也应该随之调整。影响企业薪酬策略的因素主要有三个方面，一是宏观经济环境因素，包括劳动力供求关系、宏观经济政策等；二是行业环境因素，包括行业寿命周期、行业竞争态势、行业特点等；三是企业内部因素，包括企业发展阶段、发展战略、经营规模、组织结构类型、盈利能力、企业文化等。

企业要根据经营战略和所处的不同发展阶段，制定与自身实际情况相匹配的薪酬战略。一般来说，在企业成长阶段，薪酬战略应该具有较强的激励性；

企业成熟阶段，薪酬战略应该以奖励市场开拓和新技术新产品的研发为主；企业衰退阶段，薪酬战略要以注重成本控制为主线。

8.3.2 薪酬水平调整

薪酬水平调整是指在薪酬结构、薪酬构成等不变的情况下，将薪酬水平进行调整的过程。对于这类调整，公司原则上应只针对工资标准进行调整，员工薪资等级维持现状；且这类调整企业应适当控制调整频率和调整幅度，避免形成惯例，给员工以错误的期望。薪酬水平调整包括薪酬整体调整、薪酬部分调整以及薪酬个人调整四个方面。

1. 薪酬整体调整

薪酬整体调整是指企业根据国家政策和物价水平等宏观因素的变化、行业及地区竞争状况、企业发展战略变化、公司整体效益情况以及员工工龄和司龄变化，而对企业所有岗位人员进行的调整。薪酬整体调整就是整体调高或调低所有岗位和任职者的薪酬水平，调整方式一般有下几种。

（1）等比例调整。等比例调整是所有员工都在原工资基础上增长或降低同一百分比。等比例调整使工资高的员工调整幅度大于工资低的员工。从激励效果来看，这种调整方法能对所有人产生相同的激励效用。一般来说，因为外部竞争性以及企业效益进行调整，应该采用等比例调整法。

（2）等额调整。等额调整是不管员工原有工资高低，一律给予等幅调整。如果是因为物价上涨等因素增加薪酬，应该采用等额式调整，一般采取增加津贴补贴项目数额的方法。

（3）综合调整。综合调整考虑了等比例调整和等额调整的优点，同一职等岗位调整幅度相同，不同职等岗位调整幅度不同。一般情况下，高职等岗位调整幅度大，低职等岗位调整幅度小。

2. 薪酬部分调整

薪酬部分调整是指定期或不定期根据企业发展战略、企业效益、部门及个人业绩、人力资源市场价格变化、年终绩效考核情况，而对某一类岗位任职员工进行的调整，可以是某一部门员工，也可以是某一岗位序列员工，抑或是符合一定条件的员工。

年末，人力资源部门根据企业效益、物价指数以及部门、个人绩效考核情况，提出岗位工资调整方案，经公司讨论后实施。一般情况下，个人绩效考核结果是员工岗位工资调整的主要影响因素。对年终绩效考核结果优秀的员工，进行岗位工资晋级激励；对年终绩效考核结果不合格的员工，可以进行岗位工资降级处理。

根据人力资源市场价格变化，可以调整某岗位序列员工薪酬水平。薪酬调整可以通过调整岗位工资，也可以通过增加奖金、津贴补贴项目等形式来实现。

根据企业发展战略以及企业效益情况，可以调整某部门员工薪酬水平。薪酬调整一般不通过调整岗位工资实现，因为那样容易引起其他部门内部的不公平感，一般情况下是通过增加奖金、津贴补贴项目等形式来实现。

3. 薪酬个人调整

薪酬个人调整是由于个人岗位变动、绩效考核或者为企业做出突出贡献，而给予岗位工资等级的调整。这类调整一般按年度进行，是针对工作表现出色的员工的一种奖励。因此，公司应适当控制受众比例，这样既有利于控制企业人工成本，又可突出激励效应，避免"大锅饭"现象发生。此类调整一般只针对工资等级进行，工资标准不得随意改动。员工岗位变动或者试用期满正式任用后，要根据新岗位进行工资等级确定；根据绩前管理制度，绩效考核优秀者可以晋升工资等级，绩效考核不合格者可以降低工资等级；对公司做出突出贡献者，可以给予晋级奖励。

8.3.3　薪酬结构调整

薪酬结构调整指岗位工资、绩效工资、技能工资和辅助工资等配置比例的变动，这种变动代表企业激励员工的方式与内涵的改变。在薪酬体系运行过程中，随着企业发展战略的变化，组织结构应随着战略变化而调整，尤其是在组织结构扁平化趋势下，企业的职务等级数量会大大减少；另外，由于受到劳动力市场供求变化的影响，企业不同层级、不同岗位薪酬差距可能发生变化，这些都会对薪酬结构的调整提出要求。薪酬结构调整的目的正是为了适应组织外部和内部环境因素的变化，以保持薪酬的内部公平性，体现组织的薪酬价值导向，更好地发挥薪酬的激励功能。

薪酬结构的调整包括纵向结构调整、横向结构调整和不同薪酬等级人员比例的调整。纵向结构是指薪酬的等级结构，横向结构是指各薪酬要素的组合情况，不同薪酬等级人员比例的调整是指调整不同薪酬等级员工的比例。

1. 纵向结构调整

（1）增加薪酬等级。增加薪酬等级的主要目的是为了将职位之间的差别细化，从而更加明确按职位付薪的原则。增加薪酬等级的方法很多，关键是选择在哪个层次上或哪类职位上增加等级，如增加高层次还是中、低层次职位，是增加管理人员的等级层次还是增加专业技术人员的等级层次。

（2）减少薪酬等级。减少薪酬等级就是将等级结构"扁平化"，目前倾向于将薪酬等级线延长，将薪酬类别减少，由原有的十几个减少至三五个，每种类别中包含着更多的薪酬等级和薪酬标准，各类别之间薪酬标准交叉。

（3）调整不同等级的人员规模和比例。它是指企业可以在薪酬等级结构不变的前提下，定期对每个等级的人员数量进行调整，即通过调整不同薪酬等级的人员规模和比例进行薪资调整。具体做法如下。第一，降低高薪人员的比例，主要是采取缩紧政策，降低企业的薪酬成本。第二，提高高薪人员的比例。企业为了适应经营方向和技术的调整而增加高级管理人员或专业技术人才的比例。第三，调整低层员工的薪酬比率，一般是通过改变员工的薪酬要素来降低员工的薪酬水平，如压低浮动薪酬、提升奖励标准等。

（4）调整薪酬标准和薪酬率。这种调整主要适用于实行绩效薪酬制和弹性薪酬制的企业，以便企业在员工收入分配上具有更大的灵活性。

2. 横向结构调整

横向薪结构调整的重点是考虑是否增加新的薪酬要素。在薪酬构成的不同部分中，不同的薪酬要素分别起着不同的作用。其中，基本薪酬和福利薪酬主要承担适应劳动力市场的外部竞争力的作用，而浮动薪酬则主要通过薪酬内部的一致性达到降低成本与提升业绩的目的。薪酬要素结构的调整可以在薪酬水平不变的情况下，重新配置固定薪酬与浮动薪酬之间的比例；也可以利用薪酬水平变动的机会，提高某一部分薪酬的比例。主要形式如下。

（1）调整固定薪酬和变动薪酬的比例。固定薪酬和变动薪酬的特点和功效不同，使两者保持适当的比例有助于提高薪酬绩效。目前的趋势是扩大变动薪酬的比例，以增加薪酬结构的弹性、增强薪酬激励机制，更有效地控制和降低薪酬成本。

（2）调整不同薪酬形式的组合模式。企业应根据不同薪酬形式的优缺点，合理搭配，扬长避短，使薪酬组合模式与组织的薪酬战略和工作性质的特点相适应。为了符合现代薪酬理念和薪酬制定发展的趋势，应在薪酬组合模式中增加利润分享、股权激励等激励性薪酬形式，有利于形成员工与组织间的相互合作和共同发展的格局。

3. 不同薪酬等级人员比例的调整

调整组织内高、中、低不同薪酬等级员工的比例，是薪酬调整的中心环节。不论是薪酬水平的调整还是薪酬结构的调整，最终的结果都是改变了组织内高、中、低不同薪酬等级的比例。

一般情况下，通过调整各岗位工资基准等级，就能实现不同岗位、不同层级薪酬差距调整要求，但当变化较大，现有薪酬结构不能适应变化后的发展要求时，就需要对公司的薪酬结构进行重新调整设计。薪酬结构的调整设计包括薪酬职等数量设计、职等薪酬增长率设计、薪级数量设计以及薪级级差设计等各方面。需要指出的是，在进行薪酬体系设计时，要充分考虑薪酬结构变化的趋势和要求，通过调整各岗位工资基准等级来实现薪酬的结构调整，这样操作更简单、方便。一般来说，不涉及重大岗位调整或重大业务变动时不轻易进行薪酬结构的重新设计。

8.3.4 薪酬构成调整

薪酬构成调整就是调整固定工资、绩效工资、奖金以及津贴补贴的比例关系。一般情况下，固定工资和绩效工资是通过占有岗位工资比例来调整的。在企业刚开始进行绩效考核时，绩效工资往往占有较小的比例，随着绩效考核工作落到实处，绩效工资可以逐步加大比例。津贴补贴项目也应根据企业的实际情况进行调整，在某些津贴补贴理由已经不存在的情况下，应该取消相应的津贴补贴项目。奖金根据企业效益情况以及人力资源市场价格，进行增加或降低的调整。

8.3.5 薪酬调整注意事项

1. 薪酬调整要注意系统性、均衡性

薪酬调整是牵一发而动全身的，无论是薪酬的整体调整、部分调整、个人调整，还是薪酬结构调整、薪酬构成调整，都涉及员工的切身利益，因此薪酬调整必须要慎重，注意系统性，同时注意不同层级、不同部门员工薪酬的平衡。另外，薪酬调整应保持常态进行，不能一次调整幅度过大。

2. 要建立薪酬调整长效机制

建立薪酬调整长效机制，使员工收入增长与企业效益、物价上涨水平保持同步，使业绩优秀者得到晋级，使业绩低下者薪酬不能得到增长。以下是某单位在深化行业收入分配改革的指导意见中，有关建立工资收入正常调整机制的条款。

一是通过岗位变动调整工资，通过公开选拔竞争上岗、择优聘用等实现"岗变薪变"。

二是通过岗位等级变动调整工资，通过专业技术职务评聘、职业资格认证以及工作业绩考核等实现"等级能升能降"。

三是通过岗位档次变动调整工资，通过年度绩效考核，确定进退档比例，对考核优秀者直接晋升一档，对连续两年考核称职者晋升一档，对考核基本称职者不调档，对考核不称职及连续两年考核基本称职者降一档。

从以上三点可以看出，该单位对薪酬个体调整做了明确说明，在岗位变动、职务晋升、年度考核等方面对薪酬调整都做出了规定。

从上文可以看出，该单位薪酬调整的目的是改变过去工资整体调整的做法，根据绩效考核做部分调整，业绩好的每年可以晋升一级，业绩一般的两年晋升一级，业绩较差的不晋级甚至降级。

第 9 章　基于儒家思想的企业薪酬激励研究的未来展望

9.1　研究结论

本书从薪酬管理的实践出发，理论联系实际，汲取儒家思想中的管理精髓，针对当前企业的薪酬激励状况做出了全面深入的分析和探讨，提出要想提高企业竞争力，留住优秀人才，并且激发员工潜力和积极性，必须首先解决员工对薪酬的不满问题，建立科学有效的激励性的薪酬体系，最终调动员工的积极性，提升员工的薪酬满意度，进而使薪酬激励机制发挥作用。现将本书的主要结论概括如下。

（1）儒家的社会理想是天下大同，把"安"与"和"作为治理社会的根本目标。孔子曰："丘也闻有国有家者，不患寡而患不均，不患贫而患不安。盖均无贫，和无寡，安无倾。"（《论语·季氏》）儒家的治国方略同样适用于现代企业管理和薪酬管理，社会的和谐进步与企业的和谐发展有相通的治理之道。对企业来说，实现员工与企业的双赢是企业不懈追求的目标。

（2）儒家思想中包含丰富的激励思想，如"惠则足以使人"的物质激励，"修己安人"的表率激励，"爱而用之"的情感激励，"天下归仁"的目标激励，"尊贤使能"的成就激励，"无功不赏，无罪不罚"的正负激励，等等。这些都与现代企业的薪酬激励思想不谋而合。在人力资源成为推动经济增长最主要因素的今天，企业必须树立全方位的薪酬管理意识，把薪酬视为一种有效的激励手段。企业要解决的生产率低下、优秀员工严重流失、在职员工积极性不高等问题，归根到底都是人的问题。因而，设计激励效用高的薪酬激励机制，最大限度激励员工，调动现有人力资源的积极性、吸引外部人才已成为企业的首要任务。

（3）激励性的薪酬体系是以个性化激励薪酬为主导思想，必须在明确的职位结构下，通过科学、准确的岗位说明书和管理信息，对薪酬结构进行指导。这样可以很好地解决原有薪酬体系缺乏公平性的问题，并且有利于构筑更合理的薪酬结构。通过设计不同岗位的绩效考核办法对不同人员采取不同的激励方法，实现个性化激励制度。加大薪酬中激励部分所占的比例，使薪酬真正起到激励作用。

（4）建立科学合理的绩效考核制度是发挥薪酬激励机制的关键性前提条件。根据员工的不同岗位职责，制定相应的个性化的绩效考核办法，有效地将绩效考核的结果贯彻到薪酬中，使员工的个人目标与企业经济目标保持一致，强化员工提高自身技能、改善工作绩效的行为，在实现企业经营目标的同时，提高员工的满意度和未来的成就感，达到企业和个人发展的"双赢"。

（5）沟通在人力资源管理中是非常重要的问题。企业要实现其目标，就必须与员工进行某种形式的信息沟通，以便了解员工的所思所想，了解他们的内心需求，真正赢得员工的心。薪酬沟通是人力资源管理沟通的核心内容。良好的薪酬沟通是激励性薪酬体系的灵魂。因为只有让员工清楚为什么拿钱，才能使他们感到公平，使薪酬真正发挥激励作用。

总之，企业在切实满足员工经济利益的同时，还应密切关注他们的满意度问题，将现代企业的管理思想与我国传统儒家思想中的管理精髓相结合，以人为本，创造出能充分调动员工积极性的薪酬体系来，这将成为一个企业能否获得可持续性发展的关键所在。

9.2 研究的局限性

尽管本书对企业薪酬激励情况进行了大量的分析和研究，但是由于笔者水平有限，加上目前国内在企业薪酬激励方面的研究还不是十分成熟，而将儒家思想与企业薪酬激励相结合的研究更是少之又少，可供参考的相关资料不多，因此本书还存在一些不足之处，对于一些问题的研究也没有得出确切结论。

（1）公平性问题不但是儒家思想的精髓部分，也一直是企业薪酬管理中的一个焦点问题，它可以引发企业管理中的其他问题，如员工工作积极性不高、企业人员流失严重等。本书对这个问题仅停留在定性的分析研究上，却没能找出恰当的定量方法来解决薪酬分配中的不公平现象。

（2）笔者编写本书的目的是通过研究传统儒学中的激励思想，并将其运用到薪酬方案的设计当中，增强薪酬中的激励成分，充分发挥薪酬应有的激励功能。实践证明，适时、适量地增加薪酬数量，科学地设计薪酬结构可增强薪酬的激励作用，但是薪酬和激励强度之间的函数关系还不能确定。

（3）企业薪酬管理比较复杂，如果将计算机用于薪酬管理工作中可以简化人力资源管理部门的工作，提高工作效率，使他们有更多的精力从事其他人力资源工作。

以上这些问题还有待于在以后的工作和学习中做进一步深入研究，找出解决这些问题的有效方法，在弘扬我国传统文化优秀思想的同时，使其能为我国企业实施薪酬改革提供有益参考。

9.3 研究的未来展望

本书汲取我国传统儒学的优秀思想，对企业如何建立科学有效的薪酬激励机制做了总体方法的探讨，但薪酬管理本身就是一个庞杂的系统工程，关于它与儒家思想的结合还需要进行更加深入细致的研究。

在今天，面对金钱至上的社会现实，企业往往都会认为只有用"物质"才能激励员工，事实上这种极端的"物质激励"手段与计划经济时代极端的"精神激励"一样，都是错误的。它们都将激励制度集中在一个层次上，忽视了人的需求层次。因此，企业应本着物质与精神相结合的原则实行全方位激励。而本书把重点放在了如何用经济性报酬对员工进行激励上，对非经济报酬激励只

第 9 章 基于儒家思想的企业薪酬激励研究的未来展望

做了简要论述，因此，研究精神激励的效果，包括借鉴儒家思想的精神激励的薪酬体系的建立，是进一步研究的方向。

现代新儒家认为，传统文化中，特别是儒家思想中有许多超越时代的思想，譬如儒家的管理思想就含有许多精华，这些在现代社会中仍然发挥着重要作用，甚至对世界也产生了深远的影响。正如杜维明所认为的那样，尽管几十年间世人一直在批判和反叛传统，但实际上，传统还是在社会意识深处积淀着。虽然作为一种制度的那部分儒学文化已经消失，但是"作为一种观念形态的儒家文化还依然存在，尤其是儒学作为一种人生哲学和价值信仰，作为一种入世精神，仍然是一种独特的不可替代的意义符号"。在大力弘扬我国优秀传统文化、构建和谐社会的新形势下，对儒家思想的研究已经受到学者的高度关注。目前，关于儒家思想对社会发展的积极意义的研究已经颇有成绩，但如何将其中的优秀管理思想精髓运用到我国当前的企业管理当中，仍是很多企业管理者急切关注的话题，尤其是儒家思想中的激励思想对薪酬激励的借鉴作用，在今后还需要做更进一步的探讨。

参考文献

曹振杰，彭东瑞，2007. 我国企业采用宽带薪酬的冲突及其对策 [J]. 内蒙古财经学院学报.

曹子祥，2016. 曹子祥教你做激励性薪酬设计 [M]. 北京：企业管理出版社.

陈谏，卢婧，陈晶晶，2015. 精准薪酬——基于工作价值的分配 [M]. 北京：企业管理出版社.

陈珠，2005.. 汲民族文化精华，创中国企业辉煌——儒家思想与中国现代企业文化塑造 [J]. 合作经济与科技（2）：19-21.

成华，2004. 薪酬的最佳方案 [M]. 北京：中央编译出版社.

邓红征，吴光华，2006. 论人力资源管理理论对儒家思想的借鉴 [J]. 南昌高专学报（10）.

邓毅，马颖，2003. 薪酬的边际激励效用递减规律和薪酬制度创新 [J]. 经济经纬.

董方，吕真，买菁菁，2006. 试论最优国有企业薪酬激励方式 [J]. 经营管理（10）.

方少华，2007. 薪酬管理咨询 [M]. 北京：机械工业出版社.

冯友兰，1991. 中国哲学史新编 [M]. 北京：人民出版社.

傅佩荣，2011. 论语 300 讲（上下）[M]. 北京：中华书局.

高岩，2001. 企业薪酬激励机制研究 [D]. 北京：北方交通大学.

葛岚，2006. 先秦儒家和谐思想及其现实意义研究 [D]. 大连：大连理工大学.

韩漪萍，萧毅，2006. 薪酬与激励的新探讨 [J]. 科技创业（5）.

何晓宁，2006. 浅论知识型员工的薪酬激励策略 [J]. 企业管理（11）.

黑明星，2007. 知识员工薪酬激励研究 [D]. 北京：北京交通大学.

姜国柱，朱葵菊，1997. 中国人性论史 [M]. 郑州：河南人民出版社.

姜廉毅，2007. 儒家"仁、和、义、信"思想在现代企业管理中的应用 [D]. 南京：南京理工大学.

康士勇，2001. 林玳玳. 工资理论与管理实务 [M]. 北京：中国经济出版社.

孔祥安，刘晓霞，宋振中，2016. 儒家文化与企业管理 [M]. 青岛：青岛出版社.

黎敏，2004. 论儒家文化与现代人本管理范式 [J]. 湖北经济学院学报（人文社会科学版）（8）.

李得伟，2006. 人力资源绩效考核与薪酬激励 [M]. 北京：科学技术文献出版社.

李洪，2003. 宽带薪酬：员工激励的有效薪酬体系 [J]. 重庆师院学报（哲学社会科学版）（2）.

李晶，2005. 国有企业人才激励机制的构建与实证研究 [D]. 兰州：兰州大学.

李立祥，2004. 儒家思想与企业文化建设 [J]. 济南大学学报（4）.

李琦，2003. 上市公司高级经理人薪酬影响因素分析 [J]. 经济科学（6）.

李时敏，李建军，2002. 论儒家理论在现代企业管理中的运用 [J]. 贵州财经学院报（6）.

李文君，2017. 先秦儒家领导管理思想在现代企业管理中的启示研究 [D]. 西安：西安建筑科技大学.

李新建，2003. 企业薪酬管理 [M]. 天津：南开大学出版社.

李严峰，麦凯，2002. 薪酬管理 [M]. 大连：东北财经大学出版社.

廖春阳，2007. 员工薪酬制度的基本理论和设计原则 [J]. 人力资源（2）.

廖红伟，杨良平，2017. 国有企业经理人薪酬激励机制深化改革研究 [J]. 财经问题研究（4）.

林浚清，黄祖辉，2003. 高管团队内薪酬差距、公司绩效和治理结构 [J]. 经济研究（4）.

刘斌，刘星，2003.CEO 薪酬与企业业绩互动效应的实证检验 [J]. 会计研究（3）.

刘婵婵，2014. 儒家思想在企业人力资源管理中的运用研究——以 × 企业为例 [D]. 济南：山东大学.

刘军，黄少英，2010. 儒家伦理思想与现代企业管理伦理 [M]. 北京：科学出版社.

刘军胜，2005. 薪酬管理实务手册 [M]. 北京：机械工业出版社.

刘思维，2018. 我国企业薪酬激励新探索——基于儒家文化新视角 [D]. 南昌：江西财经大学.

刘昕，2002. 薪酬管理 [M]. 北京：中国人民大学出版社.

刘亚萍，2015. 薪酬管理工作手册 [M]. 北京：人民邮电出版社.

刘韫璐，2016. 儒家思想对企业人力资源管理的影响 [J]. 企业改革与管理（3）.

刘长有，2006. 企业薪酬体系评价模型的实证分析 [J]. 管理荟萃（1）.

卢立，陈华，2006. 把脉企业的薪酬激励 [J]. 人力资源（8）.

陆娜，2004. 企业薪酬激励机制研究和设计 [D]. 西安：西安建筑科技大学.

罗大伟，万迪昉，2002. 关于管理者薪酬的研究综述 [J]. 管理工程学报（4）.

罗玲，2006. 运用儒家人才观实施人本管理 [J]. 武汉理工大学学报（社会科学版）（6）.

吕巧凤，2004. 儒家人力资源的激励思想 [J]. 学术交流（7）.

吕晓辉，高巍，吴吉林，2004. 构建国有企业以岗薪制为主的多元化薪酬管理体系 [J]. 经济师（2）.

马尔托奇奥，2015. 战略性薪酬管理 [M]. 刘昕，译. 北京：中国人民大学出版社.

马涛，2000. 儒家传统与现代市场经济 [M]. 上海：复旦大学出版社，2000.

诺伊等，2001. 人力资源管理：赢得竞争优势 [M]. 刘昕，译. 北京：中国人民大学出版社.

佘虹志，2006. 我国上市公司高管激励机制的实证研究 [D]. 长沙：湖南大学.

宋彦胜，2004. 国有企业薪酬激励机制的研究 [D]. 北京：北京交通大学.

孙孝花，2004. 儒家思想在现代企业人力资源管理中的应用探讨 [J]. 中国商贸（12）.

索普，霍曼，2003. 企业薪酬体系设计与实施 [M]. 姜红玲，等，译. 北京：电子工业出版社.

唐凯麟，曹刚，2000. 儒家思想的现代价值评估 [M]. 上海：华东师范大学出版社，2000.

唐志美，2006. 先秦儒家和谐思想研究 [D]. 济南：山东大学.

特鲁普曼，2002. 薪酬方案：如何制定员工激励机制 [M]. 胡零，刘智勇，译. 上海：上海交通大学出版社．

田广清，1998. 和谐论——儒家文明与当代社会 [M]. 北京：中国华侨出版社，1998.

汪凤炎，2001. 从心理学角度再析理学中的理欲辨 [J]. 心理学探新（2）．

王超，2004. 宽带薪酬实施中应注意的问题 [J]. 经济师（3）．

王芳，罗学东，2014. 国有企业薪酬激励机制探析 [J]. 中国商贸（10）．

王楠，2014. 先秦儒家人本思想在员工激励上的现实意义 [J]. 现代经济信息（8）．

王萍，2003. 企业薪酬制度构建的因素分析 [J]. 生产力研究（5）．

王素娟，2014. 中外企业高管薪酬模式差异与发展趋势 [J]. 山东大学学报（哲学社会科学版）（10）．

王文婷，2017. 激励理论视角浅析薪酬制度——以华为为例 [J]. 现代经济信息（2）．

王欣，2003. 儒家思想与我国政府部门人力资源管理研究 [D]. 北京：对外经济贸易大学．

王长城，姚裕群，2004. 薪酬制度与管理 [M]. 北京：高等教育出版社．

威尔逊，2001. 薪酬框架 [M]. 北京：华夏出版社．

文跃然，2005. 薪酬管理原理 [M]. 上海：复旦大学出版社．

吴定玉，2004. 宽带薪酬管理模式探析 [J]. 北京工业大学学报（社会科学版）（1）．

吴萍，2004. 我国企业薪酬激励存在的问题与对策分析 [D]. 长春：东北师范大学．

谢福连，2007. 儒家思想与企业管理——日本企业中的儒家思想应用 [J]. 商业文化（学术版）（10）．

熊礼汇，姜国斌，1999. 孟子与现代管理 [M]. 上海：学林出版社．

薛丽，2004. 儒家思想与现代企业管理 [J]. 同济大学学报（社会科学版）（8）．

颜士文，2006. 薪酬激励设计应注意的几个问题 [J]. 经济管理（4）．

杨剑，2002. 激励导向的薪酬体系设计 [M]. 北京：中国纺织出版社．

杨娟丽，2006. 企业薪酬激励的理论与实证研究 [D]. 西安：西北工业大学．

杨清虎，2017.儒家仁爱思想研究[M].北京：民主与建设出版社，2017.

杨淑芳，2004.论儒家思想对现代企业文化的影响[J].山东企业管理（8）.

叶龙，史振磊，2006.人力资源开发与管理[M].北京：清华大学出版社.

尹隆森，孙宗虎，2004.岗位评价与薪酬体系设计实务[M].北京：人民邮电出版社.

于冬梅，2004，4月.企业薪酬体系设计探讨[J].学术交流.

于军，2006，6月.现代新儒家的和谐思想[D].烟台：鲁东大学.

臧瀚之，2015.孔子儒家智慧一本通[M].北京：石油工业出版社.

张建国，2005.薪酬体系设计——结构化设计方法[M].北京：北京工业大学出版社.

张平，2006.关于国企激励性薪酬制度的问题与对策探析[J].管理探索.

张文贤，2005.人力资源总监[M].上海：复旦大学出版社.

张燕红，2016.高管薪酬激励对企业绩效的影响[J].经济问题（6）.

张颖，2016.互联网企业薪酬体系[M].北京：人民邮电出版社.

张宇静，2005.儒家管理思想对我国现代企业文化建设的启示[D].上海：复旦大学.

赵国军，2016.薪酬设计与绩效考核全案[M].北京：化学工业出版社.

赵宏斌，2005.浅谈薪酬激励[J].机械管理开发（4）.

赵兴牛.儒家文化中人力资源管理思想及现代价值研究[J].价值工程，2012，31（7）：300-301.

钟永祥，2005.全面满足员工需要的综合报酬体系设计[J].人力资源（11）.

周斌，汪勤，2014.薪酬管理[M].北京：清华大学出版社.

周媛媛，2006.中国儒家人才管理心理学思想及其现代意义[D].南京：南京师范大学.

BERGER, BERGER, 2000. The compensation handbook [M]. New York：McGraw-Hill.

FAGAN, PAOLOMONGELLI, MORGAN, 2003. Institutions and wage formation in the new europe [M]. Cheltenham：Edward Elgar Publishing，inc.

HENDERSON, 2003. Compensation management in a knowledge-based world [M]. 9th ed.New Jersey : Pearson Education, Inc.

HOWARD RISHER . 2001. ALIGNING PAY AND RESULTS [J]. Editor American Management Association.

KAY, 1998. CEO pay and shareholder value-helping the U. S. win the Global Economic War [M]. Boca Raton : CRC Press LLC.

LEPAK, SNELL, 1999.The Human resource architecture : toward a theory of human capital allocation and development [J]. Academy of Management Review.

NEMEROV, DONALD, 1994. How to design a competency-based pay program [J]. Journal of Compensation & Benefits.

WALLACE, FAY. 1998. Compensation theory and practice [M]. 2ed.Berlin : PWS-KENT publishing Company.

附录1：某国企薪酬管理制度

第一章 总 则

第一条 为落实《×××国有企业负责人经营业绩考核与薪酬管理暂行办法》（以下简称《暂行办法》），切实履行国有资产出资人职责，逐步建立起符合现代企业制度要求的激励约束机制，合理确定企业负责人和员工收入水平，调动企业负责人与员工的积极性、创造性，切实维护员工的合法权益，促进企业经济效益增长和实现国有资产保值增值，根据《公司法》《企业国有资产监督管理暂行条例》等法律法规，结合我市实际，制定本规定。

第二条 本规定适用于经市政府确定的，由成都市国有资产监督管理委员会（以下简称市国资委）履行出资人职责的国有及国有控股企业（以下简称企业）。

第三条 本规定所称企业负责人，指企业的董事长、党委书记、总经理和市国资委确定的其他负责人；所称员工，指除企业负责人以外的，与企业形成劳动关系的主体；所称薪酬，指按照相关法规和本规定，结合企业经营业绩考核结果及合同、经营责任书等法律文件所确定的,应由企业支付给企业负责人和企业员工的劳动报酬。

第四条 企业薪酬管理应当遵循以下基本原则:(一)贯彻执行国家、省、市的相关薪酬政策,按照法律法规和相关规定,规范薪酬管理;(二)坚持激励与约束相结合,薪酬与风险、责任相一致,与经营业绩和劳动成果相挂钩。(三)坚持绩效考核、效率优先、兼顾公平和企业薪酬水平增幅不高于企业效益增幅,企业负责人薪酬水平增幅不高于企业职工平均薪酬水平增幅,维护出资人的合法权益。(四)坚持薪酬制度改革与相关改革配套进行,推进企业负责人收入分配和员工收入的市场化、货币化、规范化、透明化。(五)建立薪酬预算体系、统一薪酬构成、控制薪酬总额,合理控制企业人工成本,提高企业竞争力,促进企业可持续发展。

第二章 企业负责人薪酬的构成和确定办法

第五条 企业负责人薪酬由基本年薪、绩效年薪和特别奖励三部分构成。

第六条 薪酬的确定办法:(一)基本年薪。企业负责人的基本年薪是企业负责人年度的基本收入,主要根据企业经营规模、经营管理难度、经营环境、所承担的战略责任和所在地区企业平均工资、所在行业平均工资、本企业平均工资等因素综合确定。基薪每年核定一次。分配系数:董事长、党委书记、总经理基本年薪为100%,副职基本年薪为70%~90%。(二)绩效年薪。绩效年薪与国有资本保值增值挂钩。主要考核指标为国有资本保值增值率、年度利润总额、净资产收益率和可持续发展能力;辅助指标为销售(营业)增长率、管理费用控制率、应收账款控制率等。

第三章 员工薪酬的构成

第七条 企业员工薪酬，原则上由基本工资、补贴津贴和绩效工资（奖金）三部分构成，也可以根据其与企业签订的劳动合同另行确定。

第八条 基本工资是指企业支付给员工的，金额相对固定的基本报酬。其标准主要根据职务、岗位、职称、学历、工龄等相关因素，参照社会及行业同等工资水平等综合确定。

第九条 补贴津贴是指企业按照国家规定支付给员工的各项补助性收入。

第十条 绩效工资（奖金）是指企业根据经济效益和员工的劳动成果支付给员工的奖励性工资。

第四章 薪酬方案的制定和审批

第十一条 企业根据自身经营特点，依照本规定确定的基本原则和薪酬构成要求，制订企业薪酬方案，并上报市国资委审批。

第十二条 企业薪酬方案的主要内容，应当包括企业发展战略目标、企业收入分配原则、机构设置、人员编制、岗位设置、薪酬构成、各层级人员基本工资和补贴津贴的明细项目及标准、绩效工资（奖金）的考核和计提发放办法等内容。薪酬方案应当分别明确本企业负责人及员工的薪酬构成。同时，在编制说明中，明确企业负责人及员工在薪酬总额中各自所占比重和所对应的会计科目，以及跨年度发放的绩效工资（奖金）全额预提、核定发放及账务调整的时间和具体做法。

第十三条 市国资委对企业薪酬方案进行审批。国有独资企业、国有独资公司根据其在市国资委审批的方案在企业内部执行该薪酬方案。国有控股公司的国有产权代表根据其在市国资委的审批方案，按照有关规定在董事会或其他决策机构会议上充分发表意见，董事会或其他决策机构对薪酬方案表决通过后执行。

第十四条 审批后的薪酬方案，原则上不得调整。若企业因客观原因确需调整，应重新报请市国资委批准。

第五章 薪酬总额预算管理

第十五条 企业应根据市国资委批准的薪酬方案，实行年度薪酬总额预算管理。按照全面预算管理的要求，结合企业年度经营目标和本规定及其他文件的规定，编制科学、合理的企业年度薪酬总额预算。企业在编制企业年度薪酬总额预算时，应该听取职工代表的意见，并在向市国资委报批的材料上体现。

第十六条 企业应当在每年的3月30日前，将本年度薪酬总额预算和预算编制说明报市国资委核准。预算未核准的，企业应当在15日内重新编制上报市国资委。

第十七条 薪酬中的绩效工资（奖金），无论是否跨年度发放，都应当编制到预算年度薪酬总额预算中。

第十八条 市国资委建立薪酬总额预算执行情况上报制度。企业应在每年7月31日前，编制上半年薪酬总额预算执行情况表，并上报市国资委；在次年1月31日前，编制全年薪酬总额预算执行情况表，并上报市国资委。

第十九条 对少数在实际工作中，因市政府特殊任务下达而增加务工人员需增大薪酬总额的，另行单独报批。市国资委审批前，应征求企业监事会或监事的意见。

第二十条 经市国资委核准后的企业年度薪酬总额预算，企业应严格执行。企业有正当理由需修改预算的，应该将修改方案报市国资委审批。市国资委在审批前，应征求企业监事会或监事的意见。经市国资委批准的企业年度薪酬总额预算，企业应以适当方式向职工代表大会公开，接受民主监督。

第六章　薪酬分配的管理与监督

第二十一条　企业负责人薪酬分配方案审批和薪酬兑现方式按照《暂行办法》第二十三条、第二十四条执行。企业制订的薪酬分配方案与预算之间有偏差的，企业应以专项报告的形式向市国资委做出说明。企业在报送企业负责人薪酬分配审核材料时，应同时报送企业负责人职务消费的相关材料和董事会、职工代表大会对职务消费的审议情况。市国资委在审批或审核前，应听取企业监事会或监事的意见，必要时可听取企业职工代表的意见。

第二十二条　企业负责人因违规受到扣发绩效年薪处罚的，应当在执行薪酬方案时，根据处罚决定扣发其薪酬。

第二十三条　企业负责人的薪酬分配方案经批准并实施后，应当按照《暂行办法》第二十八条，向职代会公开，接受民主监督。

第二十四条　国有控股企业由国有股权代表将薪酬分配方案报市国资委审批，并根据批准的方案，按照《公司法》等法规的规定，在董事会或其他决策机构会议上发表意见，董事会或其他决策机构对薪酬分配方案表决通过，对超过市国资委批准方案部分，纳入国有产权代表任期满后的特殊贡献奖。其具体办法另行规定。

第二十五条　面向社会公开招聘的企业负责人的薪酬，由企业根据预算提出方案，经市国资委审核后，企业可以在核准的薪酬标准内，根据人才市场价位与招聘人员协商确定，并按照有关规定执行。

第二十六条　员工基本工资应当按月支付，补贴津贴的支付时间按照相关政策执行，绩效工资（奖金）的支付时间由企业自主决定。但是绩效工资（奖金）中与企业完成市国资委计划指标情况相挂钩的奖金（如年终奖）部分，应当在市国资委对企业完成年度考核后，由企业根据考核结果，核定最终发放金额，已经预发的应多退少补。

第二十七条　薪酬为税前收入。企业负责人和员工应当缴纳的个人所得税由企业从其工资中依法代扣代缴。

第二十八条　企业负责人和员工的各项社会保险费中应当由个人承担的部分，由企业从其工资中代扣代缴。

第二十九条　员工薪酬应当通过应付工资科目核算，并实行台账管理，企业应当按照薪酬构成设置明细账目，单独核算。企业负责人的薪酬，应严格按照暂行办法的相关规定实行台账管理和专户管理，并接受市国资委的监督和检查。

第三十条　企业按照规定提取的员工年度效益工资（奖金），无论是否跨年度发放，应当在当年根据薪酬总额预算进行全额预提，同时按照权责发生制在当年薪酬总额中进行核算，在次年核发时应按审计结果进行调整，超额提取的，应当冲减当期成本，未提取的，不得发放。

第七章　责任追究

第三十一条　违反暂行办法和本规定，对企业负责人和员工的薪酬不实行台账管理和专户管理的企业，市国资委应责令其纠正，并可根据相关规定对相关责任人做出处罚。

第三十二条　企业应当严格按照薪酬方案、薪酬总额预算和企业年终经营业绩考核结果计提和发放劳动者薪酬，不得超标发放或计提，不得以发放实物或公费旅游等形式变相提高薪酬待遇。

第三十三条　企业应当在年终对本企业上一年度企业薪酬情况进行总结，对实际计提和发放的薪酬与年初预算之间的偏差及原因做出说明，并于次年1

月 31 日前以专项报告形式，连同全年薪酬总额预算执行情况表上报市国资委。

第三十四条 市国资委对企业进行年度审计时，应把对企业薪酬特别是负责人的薪酬审计作为一项重要内容。

第三十五条 市国资委负责对企业薪酬特别是负责人的薪酬进行专项检查，必要时可通过外派监事会和有资格的会计师事务所，进行专项审计。

第三十六条 企业应逐步规范负责人的职务消费，增加职务消费的透明度，企业负责人的职务消费应定期向职工代表大会报告。

第三十七条 有违规违法行为者，市国资委将依据有关法律、法规、规章，视情节轻重予以处理。

第八章 附 则

第三十八条 各市属国有企业，可参照本规定制订子公司企业薪酬方案，报市国资委备案，具体实施情况于每年 7 月底前向市国资委报备。

第三十九条 由市国资委授权委托市级部门管理的企业负责人薪酬，可参照本规定执行，并报市国资委备案。

第四十条 国家有关法律、法规、规章对上市公司的薪酬管理另有规定的，从其规定。

第四十一条 企业员工对企业发展做出特殊贡献的按有关规定执行。

第四十二条 本规定由市国资委负责解释，市国资委可以根据实施过程中的情况对本规定进行修订。

第四十三条 本规定自公布之日起施行。

（资料来源：http：/z.xiaofantian.com/）

附录 2：某外企薪酬管理制度

一、基本工资制度

1. 公司实行职能等级工资制度。根据员工的学历、经验、职务重要性及其责任大小，确定员工底薪的等级。工资制度要体现公平的原则。

二、工资等级

2. 底薪分为：A、B、C、D、E、F、G、H、I 九个等级。

A：总经理

B：副总经理、总工程师、副总工程师、财务总监

C：部门经理

D：高级工程师、高级会计师、高级秘书

E：科长、车间主任、主任科员、高级技师、销售员

F：会计师、工程师、经济师、商务师、技师、高级技工、高级文员

G：主管、领班、拉长、文员、中级技工、出纳、物控员、采购员、司机、厨师

H：品管员、仓管员、统计员、组长、物料员、保安员、技工、化验员、计量员、实验员、调机员

I：一般工人

三、工资结构

3. D、E、F、G级月工资 = 底薪 + 工龄工资 + 浮动工资 + 出勤奖 + 加班工资 +（季度奖）–（医疗基金 + 个人所得税及其他应扣费用）

H级月工资 = 底薪 + 工龄工资 + 浮动工资 + 出勤奖 +（奖励）+ 加班工资 –（医疗基金 + 个人所得税及其他应扣费用）

I级月工资（计时）= 底薪 + 工龄工资 + 出勤奖 +（奖励）+ 加班工资 –（医疗基金 + 个人所得税及其他应扣费用）

I级月工资（计件）= 月生产的件数 × 单价 + 工龄工资 + 出勤奖 +（奖励）+ 加班工资 –（医疗基金 + 个人所得税及其他应扣费用）

注：其他应扣费用包括：城市增容费、劳务用工费等。

4. 出勤奖

人事部根据员工的考勤情况计发出勤奖。每月病、事假不超过两天或迟到、早退不超过四次者，均可获得其底薪8.3%的出勤奖。当月有旷工记录者不发放出勤奖。

5. 季度奖

对员工（除H级、I级以外）每季度的工作绩效进行评价，依据考核结果，确定季度奖。每季度病事假不超过4天，福利假不超过30天的员工，才有获得季度奖的资格。

6. 浮动工资

D、E、F、G 级的浮动工资 = 底薪 × 浮动工资系数。浮动工资系数规定如下：个人不得超过其底薪的 25%；部门平均不得超过 19%。病假一天降个人浮动工资系数 1%；事假一天降个人浮动工资系数 2%。部门平均浮动工资系数计算方法：

A_i—浮动工资系数

M_i—拿 A_i 浮动工资系数的人数

M—部门拿浮动工资的总人数

H 级的浮动工资及系数按上述规定办，但在确定系数时与 D、E、F、G 级分开算。

当月缺勤（无论是否公司福利假期）达 7 天的员工，不发该月的浮动工资。

I 级不享受浮动工资待遇，但每月各部门可根据生产任务情况，在 I 级中评出 5% 的优秀员工，给予一定奖励。

7. 工龄工资

当月 15 日以前（包括 15 日）加入公司者，从该月开始计算工龄工资；在每月 15 日以后加入的，则不计当月工龄。每月工龄工资按 5 元递增。工龄工资达到 60 元时，第二年每月按 80 元计发工龄工资；以后每年递增 20 元。

当月病事假达 10 天的员工，不发该月的工龄工资。

8. 加班工资

（1）员工加班需填写加班申请表，由所在部门经理审核，然后报人事部批准并备案，作为计算加班工资的凭证；遇特殊情况，当天不能填写加班申请表，应在第二天上午十二点以前（遇休息日、节假日顺延）补交加班申请表，事先不申请，在规定时间内又不补交者，将不按加班计资；人事部将依据加班申请表，不定期进行抽查，一旦查出申请表与实际加班不相符的，将严肃处理。

（2）员工月上班时间超过所有正常工作日时间（八小时）时，超出部分计为加班或加点。

（3）非具体指出，所有加班均指有生产计划而安排的加班；如非计划安排的加班，其加班工资一律按加点计算。

（4）星期一至星期六，员工在完成正常班次的额定工作之后，延长工作时间视为加点，按加点工资计算；星期六正常上班时间的加班费已包含在底薪中，不再另算加班费。

（5）主管、领班、拉长、中级技工、在车间的物控员、司机、H级、I级员工的加班申请由所在部门经理审核，然后报人事部备案，可计加班或加点工资；F级以上（包括F级）员工不计加点工资，在厂休日、公休日加班须经分管副总经理批准后方可计加班工资；部门经理申请加班工资须经总经理批准。

（6）生产性部门G级（含）以下员工在厂休日、公休日加班，其加班工资按时薪计算；在法定节假日加班，其加班工资按时薪的两倍计算。

（7）员工在星期日加班，其加班工资 = 加班小时数 × 时薪。

（8）星期六加班延续到星期日子夜零点以后的，其加班工资 = 星期六加班时数 × 加点工资 + 星期日加班时数 × 时薪。

（9）员工在法定节假日加班，其加班工资 = 加班小时数 × 时薪 ×2。

（10）如加班延续到法定节假日子夜零点以后的，其加班工资 = 节假日前一天加班时数 × 加点工资 + 法定节假日加班时数 × 时薪 ×2。

（11）员工在春节放假期间（三天法定节假日除外）加班，加班工资按日薪或时薪计算。

（12）实行计件工资的员工在厂休日和法定节假日加班，加班工资按日薪（14元）或时薪计算；在星期日加班则按实际产量计资。

（13）加班小时数以每30分钟为单位计算，若未满30分钟不予计算。

（14）在厂休日、节假日有加班，但当月其他时间有请假的，按补休处理，抵扣加班时间。

9. 日薪

日薪 = 底薪 ÷ 30 天

10. 时薪

时薪 = 底薪 ÷ 240 小时

四、工资的支付

11. 每月20日至月末支付上月的工资，以上月的考勤记录核算应发工资。公司将员工实得工资划入员工的银行账户，员工在财务部领到工资条后，可凭存折支取。如遇特殊情况不能按时发放工资的，须报总经理，并通知员工发放日期。

五、提薪

12. 公司按一定比例提薪，提薪率不得高于公司利润增长率，要低于劳动生产率的增长；提薪日定为每年的3月1日。

13. 在公司工作满3个月的G级及G级以上员工，经考核及格者，均有提薪的资格。

14. 但有下列情形之一者，不予提薪。

（1）长期休假3个月以上者；

（2）在提薪考核期间，工作满一年的员工病事假天数累计达 30 天以上、工作半年的员工病事假天数累计达 15 天以上者，依此类推；

（3）在提薪考核期间，受记过处分者；

（4）正办理离职手续者；

（5）年终考核不及格者。

15、做出特别贡献或业绩特别突出者，经人事部审核，报总经理批准，不受以上调薪时间的限制。

六、试用期工资

16. 新进员工试用期间，一律只发放底薪、工龄工资（当月 15 日以前加入公司者，从该月开始计算工龄工资）和加班工资，无任何奖金及其他津贴。

17. 员工因岗位变动提升级别的，需试用新职位，试用期间，工资不得高于新级别最低工资。其他福利待遇享受新级别待遇。如 15 日以前（包括 15 日）调动岗位，则当月包含在试用期内；如 15 日以后调动岗位，则调动当月不包含在试用期内；试用合格后，经直接主管建议，可予以调薪。

18. 试用期间，如表现突出，经直接主管提议，依职务级别，分别经部门经理、总经理批准，报人事部备案，可缩短试用期，予以提前转正或试用期满后给予一定提薪。

七、附则

19. 因误算而超付的工资，公司可在 3 个月内向员工行使追索权。

20. 因误算而少付的工资，员工应在工资发放后 5 日内报人事部核查，逾期自负。

（资料来源：http://blog.sina.com.cn/usaan）

附录3：某互联网公司薪酬管理制度

第一章　总　则

第一条　薪酬释义。

薪酬是对员工为公司所做出贡献和付出努力的补偿，同时体现岗位工作性质、员工工作技能和知识经验等。

第二条　适用范围。

本管理制度适用于××。信息技术有限公司全体员工（临时员工除外）。

第三条　目的。

适应公司变革性管理的需求，进一步完善员工内部分配机制，提高员工工作效率，增强员工岗位敬业精神，使员工能够与公司一同分享公司发展所带来的短、中、长期收益。

建立员工薪资晋级机制，增强薪酬的激励性，以达到公司吸引人才、留住人才和激励人才的目的。

第四条　基本原则。

（一）贯彻公司发展战略，促进人才队伍建设。

（二）以岗定薪，按绩取酬。在职位分类、评估和绩效管理基础上，根据岗位的相对价值和任职者胜任能力、绩效表现支付薪酬。

第五条　确立依据。

（一）依据岗位综合评价，确定岗位级别；

（二）依据个人知识、能力和资历等确定个人所在级别档次；

（三）依据工作业绩确定个人绩效工资；

（四）依据公司效益、劳动生产率增长情况、社会平均工资增长率和社会物价指数以及同地区同行业的薪资水平等，确定公司员工总体工资水平。

第二章　薪酬体系与结构

第六条　公司的薪酬制度为岗位绩效工资制。

第七条　薪酬结构。

员工工资由固定工资、浮动工资两部门组成。

固定工资包括：岗位工资、工龄工资、岗位津贴。固定工资是根据员工的职务、资历、学历、技能等因素确定的、相对固定的工作报酬。

浮动工资包括：效益工资、绩效工资、全勤奖等。浮动工资是根据员工考勤表现、工作绩效及公司经营业绩确定的、不固定的工资报酬，每月调整一次。

基本工资是指根据员工所在职位、能力、经验、学历、价值核定的薪资。是员工生活的基本保障。

在岗工资是指以岗位劳动责任、劳动强度、劳动条件等评价要素支付的工资。

效益工资是指按企业经济效益状况支付给员工的工资。（在效益考核实施前，可统一按 C 等效益工资与其他工资构成的岗位标准工资进行定薪。）

效益工资等级	效益指标达成率	效益工资计算比例
A	101%~120%	15%
B	81%~100%	10%
C	61%~80%	5%
D	60% 及以下	0

绩效工资是指以对员工绩效的有效考核为基础，实现将工资与考核结果相挂钩，公司对该岗位所达成的业绩而予以支付的薪酬部分。

工龄工资：为体现员工在本企工作经验和服务年限对于企业的贡献，设工龄工资作为工资的辅助项。工龄工资按实际到职年限，每满一年按 100 元发放。离职人员因诸多原因又重新回到公司任职，间隔一年以内，其工龄可以延续离职前的工龄；间隔超过一年，其工龄自复职月份起重新计算。

岗位津贴是指对主管以上行使管理职能的岗位或专业技能突出的员工予以的津贴。

奖金是指公司工资体系以外的奖励，如总经理特别奖、年终奖、超特殊贡献奖、先进集体、先进个人等。

第三章　岗位绩效工资制

第八条　岗位工资的分类。

根据岗位工作性质，将公司工作岗位进行分类，归入到管理类岗位、技术类岗位 2 大类。

第九条 岗位工资等级。

为反映不同岗位的价值区别和体现公平，每个岗位类别中，将同一职系中不同的岗位归入不同的等级，代表岗位由高到低的价值区别（详见附表一）。

人力资源部每年将根据公司的发展和各岗位性质、内容的变化对岗位的等级提出调整建议，经公司审议批准后执行。

第十条 个人工资档次。

为体现相同岗位上不同能力和水平的员工个人价值差距，并给员工提供合理的晋级空间，每个岗位等从低到高均分为 4~6 个档次，形成公司的岗位工资体系（详见附表二）。

第十一条 员工岗位档次的确定。

（一）原则上，员工试用期满或入职新岗位晋升薪酬等级的，且符合任职最低要求条件的，其档次均从最低档开始。

（二）任职的学历条件或经验条件低于任职条件的，按所在岗位对应等级的最低档下调一档起薪。

（三）岗位级别晋升中，原工资高于新岗位级别最低工资的，按原工资级别上调一档；任职学历、经验或能力不够的工资保持不变。

（四）符合任职条件，其中学历条件和工作经验条件高于任职要求的，员工工资可以按所在职系对应岗位工资的最低档上调一级起薪。

（五）对工作能力特别强或工作表现特别优秀的员工工资，经评议可高于所在职系对应的档次起薪，但必须经过公司的严格审核。

（六）同等条件下（经验、能力、学历），新聘员工的薪资应低于至多等同于同级别老员工的薪资水平。

第十二条　岗位工资的调整。

分为公司整体调整和个别调整。

第十三条　整体调整。

公司依据年度内实现的利润和综合经营业绩、物价水平统一调整岗位工资水平。

第十四条　个别调整。

根据员工个人绩效考核结果、个人综合能力和岗位变动情况确定，具体有以下几种方式。

（一）考核调整：年终根据综合考核评议进行工资调整。

工资档次晋升：年内个人累计5次的绩效考核成绩为C或以上，下年度起基本工资上调一档或二档。

工资档次下调：年内个人累计3次的绩效考核成绩为E，视情况调整其岗位、降职或进入待岗再培训，经过岗位要求考核后公司再考虑重新安排其上岗。

（二）奖励调整：对做出突出贡献的，或者被授予特殊荣誉的，经公司评议可上调1~2档工资。

如在技术创新、市场拓展、内部管理等方面做出特殊贡献或重大贡献者，或者非工作范围内合理化建议被采纳后，取得显著经济效益者。

（三）处罚调整：对受到公司记过及以上处分的员工可以予以降低工资档次甚至级别的处罚。

以上调整都由人力资源部年终或者定期根据公司情况及需要提出拟调整人员名单和建议并报总经理批准。

第十五条　岗位工资的用途。

岗位工资作为以下项目的计算基数：

（一）加班费的计算基数；

（二）事病假工资计算基数；

（三）外派受训人员工资计算基数；

（四）其他基数。

第四章　绩效工资

第十六条　绩效工资。

（一）绩效工资即是员工达到公司要求的绩效目标后方予以兑现的浮动工资部分；其发放依据员工综合绩效考核结果来确定，具体考核及核算办法见《公司绩效考核管理办法》。

（二）营销服务类人员绩效工资的核算另见有关规定。

（三）试用期内员工当月没有绩效工资。

第十七条　绩效与绩效工资。

（一）起付点。在绩效目标完成率达到70%及以上时，方可按照绩效目标完成比例及核算方法，发放绩效奖金。绩效完成比例低于70%时，不再发放绩效奖金。

（二）绩效分数与绩效工资兑现比例。

绩效工资分为A、B、C、D、E共五等，A为最高等，B为绩效工资基准，E为最低等。

绩效工资等级	A 等	B 等	C 等	D 等	E 等
计算比例	120%	100%	90%	80%	70%
绩效分数	100 分以上	91~100 分	81~90 分	71~80 分	70 分以下

在绩效考核实施前，可统一按 B 等绩效工资与岗位工资构成的岗位标准工资进行定薪。

（三）封顶值。绩效奖金设定封顶值，个人绩效奖金封顶值为 120%。为鼓励员工提升绩效，当员工绩效超出绩效奖金封顶值时，根据情况可给予特别奖励。每年终由人力资源部根据公司情况提出特别奖励的办法和方式。

（四）绩效工资额由员工在考核期内的考核评估结果（分 A、B、C、D、E 五等）确定。考核评估结果由考核得分按照规定的等级分布比例强制确定。

绩效工资等级	A 等	B 等	C 等	D 等	E 等
人员分布比例	5%	20%	70%	5%	

第五章 奖 金

第十八条 奖金主要包括特殊贡献奖、创新奖、先进奖和年终超额奖。

第十九条 特殊贡献奖和创新奖。

（一）特殊贡献奖是指由于员工个人的努力给公司带来较大贡献的一种特别嘉奖。例如，员工通过个人关系给公司带来了大客户，或通过与政府的特殊关系给公司解决了一些实际困难，或合理化建议被采纳经验证为公司减少了较大损失或带来较大经济效益等。

（二）创新奖是指员工在工作中工作方式或方法的改进、产品创意等给公司带来一定现实的或潜在的效益，公司给予的奖励。

第二十条　先进奖。

每年公司统一评出先进集体和个人，并按规定予以相应的奖励：

先进部门：奖金3 000元；先进个人每人1 000元

第二十一条　年终超额奖。

（一）是根据公司的年度目标完成情况设置的奖励，是超出公司完成目标部分的奖励，是针对全体员工额外贡献的奖励和回报。

（二）年终超额奖总额

年终奖总额＝超额利润 × 年终奖计提比例

每年由董事会和总经理具体约定年终超额奖提取办法和比例。

第六章　晋升规定

第二十二条　晋升机制是为了充分调动公司员工的主动性和积极性，有效激发员工潜能，规范公司员工岗位晋升、晋级程序，指导员工个人职业规划，促进公司发展与个人职业目标的统一。

第二十三条　晋升类型。

岗位级别不变，薪资档次晋升。

岗位级别晋升，薪资晋升。

第二十四条　职责划分与权限界定。

人力资源部负责员工晋升工作的组织、任职资格条件的审查、评审结果的汇总，将评审合格的人员名单报公司审批后于次月执行。

是员工晋升的具体执行部门。

晋升类型	申请	审核	签批
岗位级别不变，薪资档次晋升	个人提出申请或部门推荐人员	部门/主管领导	总经理
岗位级别晋升，薪资档次晋升	个人提出申请或部门推荐人员	部门/主管领导	薪资考评小组

第七章　其他规定

第二十五条　员工请事假、病假期间，基础工资按请假天数扣除。

员工迟到（早退）在半小时以内的（8：40~9：10）扣除当日工资10%；超过9：10不超过9：40的扣除当日工资15%；超过9：40不超过10：40的扣除当日工资20%；超过10：40不超过12：00的扣除当日工资50%。迟到累计3次以上，自第4次起，不能享受当月的全勤奖。员工旷工将按日工资的1.5倍扣罚，旷工超过3天将被解除劳动合同，对公司正常工作造成损失的，赔偿费用将从工资中扣除。

第二十六条　员工工伤期间的待遇参照国家有关规定执行。

第二十七条　员工的月计薪天数。

员工的月计薪天数按平均21.75天计算（每年法定节假日11天，公休日104天，月计薪天数=[365天－104天]/12）。日工资=（岗位工资+效益工资+岗位津贴+绩效工资）/21.75。如员工缺勤按缺勤工作日天数扣除工资。

第二十八条　加班工资的适用范围。

实行弹性工作时间的岗位无加班费；其他人员不鼓励加班，工作应尽量在工作时间内完成，但是确因工作任务紧急或直接上级安排可以申报加班，加班时间尽量按调休处理。

第二十九条 新进员工试用期间按拟聘任岗位对应工资的 **80%** 发放，新聘员工出勤未满一个月者，当月按实际出勤日数计算工资。

第三十条 见习期薪酬。

应届大中专毕业生见习期满一年，试用考核合格，符合转正条件者，应办理转正手续，重新确定薪级。对工作能力特别强或工作表现特别优秀的见习期员工，经评议可提前转正。

实习期员工工资等级表			
学历	博士	硕士	本科	大专
实习工资（元）	3 000	2 000	1 500	1 300

第三十一条 解约者当月工资给付至解约生效日；因故停职、待岗或者自动离职（旷工 3 日以上者）的，即日冻结工资计算。

第三十二条 员工月结算工资在次月的 **10** 日发放。

如 10 日为节假日或公休日，在节假日或公休日后相应延续发放。公司因故延迟发放时提前一日知会员工。

第三十三条 员工工资以人民币支付。

工资发放时精确至元。支付时公司代扣代缴个人所得税、社会保险金个人部分等。

第三十四条 离开公司员工的工资。

（一）因违纪解聘的员工：解聘后取消所有剩余基本工资、绩效工资、福利和年终奖。

（二）辞职/裁员：根据相关国家法律规定及公司所受影响程度，视具体情况来定。

（三）降职、升职、平调：员工岗位发生调整的，绩效工资分时间段计算。

第三十五条　员工薪酬属于保密信息，员工不得向其他任何单位和个人泄漏任何与公司薪酬制度相关的信息，也不得探听其他员工的薪酬，否则视为严重违反公司规章制度。

第八章　附　则

第三十六条　本办法自 2018 年 8 月 1 日起实施。

本办法实施后，以往执行的其他各类劳资管理规定、办法中凡与本制度有不一致之处，均以本办法为准。

第三十七条　本制度所未规定的事项，按公司原有关规定执行。

未尽事宜由人力资源部负责解释。

（资料来源：搜狐——儒思 HR 人力资源大舞台）

致 谢

在本书完成之际,需要说明的是,书稿是基于笔者的硕士学位论文的构思,进一步深入研究和完善的,因此,首先由衷地感谢我的硕士研究生导师李亨英教授,从论文的选题、构思、资料收集、修改审阅到成文,都得到了导师的悉心指导。本书能够顺利地完成,倾注了李老师的大量心血。在此,谨向我的导师表示衷心的感谢!

本书在写作过程中,笔者查阅和参考了大量关于儒家思想和薪酬激励方面的论文、论著,我要感谢书中所引用研究成果的各位专家、学者,是他们给予我知识上的完善、理念上的更新、思想上的启迪。

本书写作是在我作为扶贫工作队员,在娄家庄村下乡驻村期间完成的,因此我要感谢我们扶贫工作队的第一书记阎素玉、驻村队员安慧平,在繁忙的扶贫工作中,他们替我分担了很多,保证了我的写作时间,也感谢他们为扶贫工作的辛勤付出!

同时我还要感谢曾经给予我帮助和教诲的所有老师们,从他们身上,我不仅学到了知识，提高了技能，更学会了严谨、务实、坦诚的为人道理，这些都将是我人生最大的财富！

感谢在工作、生活和学习上给予我关心和帮助的各位同事，和他们在一起的日子是我人生的宝贵财富，同事间真诚的帮助、相互的支持、彼此的鼓励我将终生难忘。感谢学校领导和同事们的支持，使我在学习的道路上又迈上了一个新台阶！

感谢我的家人，感谢我的爱人，他们为家庭不辞辛劳的付出为我提供了强大的精神动力和时间支持，感谢我的孩子，她的理解和宽容使我有了前行的力量！

最后，感谢知识产权出版社的编辑们，没有他们认真负责的审核、校对，就没有书的顺利出版，向出版社的所有工作人员表示诚挚的谢意！